铁血治世

永乐

明成祖

张明林◎编著

西苑出版社

图书在版编目（CIP）数据

铁血治世——明成祖永乐 / 张明林编著. —北京：西苑出版社，2011. 10

ISBN 978-7-5151-0111-8

Ⅰ. ①铁… Ⅱ. ①张… Ⅲ. ①明成祖（1360 ~ 1424）—传记 Ⅳ. ①K827=48

中国版本图书馆CIP数据核字（2011）第214516号

铁血治世　明成祖永乐

编　　著	张明林
出版发行	西苑出版社
通讯地址	北京市海淀区阜石路15号　　邮政编码：100143
	电　　话：010-88624971　　传　　真：010-88637120
网　　址	www.xycbs.com　　E-mail: xycbs8@126.com
印　　刷	北京中印联印务有限公司
经　　销	全国新华书店
开　　本	787mm × 1092mm　1/16
字　　数	256千字
印　　张	18
版　　次	2012年1月第1版
印　　次	2012年1月第1次印刷
书　　号	ISBN 978-7-5151-0111-8
定　　价	36. 00元

明成祖文皇帝朱棣

卷首语

在我国古代著名的帝王当中，和明成祖的名字联系在一起的是郑和下西洋、奴儿干都司、《永乐大典》等等。他五征漠北，80万大军下安南，浚通大运河，大规模迁都北京。作为一个封建帝王，朱棣是我国历史上最具雄才大略和功业的一位皇帝。但与此同时，他的血腥篡位过程和残酷镇压政敌、异己的令人发指手段也为这个王朝留下了一个鲜血淋漓的恐怖背影。

目　录

第一章　铲除功臣强燕藩

至正二十四年（1364），天下兵戈未止，群雄列峙，这里是朱元璋的地盘，在宁静中显出充裕，正是暮春，杂花生树群莺乱飞的季节，山明水秀的江南一派生机，山坡上的麦苗都挺直了腰杆，田里的禾苗是一片片新绿。

按朱元璋所使用的大宋政权的年号，这年是龙凤六年。早在四年前朱元璋便夺得了江南首府集庆（今南京），他将它改称应天府，作为自己事业的基地。而后他相继占有了镇江、长兴、常州、宁国、江阴、常熟、徽州、池州、扬州、婺州、诸暨、衢州、处州，多是鱼米之乡丝绸之地。朱元璋从大宋政权的江南等处行中书省平章升为仪同三司江南等处行中书省左丞相。朱元璋不仅在战场上节节胜利，而且把自己的领地内也治理得头头是道。两年前，他设置了营田使，专责兴修水利，督劝农耕，命将士所在开荒种田以产粮多少为奖惩，同时，他又设立了管领民兵万户府，抽点民间壮丁农时耕作、闲时习武，农战一体、兵民合一。在群雄中朱元璋逐步加强了自己的实力地位。

三月初，江南名士刘基、宋濂、章溢、叶琛一同来到应天。四月十七日，这一天，朱元璋心情特别好，夫人马氏就要临盆了，连一向深沉稳重的他也不能掩饰心中的焦急与喜悦。他正在案边盘算如何向浙东发展，忽然内侍和宫娥相继前来报喜，原来夫人马氏生了一个男孩。说来奇怪，这孩子一出生，屋里顿时充满了五色光气，把门窗映得通明，经日不散。一时宫里宫外传为异闻，在喜气充溢之中添加了几分神秘。

朱元璋得子自然十分高兴。后来他给这孩子起了个名字叫做棣。朱棣及诸子的命名是在吴元年十二月，他的几个儿子都用带木字偏旁的字为名。长子标，朱元璋打算让他跟刚来的宋濂读书。次子核，三子㭎，也都生得灵透可爱。他们虽然年幼，但都是朱元璋的希望。将来，一旦成就大业，这些凤子龙孙，就是帝室的羽翼。皇子越多，羽翼越众，皇室就越不会感到孤立无援了。但现在毕竟是创业时期，仍多艰难。东有张士诚，西有陈友琼，无不雄心勃勃。虽然，去年十月，方国珍归降了朱元璋，但他怀二心，竟推托有病，不接受朱元璋给他的福建行省平章的官衔，仅仅留下了朱元璋送去的符印。而同时，元朝让方国珍当江浙行省平章政事，令他每年漕运十万石粮到京师大都。朱元璋派人让他“涤心改过”，方国珍不予理睬，朱元璋无可奈何。后来朱元璋派常遇春带兵攻打杭州，数战不利，元帅刘忙古歹、椽史商尚质都战死在城下，朱元璋不得不把常遇春召回。

刘基　宋濂　章溢　叶琛

皇四子的出生对朱元璋是个吉兆，五月里便传来了徐达在池州大败陈友谅军的捷报。陈友谅攻打池州，徐达、常遇春按照朱元璋的谋划，以五千人守城，派一万人埋伏在九华山下，待陈友谅兵临城下，城上扬旗鸣鼓，伏兵尽发，缘山而出，循江而下，打他个措手不及，同时徐达等切断陈军的归路，城中守兵又出城夹击，把陈军打得落花流水，斩首万余级，生擒三千人，大获全胜。

天气乍晴乍阴，形势也忽明忽暗。不出一个月，陈友谅挟徐寿辉率领舟师引兵东下，攻陷了朱元璋占有的太平。这一仗打得很惨。太平守将朱文逊战死，行枢密院判花云、王鼎及知府许瑗被俘殉难。不久，陈友谅杀其主徐寿辉，自称大汉皇帝，尽有江西湖广之地。据有西南的明玉珍，原为徐寿辉的部属，听说徐寿辉被杀也自立为陇蜀王。陈友谅又与张士诚相约合攻应天，江东一时大震。朱元璋与诸将商议战守，竟有人提出或投降、或放弃应天的意见。

石头城里，朱棣诞生所带来的喜悦已被上上下下淡忘了，只有朱元璋和夫人马氏还时时把他挂在心间。朱元璋看着襁褓中的朱棣，想着他有一天会替自己在疆场南征北战，无敌于天下。这一天一定会来到的，就像紧锁着钟山的乌云，一定会散开，阳光一定会再洒满石头城一样。

世事像天上的浮云，时光如翻腾的江水，一切都在变，而且变得那样迅速。短短几年中，朱元璋的声势已经今非昔比了。他在龙凤七年（1361）被小明王封为吴国公，接着，他在鄱阳湖大败陈友谅，陈友谅中流矢而死，其子陈理被迫投降。龙凤十年，朱元璋自立为吴王，建立百官，定立制度，俨然是一方之主了。他进而进攻江北张士诚、夺取了泰州、高邮之地。然后，转过来又向张士诚的根据地进攻，连下湖州、杭州进逼平江，节节取得胜利。这时，大宋政权的主公小明王却处在风雨飘摇之中。他所在的安丰，一度被张士诚围困，小明王乘着黑风暴雨逃到了滁州。朱元璋派廖永忠把小明王迎往应天，哪知船到江心竟然舟覆人亡，不管是风浪也罢，还是廖永志的粗疏也罢，也不管还是有点别的什么原因，反正这个被朱元璋的谋臣称为“牧竖”的小明王已经死了。朱元璋就此取消了大宋的龙凤年号，改称吴元年（1376）。这一年，强敌张士诚被俘，方国珍投降。朱元璋只待挥师北上，逐鹿中原了。

这一年，朱棣已经八岁，生得虎虎威威，特别为朱元璋夫妇所钟爱，到这时为止朱元璋一共有七个儿子，长子今年13岁，早拜宋濂为师，学习经书，在朱元璋自立为吴王时他被立为世子。老二朱樉12岁，老三朱棡十岁，最小的老七朱榑也已经四岁了。虽然这时天下仍然争战不已，但这些王公子弟毕竟是生于安逸，长于富贵。他们不会再受朱元璋幼年时的那些苦，不用去放牛，不用吃草根树皮，也用不着做那形同乞丐的游方僧了。朱元璋对他们寄有很大期望，指望他们将来继承自己开创的大业。他深知不谙世事的纨绔子弟是无法担当大任的。他希望诸子知道什么是疾苦，什么是劳碌。他让老大朱标、老二朱樉到临濠拜谒祖宗的陵墓，顺便了解民间疾苦和自己创业的艰难，也是为几个弟弟做个榜样。朱标临别时，他对诸子说：

世称商高宗、周成王为贤君者，汝知之乎？高宗劳于外，知民疾苦，成王早闻无逸之训，知稼穑之艰难，故其在位不敢暇逸，能修勤俭之政，为商周令主。今汝诸子生于富贵，未涉艰难。人性习于宴安，必生骄惰。况汝他日皆有国有家，不可不戒。

今便汝等于旁近郡县，游览山川，经历田野，因道途之险易，以知鞍马之勤劳，观小民之生业，以知衣食之艰难；察民情之好恶，以知风俗之美恶；即祖宗陵墓之所，访求父老，问吾起兵渡江时事，识之于心，以知吾创业之不易也。

十一月甲午，圜丘建成，朱元璋出视，世子从行，他命左右引导，遍历农家，观其居处饮食器用。回还后，他对世子说："汝知农之劳乎？夫农身不离畎亩，手不释耒耜，终岁勤动，不得休息，其所居不过茅茨草户，所服不过练裳布衣，所饮食不过菜羹粝饭，而国家经费皆其所出，故令汝知之，凡居处食用，必念农之劳，取之有制，用之有节，使之不苦于饥寒，若复加之以横敛，则民不堪命矣。"

在这之后，中书省左相国宣国公李善长，率文武百官向朱元璋献劝进表，请朱元璋登帝位。朱元璋推辞了一番，便祭告上天，决定登极。朱元璋已经成了实际的皇帝，就差举行正式典礼了。但在这新朝伊始，朱元璋也还想着对诸子的培养。他知道只要有了可靠的子孙，他所开创的大业，才能传之久远，他悉心经营所付出的心血才不会白流。在父传子家天下的时代，朱元璋的想法是正常的。本来嘛，"溥天之下，莫非王土"，对于皇帝和他的子孙来说，国即是家，家即是国，家与国是一体的，它的延续必须是以朱氏的血统为标志。二十四日，朱元璋正式为诸子命名。他将这要写入宗室谱牒的大事祝告给太庙。告文中写道：

维子之生，父命以名，典礼所重，古今皆然。仰承先德，自举兵渡江以来，生子七人。今长子命名曰标，次曰樉，曰棡，曰棣，曰橚，曰桢，曰榑，从孙一人曰炜，敢告知之。

同时，朱元璋考虑诸子已经渐渐长大，应该习勤劳，以不致骄惰。他让内侍做了一些麻履行縢，凡是诸子出城稍远的，必须骑马走二程，步行走一程，非要让他们亲身体会一下劳苦的滋味不可。

朱元璋登极转眼就快一年了。这一年里，明朝军队北讨南征节节胜利。福建广东相继归入版图。北伐军经山东、河北直逼大都，迫使元顺帝带领臣属仓惶弃城逃跑，出奔上都，攻克了元朝近百年的统治中心，朱元璋正式取代元朝得到全国统治者的地位。

洪武元年十一月四日，大雪覆盖了南京城。皇城里一片琼楼玉宇、莽莽苍苍的钟山也显得更加雄伟壮美。昨天冬至，朱元璋到圜丘祭祀过皇天上帝，百官纷纷前来庆贺这大礼告成。今天，朱元璋特意在奉天殿宴请百官。宴会刚罢，朱元璋信步来到大本堂，这是皇太子和几个儿子读书的地方。大本堂藏有古今图书，教师都是各地的名儒，他们是朱元璋根据群臣的推荐亲自写信征召而来的。朱元璋要求老师不仅能培养诸子的德性，而且要与他们朝夕论说“民间稼穑之事”和“往古成功之迹”以使诸子了解民情，增长政治知识。老师们轮番在大本堂夜直，另外还有一批从各地选拔的聪明伶俐的少年给诸子伴读，这些师傅也够认真的了。他们对诸子的管束甚严。诸子中有不听教训的，甚至要挨打。有一次，老师打了淘气的皇子的额头，朱元璋为此大发脾气，经皇后马氏的解劝才算完事。大本堂不过是崇屋数椽，并无华丽的装饰。堂前一径小路几束修竹，没有亭台馆榭，却有片片菜地，那越冬的蔬菜在白雪中透出点点碧绿。大本堂是朱元璋常来的地方，他不仅要检查诸子的课业，也常与各位老师商榷古今，评论文字，有时则赐宴赋诗，相与唱和。

明洪武三年四月初七，册封亲王的大典正在宫中举行。奉先殿内悄然无声，端正地摆着五座宝册案，殿前的丹陛上，东边摆着十座宝册亭。参加典礼的各项人员早已肃立在位。深沉的鼓声中，皇帝朱元璋身着衮冕登上奉天殿的御座，鞭炮一响，司辰官报告典礼时辰已到，引进官四人引导皇太子，引礼官四人引导诸皇子一起从奉天东门走进。音乐声起，皇太子及诸皇子登上奉天殿东陛，皇太子被引进奉天殿东门，侍立在皇帝一旁。诸皇子被引入丹陛拜位，在乐声中向皇帝行礼。承制官从殿内捧出制书，由殿中门走出，站定，口称“有制”，诸王全部跪下，承制官高声宣制：“封皇子樉为秦王，棡为晋王，棣为燕王，橚为周王，桢为楚王，榑为齐王，梓为潭王，杞为赵王，檀为鲁王，从孙守谦为靖江王。”承制官由西门入殿，向皇帝跪奏传制完毕，诸王在乐声中再向御座行礼。随后便是诸王轮流进殿接受册宝了。先是秦王，后是晋王。单调而冗长的仪式，朱棣等得早已不耐烦了。这年他12岁，他很希望像秦王那样第一个接受册宝，但他更羡慕像大哥那样在前两年被封为太子。父皇和百官只为他一人举行典礼。而且，封了太子将来是要做皇帝的，而亲王不过是亲王罢了。他正在遐想，引礼官已经走到他的面前。现在轮到他进殿领宝了，他跟在引礼官之后，由东门进入奉天殿，在乐声中被引至御座前的拜位跪下，捧册宝官在案前跪捧册交给读册官，读册官跪传后，把册交给丞相。丞相接过册，把它跪授给朱棣，朱棣把它交给跪在身边的捧受册宝内使。接着再照此顺序再把宝接过来，交身边的另一名捧受册宝内使，随着赞礼官的高声呼喊，朱棣再一次向皇帝行再拜礼，礼毕，便在乐声中，由引礼官引领出奉天殿。两名内使分别捧着册宝作前导把朱棣带回自己的原位。内使把册宝放在册宝亭的盝匣里，退立于丹陛之东。朱棣尽管不甘心做个亲王，但在他接过册宝时仍然感到它的沉重的分量。多重的册宝啊！他站在殿前，说不清此刻的心情是什么，好几天之前他们便反复演习今天要举行的仪式，今天天还没亮，他们就被领到宫墙外等候了。现在他感到有点累了，多么想舒一舒筋骨啊，哪怕是仰望一眼大殿顶上无际的长天也好，但他不能，因为那样会被指责为失礼。忽然他听到赞礼官的一声什么呼喊，那是吴王、楚王接受册宝的仪式也完毕了。他和众亲王在乐声中再向皇帝行四拜礼，然后由内使在前面抬着五位亲王的册宝亭，他们跟在后面，由东陛下殿，乐声送他们走出奉天东门。这次典礼，齐王、潭王、赵王、鲁王因为年纪小而没有参加。朱元璋派丞相承制官携带册宝，分别授给他们，最年幼的则由保姆抱着行礼，仪式同样很严肃，很复杂，就不必细说了。

亲王所得到的册宝都由黄金做成，十分精致，宝，也就是金印，正方形，每边长五寸二分，高一寸五分；正面用篆书刻着“某王之宝”，上面饰以龟纽。宝池也用金做成，大小正好容下金宝。宝箧两副，一副盛宝，一副盛宝池。每副都有三重，外箧用木，描画着浑金沥粉蟠龙，红纻丝衬里，中箧用金钑蟠龙，里面的小箧装饰如同外箧，里面放有宝座，四角都雕有蟠龙，再描上浑金。座上装有锦褥。金宝用销金红罗小夹袱包裹起来，箧外分别用红罗销金大夹袱覆盖。册是两片金页，每片长一尺二寸，宽五寸，厚二分五厘；金页上下有孔，用红绦串联。开阖如同书本。册下面垫有红锦褥，册盝用木刻成，上面用浑金沥粉描绘的蟠龙。盝用红纻丝衬里。册用红罗销金小袱包裹，盝外用红罗销金夹袱覆盖。

亲王的金册上镌刻着楷书册文。朱棣的册文是：

> 昔君天下者，必建屏翰，然居位受福，国於一方，并简在帝心。第四子棣，一今命尔为燕王，永镇北平，岂易事哉！朕起农民，与群雄并驱，艰苦百端，志在奉天地，享神祇。张皇师旅，伐罪吊民，时刻弗怠，以成大业，今尔有国，当恪敬守礼，祀其宗社山川，谨兵卫，恤下民，必尽其道，体朕训言，尚其慎之。

诸王得到册宝之后，朱元璋即命将册封皇子为亲王的事诏告天下。礼部尚书奏请皇帝将诏书加印皇帝的宝玺，然后来到午门外为文武百官开读。

诏书宣读完毕，皇帝还宫，太子退后，全部仪式才算完成。

这一天，受到册封的诸位亲王要依次朝谢皇后、太子，亲王之间也要互相致贺，丞相又率百官给亲王祝贺，第二天皇太子还要向皇帝皇后道贺，百官也要进表笺给皇帝、皇后、皇太子道贺。京城内外的命妇，要给皇后道贺，依然是没完没了的鞠躬叩首，鸣鼓奏乐。百官命妇则要受到赐宴的款待，宫中上下，一片道贺之声。

皇帝统治天下，自称“受天明命，赖祖宗之灵”。诸子册封为亲王当然不能不告知天地祖宗。亲王接受册封后要选择好日子到太庙致祭，以告知祖宗在天之灵。拜过太庙之后，朱元璋在奉天殿和文华殿上大宴群臣。

明成祖永乐

他对廷臣说：

昔者元失其驭，群雄并起，四方鼎沸，民遭涂炭。朕躬率军徒以靖大难，皇天眷祐，海宇宁谧。然天下之大，必建藩屏，上

文华殿

卫国家，下安生民。今诸子既长，宜各有爵封，分镇诸国。朕非私其亲，乃遵古先哲王之制，为久安长治之计。

先王封建，所以庇民，周行之而久远，秦废之而速亡。汉晋以来，莫不皆然。其间治乱不齐，特顾施为何如尔。要之，为长久之计，莫过於此。

朱元璋所做的这一番论证，看来是从总结历史经验出发，以求得朱家天下的长治久安。他的担心不是没有道理，明朝刚建立不久，内外都有危险。

这时明朝的主要敌人，仍是元朝残余势力。自元至元二十年1360）后，朱元璋的力量迅速壮大，他先后兼并了陈友谅、张士诚和方国珍等

政权，于吴元年（1367）命徐达等北伐中原夺取了元朝的山东诸郡。第二年，明朝建立，明军继续北进，攻下汴梁。八月逼近大都，迫使元顺帝开健德门北遁大漠。这时以和林为中心的元朝皇室仍有相当的实力，所谓“整复故都，不失旧物。元亡而实未亡。历史上把这一时期的元政权称作北元。北元势力所及西自天山，东至呼伦贝尔湖，北抵额尔齐斯河及叶尼塞河上游，直至长城的广大地区。北元的主要力量有两支，一是据有陕甘的河南王扩廓帖木儿，即王保保，大约有40万人马；一是控制辽东的纳哈出，大约有20万之众。此外，云南还在元朝宗室梁王的手中。整个北元，“引弓之士，不下百万众也，归附部落不下数千里也，装资仪仗尚赖而用也，驼马牛羊尚全而有也”。不仅如此，辽东的女真，陕甘的西番，以及西域、高丽仍然都是北元羽翼。面对这样的形势，朱元璋不能不认真对待，暂时也只能采取“固守疆国，防其侵扰”的政策，在国内，怀念旧朝的情绪，忠于旧朝的遗民，狐疑观望者貌合神离，远远没有肃清。就在朱元璋册封诸王的前一天，他下令“禁止蒙古色目人更易姓名”，表面上说是为了“别婚烟，重本始”，“厚民俗”，而实际则寓有监督控制之意。册封亲王以屏藩帝室的目的之一，就是针对明朝的这些内外敌人。朱元璋先后共生26子，其后封王而置于边塞的就有西安的秦王，太原的晋王，北平的燕王，大宁的宁王，东北的辽王，宣府的谷王，大同的代王，宁夏的庆王，兰州的肃王，这九王皆称塞王，“莫不敷险隘，控要害”。

在告天下以册封诸王的诏书中，朱元璋先申明他得天下是“赖将帅实力”，因而应该“先论武功以行爵赏”，随后又不惮其烦地解释为什么“报功之典未及举行”，而已先行封建了诸王。其意本在安抚人心，实际没有提出令人满意的解释，先说是“缘吐蕃之境未入版图”，又说是“尊卑之分所宜早定”。他的这番解释，实际上已经明确无误地把诸王放在了与将帅对立的位置上了。他先行册封诸王，惟恐引起那些曾为创建朱明皇朝而流血牺牲的元勋宿将的不满。所以，他分封亲王的另一目的不仅是为了对付国内可能出现的人民造反，更重要的则是企图以众亲王与这些将帅相抗衡，以加强皇室的地位。

亲王不仅享受岁禄万石的待遇，而且政治地位也很高。他们在自己的王府中有一套官属，冕服车骑宫室之制仅次于皇帝，公侯大臣亦不得与之钧礼。更重要的是亲王握有军队。洪武五年（1372），成立了亲王护卫指挥使司这样的机构。每王府设三护卫，护卫甲士少者三千人，多者九千人，更重要的是，在亲王的封国内，中央政府所派驻的守镇兵也往往归亲王调遣。洪武二年始编订的《祖训录》规定：

凡王国有守镇兵，有护卫兵。其守镇兵有常选指挥掌之。其护卫兵从王调遣。如本国是要塞之地，遇有警急，其守镇兵，护卫兵并从王调遣。

凡朝廷调兵须有御宝文书与王，并有御宝文书与守镇官。守镇官既得御宝，文书，又得王令旨，方许发兵。无王令旨，不得发兵。

调动守镇兵，仅有皇帝的御宝文书还不行，还须要有亲王的命令：

明初对亲王权势惟一限制是“分封而不锡土，列爵而不临民，食禄而不治事”。亲王没有自己独立的地盘，也不得干预地方行政事务。

分封亲王是为了保证明朝的长治久安，但如何能确保做到这一点，朱元璋仍然颇费脑筋。他认为除了对诸王的教育锻炼外，就是要求诸王不能离开自己所确立的规范，不能改变自己定立的制度。

为了使对诸子的教育约束制度化、法律化，朱元璋于洪武二年四月下令编辑《祖训录》，后来又下令编《昭鉴录》。

《昭鉴录》是一部专门给诸子看的书。它先后由礼部尚书陶凯、主事张筹、秦王傅文原吉、翰林院编修王撰等人编订。内

陶凯

容包括汉唐以来藩王所行的善恶，用以对诸王进行劝戒。宋濂为此书写了序，朱元璋赐以书名。朱元璋对文原吉等人说："联于诸子常切谕之，一举动戒其轻，一言笑斥其妄，一饮食教之节，一服用教之俭。恐其不知民之饥寒也，尝使之少忍饥寒，恐其不知民之勤劳也，尝使之少服劳事。但人情易于纵恣，故令卿等编辑此书，必时时进说，使知所警戒。然赵伯鲁之失简、汉淮南之招客，过犹不及，皆非朕所望也。"为教育诸子，让他们尝试挨饿受累，其用心也良苦了。

到五月初一《祖训录》也成书了。《祖训录》共有13目，包括箴戒、持守、严祭把、谨出入、慎国政、礼仪、法律、内令、内官、职制、兵卫、营缮、供用。朱元璋亲自为之作序：

> 朕观自古国家建立法制，皆在始受命之君，当时法已久定，人已守是以息。威加于海内，民用平康，盖其创业之初，备尝艰苦。阅人既多，历事亦熟。比之生长深宫之主，未谙世故，及僻处山林之士自矜已长者，甚相远矣。
>
> 朕幼而孤贫，长值兵乱，年二十四委身行伍，为人调用者三年。继而收揽英俊。习练兵之方，谋与群雄并驱，劳心焦思，虑患防微，近二十载，乃能剿除强敌，统一海宇，人之情伪亦颇知之，故以所见所行与群臣定为国法。革元胡俗，去姑息之政，治旧习汗染之徒，且群雄之强盛诡诈，至难服也，而朕已服之。民经世乱，欲度兵荒，备习奸猾，至难齐也，朕已齐之。盖自平武昌以来，即议定著律令，损益更改不计遍数，经今十年始得成就，颁而行之，民渐知禁。至于开导后人，为《祖训录》一编，立为定法，大书揭于西庑，朝夕观览，以求至当。首尾六年，乃七謄稿，至今方定，岂非难哉！
>
> 盖俗儒多是古非今。奸吏常舞文弄法。自非博采众长，即与果断则被其眩惑，莫能有所成也。今礼部刊印成书，以传永久。凡我子孙，欲承朕命，无作聪明，乱我已成之法，一字不可改易，非但不负朕垂法之意，而天地祖宗亦将孚佑于无穷矣。呜呼，其敬戒之哉。

明成祖永乐

朱元璋把《祖训录》颁给诸王，并且将其抄录于谨身殿的东庑，乾清宫东壁，还让亲王抄写在王宫正殿和内宫的东壁，随时阅读。随后他又对诸臣说：

朕著《祖训录》，所以垂训子孙，朕更历世故，创业艰难，常虑子孙不知所守，故为此书，日夜以思，具悉周至，紬绎六年，始克成编，后世子孙守之则永保天禄。苟作聪明，乱旧章，是违祖训矣。

朱元璋所想到的是王朝永固，他认为他的子孙只要维持他定下的成法不变即可使朱明天下传之久远。随侍之臣为朱元璋的这种认识找出了理论根据。他们回答说："自古创业之主，虑事周详，立法垂训，必有典则，若后世子孙，不知而轻改，鲜有不败。故经云：不愆不忘，率有（由）旧章。朱元璋对这种逢迎当然很高兴。他接着说：

朱元璋相信亲王比将帅可靠，朱姓比异姓可靠。他也确信分封亲王恪守祖训会使朱明朝廷长治久安。然而"封建"的得失，自秦以来一直争论不休。明朝实行分封制究竟会带来什么样的结果，在当时仍然是个难解之谜。

历史上从来不缺少聪明洞达之士。这些人会根据历史的经验对复杂的现实做出精辟正确的论断。但他们的意见却往往不被重视，甚至因为发表这些意见而遭到惨祸，哪怕这意见是应统治者的要求而发表的。只有当他们的论断被历史无情地证实之后，人们才发现它真正的价值。这时便会有一大批人出来称赞他如何如何高明，不听其言教训如何如何沉痛。照理说，这样一来，类似的错误以后不会再犯了。然而事实上后人还是常常要重复前人的错误，当然失败也常常是同样惨。难道人们不能接受历史的教训吗？不是。"口之于味，有同嗜焉"，千古万国人同此心，人们的欲望大体一致，而历史规律也亘古如一，绝不更改。两者相遇，就看谁能屈服于谁了。宁海人叶伯巨，以国子生被选拔担任了平遥县儒学训导的职务。他听说皇帝有诏求言便上书指出当今政治的三个问题：分封太侈、用刑太繁、求治太速。关于分封，他说：

先王之制，大都不过三国之一，上下等差，各有定分，所以强干弱枝，遏乱源而崇治本耳。今裂土分封，使诸王各有分地，盖惩宋元孤立，宗室不兢之弊。而秦晋燕齐梁楚吴蜀诸国，无不连邑数十，城郭宫室亚于天子之都，优之以甲兵卫士之盛。臣恐数世之后，尾大不掉，然后削其地而夺之权，则必生觖望，甚者缘间而起，防之无及矣。

议者曰，诸王皆天子骨肉，分地虽广，立法虽侈，岂有抗衡之理？臣窃以为不然，何不观於汉晋之事乎？孝景，高帝之孙也，七国诸王，皆景帝之同祖父兄弟子孙也，一削其地则遽构兵西向。晋之诸王，皆武帝亲子孙也，易世之后，迭相攻伐，遂成刘、石之患。由此言之，分封逾制，祸患立生，援古证今，昭昭然矣。此臣所以为太过者也。昔贾谊劝汉文帝尽分诸国之地，空置之以待诸王子孙。向使文帝听从谊言则必无七国之祸。愿及诸王未之国之先，节其都邑之制，减其卫兵，限其疆理，亦以待封诸王之子孙，此制一定，然后诸王有贤且才者入为辅相。其余世为藩屏，与国同休。割一时之恩，制万世之利，消天变而安社稷，莫先于此。

叶伯巨同样在总结历史的经验，但他得出的结论却与朱元璋完全相反。他以汉晋两代的事例详尽地解剖这一问题。汉朝初年，高祖刘邦鉴于秦室孤立无援，仍行分封制，后来又规定“非刘不王”，以确保刘氏江山。但天下诸藩日臻强大，专恣自为，形成尾大不掉之势。贾谊向汉文帝建议众建诸侯，以削弱诸侯的势力，没被采纳。景帝时吴楚七国更加骄横，势在必反，晁错再建削藩之议，说“今削之亦反，不削之亦反，削之其反亟，祸小，不削反迟，祸大”。于是相继削赵王、胶西王、楚王之地，吴王乃与六王相约而反。待七国次第平定，朝廷将地方用人之权，收归中央。诸王的权力虽然削减，但其封地仍然很大。武帝又用主父偃的建议，施行推恩令，命令亲王在自己封地内分封众子弟为侯，从而将诸王的领地块块分割，避削地之名而行弱藩之政，使分封制有名无实。从此地方权力全归朝廷控制，汉室得到安宁。150年以后，东晋武帝再次重蹈汉初覆辙，企图众建亲王以羽翼王室。他分封子弟二十余人为王，并给以兵权，大国小国兵力从五千人到1500人不等。武帝死后，汝南王、楚王、赵王、齐王、长沙王、成都王、河间王、东海王八王相继为乱，自惠帝元康元年（291）到光熙元年（306）绵延16年之久。国势陵夷，地方大乱，遂至匈奴刘氏举兵南下攻破洛阳，怀帝被俘。

叶伯巨担心明朝再走历史的老路，因尾大不掉而致乱，他建议在诸王还没就国时便“节其都邑之制，减其卫兵”，以强干弱技，并且限制诸王的地盘，也用来分封诸王的子孙，以分散诸王的力量。其策略与贾谊、主父偃如出一辙，其拳拳忠心可嘉，其切切之议可行，也算得个“忠且仁者”吧？然而天心难测，朱元璋早忘了自己说过的“惟冀臣民，许言朕过”的话，竟固执己见，想要在并不通行的老路上再做一番尝试。他读到叶伯巨的奏疏，愤怒大呼：“小子间吾骨肉，速逮来，吾手射之！”他爱诸皇子太深了，因而便过分相信他们之间的骨肉之情，他忌异姓功臣也太深了，因而便认为除依靠骨肉之情外别无它途。大明江山，皇朝永固，骨肉岂容离间！叶伯巨的一番话搅得他心绪不宁，他一定要亲手射杀叶伯巨，才能解心头之恨。仿佛叶伯巨一死，朱姓江山便会从此太平无事。叶伯巨被捉拿到了京师，但中书省的官员们不忍他马上遭到极刑，也许他们和叶伯巨对形势有着同样的见解，也许只不过是出于有限的同情心罢了。中书省等朱元璋怒气稍稍下去，向他奏请对叶伯巨的处置。结果叶伯巨被送入刑部的大狱，一直关到了死。

皇帝不能总是把亲王放在脚下，就好比大鸟之于雏鸟，一旦雏鸟羽翼长成便鼓励他们试飞，以便有朝一日能够腾空凌云。朱元璋自己从临濠的贫苦农民、游方僧成了一代帝王，他曾希望诸王也体验一下自己的经历，因而常常让他们回乡。洪武九年（1376）二月，朱元璋命令他们去凤阳看看祖宗的肇基之地，让他们再次领略江山得来的不易。这行人由皇太子带领，在出发前一同去祭奠了开国功臣。对于父皇创业的事迹，朱棣早已了如指掌了。但这次祭奠仍然使他振奋。他好像跟着父皇，伴着各位老将功臣走向烽火连天的战场。这祭奠和即将开始的中都之行一样，是在掀动下一场戏剧的帷幕。帷幕一开，他们就要正式登上舞台了。朱棣感到浑身孕育着一股即将爆发的力量。

去年十月，朱元璋曾让皇太子、秦王、晋王、楚王和靖江王一起出游中都。说是为了练习武事，但不知为什么却没有让燕王、周王参加，跟随太子和诸王到中都的有东宫官和各王府官，太子赞善大夫宋濂，秦府长史林温，晋府长史朱右，楚府长史朱廉，靖江王长史赵埙等。他们离开南京后，朱元璋还将临时找到的一卷《濠梁古迹》派人送给他们。朱元璋在书外面特意题了字，让宋濂按图询访，随时为太子和诸王讲解。

宋 濂

燕王等跟随太子离开南京，仲春时节的南京城外风和日暖，柳绿桃红。明丽的天空下不时掠过几只春燕。农民们绝不敢耽误农时，他们在田间艰苦地进行着那世代如一的周而复始的耕作。融融春光里走来太子和诸王的大队人马。走在前面的是身着戎装举着龙旗的军士。一面黄旗居中，青旗、赤旗、黑旗、白旗在四面环抱。每面旗下都有六个身着与旗帜相同颜色服装的军士，他们身背弩弓，无不英武强悍。一路上鲜衣驽马，数不清的旗帜，数不清的仪从。那踏踏的马蹄，滚滚车轮，和轻轻扬起的黄尘，打破了春日的宁静。

从南京到凤阳330里的路程，用了近两天时间，第二天他们到达了凤阳城。凤阳在元朝称为濠州，属安平路。朱元璋做了吴王之后，这里便是龙飞之地了，自然要有所升崇，于是改称临濠府。洪武二年九月，朱元璋将这里确定为中都。其时应天为南京，开封为北京，临濠的地位一时显得格外重要。要不是刘基他们劝说，朱元璋真想将凤阳作为京师了。但是，朱元璋仍然在中都建了新城。三年十二月新城建成，周围五十里，环置九门。中有皇城，周围九里，环置四门，颇具规模。去年皇太子和秦、晋王出游中都时，正值凤阳府刚刚迁入临濠新城，而城西南的皇陵城也已经动工了。

凤阳北滨淮河，南临镆铘山，西濠水就源于此山。凤阳西八九十里有两座山，一是荆山，一是涂山。据说这两座山原本相连，淮水在荆山北麓流过。后来大禹凿山引水穿过其间，使民间免除阻隔之苦。

这里虽然离南京不远，但临近淮河，经常受到洪水的困扰，和富庶的江南相比，这里显然要贫穷得多了。朱棣和秦王、晋王在就藩之前，差不多就没再离开凤阳，他们在这里不仅对朱元璋创业的艰难有了更深的感受，而且熟悉了民情，更重要的是，他们在这里开始锻炼了带兵的本领。

按规定，每亲王拥有三护卫军队。洪武十年正月十二日，朱元璋又宣布增加秦、晋、燕三王的军队。秦府原有西安护卫军1451人，增加羽林卫军2264人；晋府原有太原护卫军1630人，增加兴武等卫军2251人；燕府原有燕山护卫军1364人，增加金吾左卫2263人。可见所增加的兵力都在原有兵力的一倍半以上。

朱元璋最重视兵权，绝不把兵权轻易属人。在他未即位之初，多用养子为心腹，凡克城池，都令其与将官同守，用以进行钳制。朱元璋夺取集庆后，设立了大都督府，作为最高的军事统帅机关，他将大都督这一重要职务交给了皇侄朱文正，等到朱元璋有了亲生的儿子，他便逐步放心地把兵权交给他们掌握。他先是设立护军府，后又于洪武五年设置了亲王护卫指挥使司，规定每王府三护卫，每卫设左右前后中五所，所千户二人，百户十人，此外，还有两个围子手所。所千户一人。因此在一般情况下，每个亲王都拥有大约1500人的兵力。

但是，屡经修改的《皇明祖训》又规定："王府指挥司官并属官随军多少设置，不拘数目。"实际等于说，王府所统帅的军队没有限制。《皇明祖训》里还规定："凡王教练军士，一月十次，或七八次，五六次。若临时有警，或王有闲暇，则遍数不拘。"这就给亲王更多的接近军队，熟悉战阵的机会。

在诸王中，朱棣自幼便以悍勇著称。年龄稍长，更显出其所怀心志与诸王不同，尤其好游侠，善于骑射。这次到中都拜谒乡里的另一个重要目的是讲习武事，这使朱棣有如鱼得水，格外遂心。凤阳是他试飞的起点，这里的生活使他终生难忘。

这次燕王他们去凤阳足有半年多。九月初七日，他们一行奉命回到京师。

洪武十一年初，朱元璋决定让秦王、晋王前往自己的封国。五月初四，秦晋王临行，朱元璋分别赐给他们以玺书，再做一次叮嘱。给秦王的玺书写道：

关内之民，自元氏失政以来，不胜其弊。及吾平定天下，又有转输之劳。西至于凉州，北至于宁夏，南至于河州，民未休息，予甚悯焉。今尔之国，若宫室已完，其余不急之役，宜悉缓之，勿重劳民也。

给晋王的玺书写道：

太原之民困於元氏弊政久矣。又尝出力馈馕以供我师。勤劳憔悴，吾未尝不于怜之。尔祸之国，务爱养生息，勿复以不急之役扰之，其体吾意。

这两道玺书，不过讲了些要体恤民情，爱惜民力的话。其实，在朱元璋看来，西安、太原二地十分重要，不仅这里与故元势力近在咫尺，而且，朱元璋认为这里是天下形势所在，特别是西安作为历代的都城，朱元璋一直有意迁都于此。所以，他对秦晋二王实在是深有寄重。

就在命令秦王、晋王就藩的同时，朱元璋命令燕王、周王、楚王、齐王再次还驻凤阳。这次到凤阳去，距上次回还恰恰是一年半整。秦晋二王

凤阳县明中都鼓楼

就藩之后，在凤阳的诸王就以燕王为最年长了。

每逢新春正旦，皇帝都要在奉天殿受群臣的朝贺，然后是大宴群臣，与此同时，在京的命妇，也要给皇后拜年，并受到在坤宁宫赐宴的殊荣。洪武十二年正月初三，燕王带领周王、楚王、齐王，自凤阳来到京师，朝见父皇，诸王和他们的从官卫士都得到了钞币的赏赐。这次燕王来朝之后，大约再也没回过凤阳。这次回京虽不曰“还”，曰“来朝”，但齐王榑也曾自凤阳来朝，而实录六月辛丑则又记“命齐王榑复之凤阳”。而此次燕王等来朝后，这是他在朱元璋身边的最后一段时间了。这期间他仍得亲聆朱元璋的教诲。第二年二月，朱元璋遣官祭祀历代帝王，再次教给太子和诸王以帝王之道。他现身说法，要求子孙都要学他的榜样。他说：

> 吾持身谨行，汝辈所亲见，吾平日无优伶瞽近之狎，无酣歌夜饮之误。正宫无自纵之权，妃嫔无宠幸之昵。或有浮词之妇，察其言非，即加诘责，故各自修饬，无有妒忌。至若朝廷政事，稽于众论，参决可否，惟善是从。或燕闲之际，一人之言，尤加审察。故言无偏听，政无阿私。每旦星存而出，日入而休。虑患防微，如履渊冰。苟非有疾，不敢怠惰。以此自持，犹恐不及，故与尔等言之，使之持守之道。

朱棣他们不仅可以从朱元璋这里得到教诲，还从朱元璋同辈人那里受到类似的影响。朱元璋有个姐姐，嫁给了临濠东乡的李贞。李贞家虽不像朱家这样贫穷，但也不过是个普通农家，元末动乱中，他听说朱元璋已经起事，便携带幼子李文忠于至正十四年冬来到滁阳投奔朱元璋。这时李文忠已经16岁，沉勇机智，俨然是一个男子汉了。朱元璋一见便十分喜欢。这时朱元璋还没有儿子，他说：“吾甥犹吾子也。”便对李文忠悉心教养，令其随军征讨。朱元璋做皇帝后，将他姐姐封为孝亲公主，李贞也便做了驸马都尉右柱国曹国公。按辈分，李贞便是朱元璋姐父，但他们贵为皇亲，地位崇优，却没完全泯灭曾经作为普通农民的气质。李文忠南征北战也确不负所望，立了不少功勋。朱李两家过从甚密。朱元璋常常要到李家走动，太子及诸王也都常与李家来往。李贞对骤然而来的富贵，常不自安。他说：“一旦富贵而忘贫贱，君子不为也。”平时，他穿衣服仅求适体，不求华丽，所食饭菜惟取适口，不求奢侈。朱元璋常常送给他衣服，但他穿坏了的一定要缝补好再穿。他还经常向子孙恳切地叙说那些他还是一个普通农民时的情况。在朱元璋的亲属中，李贞年最长，他认为应该给子孙们做个榜样。他说："今上方以勤俭化天下，吾为戚里之长，苟为奢靡，何以劝率家人！"当时去开国不远，朱棣的父辈都身经动乱，受过苦难的磨砺，上下还有一种崇尚质朴的气氛。它潜移默化，在朱棣后来的生活中，常常可以看到它的痕迹。

洪武十三年（1380）三月十一日，燕王朱棣带领两护卫将士5770人，离开南京前往他的封地北平（今北京）。这年朱棣整整21岁。

这年正月，发生了一件举国震动的大事。左丞相胡惟庸被诛杀，罪名是"私构群小，夤缘为奸，或枉法以惠民，或挠政以诬贤"。如果像诏书中所说是中书省"任非其人"，那么再选择一个称职的人接替胡惟庸便可以了。结果并不如此，朱元璋就此废除了中书省，并将大都督府改为五军都督府。显然这是谋划已久的一次铲除权臣，集权于皇帝的措施。朱元璋所宣布的胡惟庸的罪名，不过是采取这一行动的借口。朱元璋铲除权臣，和分封亲王都是为了同一个目的，即维持朱姓皇室的独尊地位。随着亲王的成长和逐渐就藩，朱元璋越来越觉得可以无顾忌地对威胁皇帝的权臣采取措施。反过来，胡惟庸这样的治国能臣被诛杀后，朱棣和各位藩王身上的担子便更为沉重了。

朱棣背负着"慎固边防、羽翼皇室"的重任，来到北方重镇北平。这里曾经是大元帝国的首都，被称为大都。蒙古骑兵的铁蹄一度无敌于天下，所到之处莫不降服，成吉思汗、忽必烈和他的子孙们就从这里出发，统治着广袤的疆土。蒙古人、汉人、色目人汇集在这里，东方人、西方人汇集在这里，不同的肤色、不同的语言、不同的服装，不同的风俗，这里曾是一个真正的世界性的城市。如今那鲜衣驽马的蒙古人哪里去了？那黄发碧睛的色目人哪里去了？连勾栏瓦舍中的百戏杂剧也失去了原来的喧阗红火。只有那冷落的皇城宫殿依然显示出昂处挺身的雄姿，那太液池边的春柳依然娇媚地拂抚着水面。13年过去了，这蜿蜒的红墙里终于迎来了它新的主人。

这里虽然已不是全国统治中心了，但军事、政治上仍然占有重要地位。蒙古人要东山再起，这里是首先要觊觎的目标。元朝近百年来的统治在这里还留有很深的影响，怀恋故国的势力盘根错节，表面上俯首屏息，而暗中仍心怀不满。不是洪武初年在西直门瓮城门洞的墙壁上还有人在表达他故国之思吗？朱元璋改大都为“北平”，就是要镇压这里的“王气”。

早在元顺帝放弃大都，北退塞外时，就派驻守在太原的扩廓帖木儿率军北上，经保安（今涿鹿）反攻大都，结果明大将军徐达乘虚攻克太原，又击破扩廓回援之军。洪武二年二月，元丞相也速率军攻通州，扎营白河，再窥大都，为明守军击溃。六月也速乘明师进攻陕西之际，再攻通州，被常遇春回师击败。明师乘机进攻开平，元顺帝再北走，明军大胜，生擒其亲王庆生，平章鼎住，得将士万人，车万辆，马三万匹，牛五万头，蓟北悉平。明军挺进西北，偏将军李文忠率军行抵太原，正值元将脱列伯、孔兴奉元顺帝之命进攻大同，情势甚急。李文忠引军北上救援大同，大败元军。脱列被俘，其众万余人投降，孔兴遁走陕西，被部将所杀。这是元朝妄图恢复的最早两次企图，虽然都被明军击败，但元军所拥有的实力并未被消灭。

明军于洪武二年八月攻克庆阳，十二月扩廓帖木尔趁徐达还师，自甘肃袭击兰州，明军苦战，虽免于陷落，但西北已呈危急之势。同时，北方边塞要地朔州（今河北蔚县），武州（今宣化）、云州（今大同）地区，野狐岭（今万全北）、大兴（今滦平北）等仍为元军所盘踞。在这种形势下，朱元璋派明军进行了一次又一次的北征：

洪武三年，以徐达为征虏大将军，李文忠、冯胜、邓愈、汤和等为副将军分道北征。徐达败扩廓帖木儿，擒无郯王，济王及国公平章以下文武所属1865人，将校士卒84500余人，获马15280余匹，扩廓携其妻子从者数人北遁奔和林，李文忠乘元顺帝之丧，攻克应昌，俘获元宗室嫡子买的里八腊及后妃、宫人、诸王、将相等数百人，元嗣君爱猷识理达腊率数十骑遁去。李文忠回师途中又俘获元国公汪文清等，降其兵民五万余人，这次北征使元朝近塞势力遭到沉重打击。

一年多以后，元朝势力在近塞再趋活跃。明军在平定四川之后，于洪武五年，派徐达、李文忠、冯胜率军15万，分三路再次北伐。这次北征，明军受挫，出师不利。中路徐达军为元所败，死者数万人，东路军李文忠杀伤相当，不得已旋师，仅西路冯胜略获小胜。

此后七年中，朱元璋敛兵自守，不再轻易北征，而元朝势力却屡有南侵，元主爱猷识理达腊任国政以扩廓帖木儿，图谋恢复，数为边患。洪武六年寇武、朔州（今句注山北）及宁夏河州（今甘肃临夏）等地。七年寇白登（今大同东）、兰州；八年寇辽东；九年以后，连年骚扰陕北，又西连吐番为边地之患。十一年，爱猷识理达腊死，其子脱古斯帖木儿继位，为患仍然不已。面对这种局势，明朝加紧练兵，严守边关，并送还洪武六年在应昌被李文忠所俘获的爱猷识理达腊之子买的里八腊，给北元降人以官爵卫士赏赐，加以笼络。这时明与北元之间差不多是相持的态势，北元虽南下为患，但无法造成对明的重大威胁，明师虽偶有出击，但也难于给北元造成致命的打击。

大概是朱元璋认为朱棣不够成熟吧，并没有让他立刻参加直接的军事行动。就在他就藩的这一年和第二年，朱元璋又发动了两次北征。第一次洪武十三年（1380）二月，朱元璋得知北元国公脱火赤，枢密知院爱足率众万余屯兵和林，恐为边患，便派西平侯沐英前往征讨，沐英至灵州（今宁夏灵武），侦知脱火赤等已进兵亦集乃，便率兵渡黄河，经贺兰山，穿过沙漠，西进亦集乃，明军兵分四路合围脱火赤营帐，尽俘其部曲以归。沐英又练兵西凉、进袭元柳城王，俘获柳城王及人口1300余，马匹三千余。十四年正月，元平章乃儿不花入寇永平（河北卢龙），朱元璋再命徐达及左右副将汤和、傅友德北征，同时命沐英出古北口以为应援。明军出塞，袭灰山，明军再北上，元军北遁，傅友德追击，俘获平章别里不花，太史文通等，沐英出古北口，略公主山长塞，尽获全宁四部而还。从这以后，明军每年春出冬归，对北元采取了以攻为守的策略。

其后，洪武二十年正月，朱元璋命宋国公冯胜为大将军，颍国公傅友德、永昌侯蓝玉为左右副将军率军20万征北元纳哈出。纳哈出据有辽河流域，拥有部众十余万，是北元最后的重要军事力量之一。在明军的强大压力下，纳哈出被迫投降。北元失去了辽东，与朝鲜的联系也被割断，力量更加衰弱。洪武二十一年，朱元璋以永昌侯蓝玉为大将军，延平侯唐胜宗，武定侯郭英为左右副将军，率兵15万“肃清沙漠”。明军至捕鱼儿海，袭元主脱古思帖木儿大营，杀其太尉蛮子，降其众，脱古斯帖木儿等仅以数十骑遁走。明军获其子地保奴等六十四人，故太子必里秃妃等59人，吴王朵儿只等2994人。军士男女77037口，得宝玺图书金印及驼马牛羊车辆无数。明军大胜而还。次年，脱古斯帖木儿被也速帖木儿所杀，坤帖木儿被立为元主，从此元室“部属奔散，元裔日微”，不能复振。

朱棣正式登上军事舞台一显身手，是在洪武二十三年（1390）。朱元璋为肃清沙漠，准备再次进行北征。为此他做了充分的准备。

洪武二十二年九月，他命令河南都指挥使司和直隶各卫所加紧训练军士，以待征讨之令，并赏给每个军士钞三锭。十二月初十，又命令定远侯王弼往山西、雄武侯周武往河南、全宁侯孙恪往陕西，分别训练兵马，随时听征漠北；遣使命辽东都指挥使胡旻、朱胜训练精锐马步官军各一万人随时听候调遣。二十二，他又派仪礼司丞古里哥、舍人火儿忽答孙等到塞外寻访他要打击的主要对象，故元丞相咬住、太尉乃儿不花等人的踪迹。为了保证远征有充足的马匹，在二十三年正月又下令制作一批文绮衣衾往漠北交换马匹。

在一切准备就绪后，朱元璋就下达了北征的命令。

这次北征的统帅是燕王朱棣和晋王朱㭎。他们分别统帅北平和山西的兵马。颍国公傅友德被任命为征虏前将军，南雄侯赵庸被任命为左副将军，怀远侯曹兴被任命为右副将军，定远侯王弼为左参将，全宁侯孙恪为右参将，诸将军除王弼已在山西，听晋王节制外，其余均处北平训练军马听燕王节制。接着朱元璋又命令长兴侯耿炳文往陕西训练军马，并派使敕令孙恪率耿炳文所操练的兵马随傅友德北征，又遣使命齐王朱榑率领山东都司兖州护卫及徐邳二卫精锐马步军士随征，也听燕王节制。在晋王麾下，又令河南都指挥使司、中都留守司选拔军士6200人，马4470匹从雄武侯周武北征，前往山西。

当时地处北方重镇的亲王惟秦、晋、燕三王年龄最长，从这北征的部署看，燕王无疑处于最重要的地位。不仅燕王所节制的兵马众多，而且从敌对双方的地理位置上看，燕王也是首当其冲的。晋王处于侧面，而年最长的秦王竟然无预其事。可以看出朱元璋对朱棣充分信任和倚重。

但军队并没有马上出发，在大军出发前，朱元璋先派遣都御史铁古思帖木儿给征讨对象，故元丞相咬住、太尉乃儿不花，知院阿鲁帖木儿等送去一道敕书。书中写道：

元朝气运已终，汝等领散亡之众在草野无所归，度日甚艰，然不敢南来者，意必谓尝犯边境，故心中疑惑。且如纳喊（哈）出，在辽东前后杀掠守御官军二万余人，及后来降，封以侯爵，大小将校，悉加官赏。朕何尝以为仇也！但边境宁静，百姓安乐，即是好事。汝等勿疑，领众而来，必择善地使汝安居，各遂生息，岂不美乎？若犹豫不决，坐事失机，大军一至，恐非汝之利也。

这就叫做先礼后兵吧。不过，这道敕谕是朱元璋对故元势力怀柔拢络措施的一部分。他在对故元势力的斗争中不纯用武力，总是恩威并济，文武兼施的。而且其怀柔政策，也颇有成效。在这准备北征的同时，就有故元平章把都帖木儿、知院笼秃儿灰、纳纳罕等遣部将哈散赤汝祝儿灰至西凉请求归降，朱元璋恐其道远，跋涉艰苦，赴京不便，就令其于水草便利之地居住。在明朝的军政队伍中有不少鞑官鞑军，除敕谕中所说的元将纳哈出被封为侯爵外，许许多多鞑官也都受到优待。

在出师以前，朱元璋还是放心不下，他派人给晋燕二王一道敕谕，向他们介绍从降敌口中得到的情况。敕文中说：

朱元璋不仅从降人口中了解了敌人的情况，而且又将降人派回作为说客，以瓦解敌心。最后还为燕王做了先运送军粮，等得到情报后再行出师的部署，可谓慎之又慎了。

三月初二日，燕王朱棣率领大军从北平出发，征虏前将军颍国公傅友德、左副将军南雄侯赵庸、右副将军怀远侯曹兴各率自己的部属从征。大军迤逦向北进发，矛戈如林、旌旗蔽日，在干燥的黄土路上扬起滚滚尘埃。越往北地势越高，而且渐入丛山。大军经顺义、密云出古北口，直指塞外。古北口在北平正北偏东，是通往塞外的重要关口，历来的用兵之地。辽太祖夺取山南，先下古北口；金灭辽，夺取燕京，也在古北口发生激战。元泰定帝死后，大臣燕帖木儿拥主元文宗，撒敦与上都兵的争战同样都从古北口出入。它地处居庸关、山海关之间，与喜峰口并峙，俨然一雄关要隘。古北口在密云县境内，其城在山上，周四里三百一十步，三门，城北门外有北宋名将杨业祠。洪武十一年在这里设立了守御千户所，驻扎了军队。朱棣率大军穿行在古北口的万山丛中，朔风煦日，古道雄关，怎能不激起他的英雄情怀。多少忠臣烈士曾在这里抛洒热血，多少英雄骁将曾在这里抖擞雄姿。而今，这位年轻的亲王也从这条道路踏上了他威武雄壮的征程。

朱棣

他分析了敌我双方的情况，决定先派兵侦察敌军动静，他对诸将说："吾与诸将军受命提兵沙漠，扫清胡虏。今虏无城廓居止，其地空旷，千里行师必有耳目，不得其所，难以成功。"明军派出的骑哨很快便弄清了敌情，他们报告说乃儿不花等正在迤都（后改禽胡山）安营扎寨。朱棣命大军向迤都进发。出塞之后，虽地势渐高但渐渐平旷，青天大漠，更显得苍凉悲壮。坝上的天气从来难测，行军中，突然阴云密布，转眼间漫天大雪纷纷扬扬地下了起来。雪越下越大，将领们想要停止前进。燕王却认为大雪天正是进军的好机会。他说："天大雪，虏不虞我至，宜乘雪速进。"用兵无常，唯出奇可以制胜。燕王的决定表明他是深谙此道的。果然，明军到达迤都，与敌营只有一碛之隔，敌人竟然未觉察明军已迫在身边。

燕王部下有位指挥名叫观童，是归降的敌人将领，与乃儿不花有旧交。燕王企图利用这一关系，便派观童前往敌营。乃儿不花一见是旧友观童，也没问他为什么会到这里来便相抱而哭，国亡主奔，流离沙漠，沧海桑田，风霜雨雪，说不尽的苦辣辛酸。仓猝之间明军已经包围了乃儿不花的营帐，慌忙之间，乃儿不花与众将打算上马出逃，观童温词劝阻，对他说，这次出征是燕王率军，不必这样惊恐。乃儿不花也早就听说过燕王镇守北平，骁勇过人，而且喜欢延揽豪杰之士，又听老友观童相劝，想必不错。事已至此，无可奈何，只好跟随观童去见燕王。燕王见观童引来乃儿不花，自然十分高兴，不免演出了一幕"降阶相迎"，设宴款待的老戏。醉饱之后，乃儿不花的精神防线已尽行瓦解了。乃儿不花的部下听说主将受到燕王的优待，大喜过望，也都不再想走了。燕王又对乃儿不花慰谕了一番，便派人送他还营，还没走到营帐，又被燕王召回，再行劝慰，如此往返三次，不仅乃儿不花的敌意已经完全消失，甚至已经有些不耐烦了，迫不及待地要向燕王表示归降的诚心。于是乃儿不花的全部部将和马驼牛羊一律都归属了燕王。这一仗，燕王不费一兵一矢，而是以武力为后盾，以计谋取胜，这便是兵法上说的攻心为上吧？自燕王出师北平，至获乃儿不花全部以归，整整二十九天，这是一次很漂亮的军事行动。闰四月初一，燕王的捷报传到京师，朱元璋大喜，对群臣说："肃清沙漠者，燕王也！朕无北顾之忧矣。"

仔细阅读这段历史，不免发觉史臣的有意渲染，而有的细节却避而不谈。《国榷》的作者谈迁说："史归功燕王，予意傅颖公等从征，此必诸将之力，或后人过饰也。"能征惯战久于沙场的征虏前将军傅友德等人在这次军事行动中竟是无所建树，几同于泥塑木偶，不是很奇怪吗？另外，明军每次出师报捷，斩杀擒获都有具体数字。而这次奏凯数字竟然失载，仅说“悉收其部落及马驼牛羊”。闪烁其词，必有隐衷。要之，所获甚微，不足为人道也。

但自此以后，凡元军先后内附到北平的，皆听燕王调用，从此燕王势力日益强大。另外，这次与燕王同时出塞的晋王却没有见到敌的踪影。尽管，对游牧不定的蒙古，这是常事，不能说晋王作战不力，但毕竟是无功而还，无形中衬托得燕王似乎是武功煊赫，智勇冠于诸王了。

按明朝制度，军事行动完毕之后，军回卫所，将军上交所授佩印。朱元璋命令户部派人运钞一万锭，由燕王赏给有功将士，随后便下令晋王留山西，河南及晋府护卫兵马，驻于天成、白登等处操练，由晋王往来提调。定远侯王弼等一律遣还京师；命令燕王将征进骑兵留守上都或兴和、兴州一带，派都督，都指挥总率屯驻，由燕王时常往来阅视，其余公侯一律遣还京师；命令齐王带领护卫还其封国，山东所属卫所军马由都指挥蔺真带领，仍听燕王节制。这时，朱元璋对各统兵将领日益不信任了，不愿他们长期拥兵在外，一旦任务完成便召回京师置于自己的控制之下。

同时，朱元璋还对归降的蒙元将士做了一番处置，他命令傅友德将归降的乃儿不花部落全部迁徙入关，其将校则送往京师，并赐给战袄袭衣。

闰四月初七日，乃儿不花等故元降将及部属二百余人到达京师朝见朱元璋，他们献上元朝颁发的太尉等银印四颗，金牌三面，银牌八百，铁牌五面和元室给予的宣命28道。朱元璋命令乃儿不花为留守中卫指挥同知，阿鲁帖木儿为燕山中护卫指挥同知，咬住为副都御史，忽歌（又作客）赤为工部右侍郎，各赐以钞、帽、金带、钞锭，不久又将乃儿不花、阿鲁帖木儿升为指挥使。乙亥，赐给乃儿不花等71人以鞍马。丁亥又赐给乃儿不花等及其部属将校二百余人白金13600两，钞12600锭，文绣帛各1080匹，罗衣550袭。六月初十，北平都司送故元降将纽儿该速夹桑赤、阿鲁灰等乃儿不花部下将士及家属707户赴京，诏给还乃儿不花家属，赐夏衣人一袭。朱元璋还命令工部郎中杨冀运送夏衣18473领，到北平赐给乃儿不花的部下将校军士和家属4786 人。在这次征讨乃儿不花的作战中，百户晃儿忽做向导有功，因而被升为燕山中护卫世袭指挥佥事，按职领取俸禄但并不实际任职。但朱元璋对像乃儿不花这样的降将，并不是完全放心。他在二十六年三月乙卯让魏国公徐辉祖带给燕王的敕谕中说：“阿鲁帖木儿、乃儿不花俱存异志，虽抚之以诚，难保其往。人言‘夷狄畏威不怀德’，果然。可遣人防送至京。胡人反侧背恩，不可无备”，“归降胡兵，非出征不可轻纵，恐盗马潜遁，阴泄事机，所系甚重，若欲用以御敌，常使参错为伍，庶几无虑。”

这次北征的大捷震动了全国上下，由于是藩王首次出征便大获全胜，更使人们刮目相看。闰四月辛巳，各王府及天下文武百官向皇帝进“贺平虏表”，以赞颂皇明的威德和武功。

燕王是这次军事行动的主角，自己面上十分光彩，北平都司及从征的燕府军队也得到了丰厚的赏赐。闰四月甲申，赏给北平都司及燕山诸护卫军士24600余人钞720675锭。而燕王府的地位从此骤然上升，它的实力和燕王勇略也从此开始渐被人们接受。朱元璋对蒙元成功的文武两策略，使大批的官员将校接踵前来归附。为了应付这种局面，朱元璋命令户部运白金十万两，文绮五千匹往北平；白金五万两，文绮二千匹往山西，分别由燕王府和晋王府收贮，以备赏赉。

自这次北征之后，燕王的地位发生了微妙的变化。

原先，燕王不过是诸王中的普通一员。至少，其位在秦王、晋王之下。秦王所封之西安，晋王所封之太原、燕王所封之北平，在当时人看来，其重要性是依次而降的。朱元璋建国，行南北两京之制，以应天为南京，开封为北京，但一直想迁都西安。御史胡子祺曾上书说天下形胜，其可都者首推西安，理由是“据百二河山之胜，可以耸诸侯之望，举天下莫若关中”，其余有河东、有汴梁，有洛阳，而北平竟不与其列。后来朱元璋也说过“天下山川惟秦地号为险固”，在朱元璋和时人看来，北平不过是胡人乘运而兴之地。因此，秦晋燕三王中，朱元璋实以秦王为首，晋王封于太原，其地迫于西北，当次之，第三才是燕王。

但朱元璋等人的这种见解，是一种陈旧的观念，抛开自然地理的形势不谈，他们未把宋辽金以来，特别是元朝建立后近百年以来全国政治地理形势发生的重大变化估计进去。简言之，这变化就是政治中心向东北方转移。如将关内外东北西北连为一体来看，惟北平最为重要。这种事实是不以朱元璋等人的观念为转移的，在明初二十余年明与北元的斗争中，北平的地位再次显露出来。这不仅因为政治中心的转移，而且还因为元势力退出塞外，先后以上都、应昌为中心，这些地方都迫近北平，而他们南下夺取的最终目标仍是他们昔日的统治中心北平，这些都使得北平处于首当其冲的地位。另外，大都——北平作为统治中心，元朝在这里留下的影响要甚于其他地方，因而加强对北平的统治又成为割断元朝遗民的故国之思，从而巩固明政权的有效手段。同时，牢固地控制北平这个前首都，也比控制其他地方对塞外的蒙元势力有更大的威慑力量，对于那些企图归降明朝的人也有更大的吸引力。如此种种，使得北平的地位，从而使以北平为封国的燕王的地位大大突出出来。而当历史和现实在发出呼唤的时候，燕王朱棣以他的智勇能不负众望地承担这一重任，则保证了他自身地位的稳步上升。而在名分上，他是无法超越秦晋二王的。秦王为什么没参加这次北征，是否因为他担任了宗人令而不能出征呢？不得而知。

常遇春

随着诸王的登上军事舞台并显示出实力，朱元璋感到皇室的地位更加巩固，加速了他削除权臣，集中皇权的步伐。就在晋王、燕王北征告捷的两个月之后，朱元璋就发动了一个大狱。朱元璋借口胡惟庸这一陈年旧案，将太师韩国公李善长置于死地。李善长是朱元璋的同乡（安徽定远人），朱元璋起事不久便得到他的辅佐，预机画，主馈饷，定立制度，在文臣中功劳最大，因而被授予开国辅运推诚守正文臣、特进光禄大夫、左柱国，太师中书左丞相，封韩国公，岁禄四千石，子孙世袭，颁给铁券，免二死，子免一死。当时封公者还有徐达，常遇春子常茂、李文忠、冯胜、邓愈，共六人，而李善长居诸公之首，位崇秩尊，朱元璋将其比于汉之萧何，并将临安公主嫁给他的儿子。洪武十三年，胡惟庸因谋反罪被杀后，李善长的地位很久都没受到影响，然而到了洪武二十一年蓝玉北征至捕鱼儿海，据说是获得了胡惟庸谋反的证据：私通北元。至此，由于御史的劾奏，李善长竟被打入胡党，罪名是“知逆谋不发举、狐疑观望怀两端，大逆不道”，正好这时又有人说星象异常，“其占当移大臣”。于是便将李善长及其妻女弟侄家口七十余人一并处死。同时以胡党被处死的还有吉安侯陆仲宁，延安侯唐胜宗、平凉侯费聚、南雄侯赵庸、荥阳侯郑遇春、宜春侯黄彬、河南侯陆聚等，已故的营阳侯杨璟、济宁侯顾时等也受到追论。李善长死的第二年，虞部郎中王国用上疏对李善长之狱提出怀疑。

朱元璋见到奏疏，竟然不加之罪，其实他心里很清楚这是一个冤案。

亲王的成长促成朱元璋铲除权臣，权臣的铲除又促使亲王进一步掌握权力。

洪武二十六年二月，凉国公蓝玉被指为谋反，族诛，列侯以下坐党夷灭者不可胜数。吏部尚书詹徽、户部侍郎傅友文，开国公常升，景川侯曹震，鹤庆侯张翼、舳舻侯朱寿、东莞伯何荣、普定侯陈桓，宣宁侯曹泰、会宁侯张温、怀远侯曹兴、西凉侯濮玙、支平侯韩勋、全宁侯孙恪、沈阳侯察罕，徽先伯桑敬等均以蓝党坐死。洪武二十七年十一月，颍国公傅友德赐死，竟无罪名。

洪武二十四年二月，齐王率护卫骑兵在开平近地围猎，遇有战斗则自为队参战。五月，汉、卫、谷、庆、宁、岷诸王练兵临清。分别设置护卫军：汉王甘州中护卫，卫王广宁中护卫、谷王兴州中护卫、庆王宁夏中护卫、宁王营州中护卫，岷王西河中护卫。二十五年正月，晋、燕、楚、湘诸王入朝，朱元璋命令他们“岁训将练兵，周视封疆，作军器必精良，以固边圉”。二十六年二月，命晋王总宋国公冯胜等所统河南、山西军士出塞，胜及颍国公傅友德、开国公常升、定远侯王弼，全宁侯孙恪等驰驿还京，其余将校悉听晋王节制。三月，代王率护卫兵出塞，受晋王节制。三月丙辰，令宋国公冯胜，颍国公傅友德住北平等处备边。其山西属卫将校悉听晋王节制。北平属卫将校悉听燕王节制。"凡军中应有机务，一奏朝廷，一启王知，永着为令。"庚申，复遣使谕晋王、燕王："各统所辖都司军马，凡军中赏罚大者以闻，小者宜从处分。"辛酉、庚午、甲戌，并西安右卫于西安中护卫；改华山卫为西安左护卫；改秦州卫为西安右护卫。二十八年四月甲申，又诏置辽（卫）、宁、谷、庆、肃（汉）五王护卫指挥使司。二十八年，肃王（原封汉王）就藩甘州，理陕西行都司甘州五省军务。三十年令督军屯粮，遇征伐。以长兴侯耿炳文从；二十六年，辽王植就藩广宁，宁王权就藩大宁，洪武三十年，朱元璋要求他们"自东胜以西至宁夏、河西、察罕脑儿，东胜以东至大同、宣府开平，又东南至大宁，又东至辽东，抵鸭绿江，北至大漠，又自雁门关外，西抵黄河，渡河至察罕脑儿，又东至紫荆关，又东至居庸关及古北口，又东至山海卫，凡军民种地，毋纵畜牧。其荒旷地及山场，听诸王驸马牧马樵采，东西往来营驻。因以时练兵防寇。违者论之。史称宁王"带甲八万，举车六千，所属朵颜三卫骑皆骁勇善战"，"以善谋称"；庆王㮵就藩宁夏，诏理庆阳、宁夏、延安、绥德诸卫军务，朱元璋对诸王的行动随时给以指示。如二十六年三月乙卯派人对燕王说："尔护卫士卒，每遇出猎必选数千骑被坚执锐以训练之，使之常习劳苦，则临阵不怯。"三月甲戌，他听说晋王督兵在下水筑城，便派人加以责备，批评他"无深谋远虑"，并要求他"自今军中调遣，必计出万全，毋徒劳军士"。

除练兵防边外，朱元璋给各都司卫所下达筑城、屯田及从征的任务，也通过所在诸藩王去执行。如二十八年正月辛亥朱元璋遣使命令周王橚，发河南都指挥使司属卫马步官军3400人往塞北筑城、屯田；甲寅，遣人敕谕晋王棡发山西都指挥使司属卫马步官军26600人往塞北筑城、屯田；甲子，命令燕王发北平二都指挥使司并辽东都指挥使司属卫精骑兵七千，步兵一万，命都指挥使周兴为总兵官，同右军都督佥事宋晟、刘真、往三万卫等处捕野人，其属卫指挥庄德、景保安、张玉、卢震等悉令从征。

洪武三十年（1396）正月乙丑，朱元璋命令肃王楧曰："古者兵出于农，人无寒馁，有寇则操戈以战，无事则荷耒以耕。此良法也。今春气方和，宜及时督军屯种，遇有征伐，尔其率精兵与长兴侯耿炳文等进讨"。这时，在汉中府沔县发生了一场有千余人参加的造反，"陕蜀番民"也因而起事，朱元璋慌忙派长兴侯耿炳文、武定侯郭英，发陕西四川兵讨之。并对刚嗣秦王位不久的朱尚炳说："尔宜练士卒，缮甲兵，时巡逻以备无虞，况尔年幼，当夙夜警惕无怠。"

这样，不仅诸王的势力不断加强，而且军事经验也在不断增长，同时，无形中形成这样一种格局，即皇帝——诸王——都司卫所的格局。诸王成为代替皇帝直接控制地方军事力量的一个重要层次。这种格局是朱元璋削除权臣，加强皇室地位这一指导思想的必然结果。

洪武二十八年三月二十日，秦王朱樉死，这时他年已40。他是曾被朱元璋倚重的一位亲王，在辈分上仅次于太子朱标，因而朱元璋给其的谥文中说："尔以年长者，首封于秦"，期于永保禄位，藩屏帝室。看来他有负所托。如前所说，在备御北边时，秦王并无突出表现，而且还履有过失，因此一度被召还京师。所以谥文中又说："夫何不良于德，竟殒厥身"。他的谥号竟是一个多有贬意的"愍"字。对他的死，朱元璋是很悲痛的，老年丧子，人同此心。但他的死却使朱棣的地位无形中又上升了，至少，朱棣又失掉一位竞争的对手。

洪武二十九年二月，在边境上巡逻的骑兵发现在道路上有脱落遗失的车轮，宁王朱权马上将这一情况报告给了朱元璋，朱元璋认为这是蒙古骑兵仍在边境活动的证明，蒙古兵很有可能再次入寇边境。朱元璋说："胡人多奸，示弱于人，此必设伏以诱我军，若出军追逐，恐堕其计"，于是命令燕王朱棣选精卒壮马奔赴大宁、全宁，沿河南北觇视胡兵，针对敌情，随时随地给予打击。同时，他要求周王朱橚命其世子朱有燉，率领河南都司精锐，赴北平塞口巡逻。三月，燕王朱棣再次率军出塞北征。军行至彻彻儿山与蒙古军队发生战斗。蒙军首领孛林帖木儿等数十人被俘。明军乘胜追至兀良哈秃城，又与蒙军哈剌兀等发生战斗，明军再次取胜，这次北征历时很短，而且史书记录十分简略，大概是战绩无足称道吧？

不管怎么说，这次北征，再次给朱棣提供了展示其才能的机会。

洪武三十年，四月初三，朱元璋给晋王、燕王下了一道敕书，谕以“备边十事”。

随后，朱元璋在给朱棣的信中说：

玉林、天城皆西北要地，非坚城池不可以守。今山西军已筑玉林城，其天城城宜令北平军士筑之。期今岁完。否则来年完之。毋促役以困其力也。

这时朱元璋仍念念不忘对蒙古的防御，不断地向诸王授以御敌方略。就在同一天，朱元璋又下令给晋王燕王说：

近钦天监奏，占天象当有胡兵入寇，朕以为不特天象可以征，以人事度之，胡人近有是谋。何也？前岁秋，山西塞外降胡逃归岭北，此数人居山西八年，安得不以中国虚实为胡人谋乎？此胡人入寇之端也。自今其令都司、行都司简阅步卒、骑兵、或三万或二万，常兼数万步卒，而骑兵每五百以一将领之。五百分为五队，每队领以一战将，而五将咸听一将之令，往来折冲，以据贼阵。步兵亦如骑兵之法，选将领之。严饬队伍与骑兵并进而夹攻。我马虽少，步兵则多，胡马虽多，彼无步卒。苟有侵犯，可与战矣。其深体朕意毋忽。

这月，朱元璋又命燕王筑大同城，还以天象示变敕谕晋燕代辽宁谷六王。

五月辛未，朱元璋再以天象受警告燕王、晋王及诸王：

今塞草丰茂，山后地高，夏无酷暑，宜用心为备。上天垂象，不可顷刻自安。尔其训练士马，控弦以备之，庶几无患。

这时，不仅驻于边境的所谓塞王发挥着越来越重要的作用，而且驻于内地的亲王也无不担当重任，如楚王朱桢湘王朱柏，都被命前往镇压西南古州地区少数民族的叛乱。晋王、燕王则不断率兵巡边。六月初十，朱元璋听说晋王、燕王又统军巡视边境，出开平数百里，便派人前往授以方略。他说：

三十一年三月十二，晋王朱棡病逝。朱元璋这时已经71岁了，对晋王的死非常悲痛，这是继秦王的死后对他的又一个打击。朱元璋对晋王比对秦王更加钟爱，晋王的谥册是这样写的：

朕曰惟先王之典，生有名，殁有谥，所以彰其德表其行也。曩者封建诸子，王尔于晋，为曩国藩屏，于兹有年。尔者因疾永逝。特遵古典，赐谥曰恭。呜呼，谥法者古今之公议，不可废也。尔其有知，服斯宠命。

这与称秦王“不良于德”，谥为“愍”真不可同日而语了。为了给晋王造陵园，晋世子朱济熺向朱元璋请求民地1100余亩。朱元璋命其以八百亩为限。这样犹恐妨民，又命令所占田地以附近官地给予偿还，并根据被占地的多少，分别赐给钞币。朱元璋为表示对晋王的哀悼，辍朝三日。这些都与对秦王的态度大不相同。不久朱元璋便命济熺嗣了秦王之位。

秦王死后，晋燕二王成为北方的强藩。现在晋王也死了。燕王不仅成为诸王中年最长者，而且在实力上，其他诸王也无法与他相颉颃。燕王朱棣的地位在稳步上升，这不仅有他个人的努力，而且上天也给了他机会。他是个幸运儿。

朱元璋的身心愈渐衰弱了，但边防的事仍让他心绪不宁。虽然长期以来，朱元璋并没有给骁勇的燕王以特殊的地位，但在秦、晋二王相继死去后，便不得不对燕王予以注目。四月初九，他再次颁敕书给燕王朱棣，他说：

迩闻近塞烽火数警，此胡虏之诈。彼欲我师出境，伏兵邀我也，不可堕其计中。烽起之处，人莫宜近，虽望远者，亦须去彼三二十里。今秋或有虏骑南行，不寇大宁，即袭开平。度其人马不下数万，岂可不为之虑？可西凉召都指挥庄德、张文杰、开平召刘真、宋晟二都督，辽东召武定侯郭英等会兵一处，辽王以都司及护卫马军悉数而出。北平、山西亦然。步军须十五万，布阵而待，令武定侯、刘都督宋都督翼于左，庄德、张文杰、都指挥陈用翼于右。尔与代、辽、宁、谷、五王居其中。彼此相护，首尾相救，使彼胡虏莫知端倪，则无不胜矣。兵法示饥而实饱，内精而外钝。尔其察之。

大约人到老年，滞于某事，朝思暮虑，不厌其烦，朱元璋也不能例外。五月初八，这个一向很少生病的老人病倒了。七十年的风雨坎坷，殚虑焦思，使得他太疲劳了，而这时仍然念念不忘北边的防御。他再次颁发敕文，要求边将辅助诸王加强边境的防守。

在北方边防的实践中，他确认了“北京为中国门户的地位，也确认了燕王在北方边防的主导地位。

另外，他再次敕令燕王提兵备边：

朕观成周之时，天下治矣。周公犹告成王曰‘诘尔戎兵’，安不忘危之道也。今虽海内无事，然天象示戒，夷狄之患，岂可不防？朕之诸子，汝独才智，克堪其任。秦晋已薨，汝实为长，攘外安内，非汝而谁？已命杨文总北平都司、行都司马军，郭英雄总辽东都司并辽府护卫，悉听尔节制，尔其总率诸王，相机度势，周防边患，乂安黎民，以答上天之心，以副吾付托之意。其敬慎之勿怠。

这是他发出的最后一道敕书了。闰五月乙酉，这位大明开国皇帝离开了人世。就在辞世这一天，他还像平常一样地处理政务。但他已感到病体不支，将不久于人世。于是，他令内侍焚香祝天祷告上帝。他说：“寿年久近，国祚短长，子孙贤否，惟简在帝心，为生民福。”据说，在临终前他曾派人持符召燕王还京，但是燕王行至淮安，被当事者假借他的命令阻还。朱元璋在临终时还问左右，第四子来了没有。

南京城内外，漫天飘洒着细雨，正是禾苗盼望着的雨，它如同甘霖，降福给人间。朱元璋听到雨声，带着满意的笑闭上了双眼。朱元璋生于艰危，起于闾里，不数年间便统有了全国，成为中国历史上一位杰出的皇帝。所以能够如此，除社会给他提供了广阔的舞台外，全靠了他的超人的智慧和能力。真好像明人所称的“天纵神圣”。然而他虚心克己，不忘本分，直到死前不久，他还想到自己的父母和家乡。

第二章　借削藩叔王起兵

皇帝继承问题是封建社会中的大事，传子在宗法制度下是当然的，自先秦以来，嫡长子继承制度在中原王朝已经成为确定不易的制度。传子固然可保证后世江山姓氏不变，但遇上不肖子孙却难免国破家亡。多少英明君主曾想不立长而立贤，但皇储的空缺又成为诸子觊觎争逐的对象，因而常常酿为内乱，反不如仍立嫡长子名正言顺而又落得眼前清净。

皇太子朱标

朱元璋在即皇帝位之前就已想到这个问题了。早在至正二十四年（1364），朱元璋自立为吴王时，他便立长子朱标作了“世子”，即王位的合法继承人。到洪武元年，朱元璋做了皇帝，朱标很自然地成了皇太子。他把立太子看为天下之本。皇太子的册宝上写着：“国家建储，礼从长嫡，天下之本在焉。”太子职责在于“抚军监国”，“六师兆民，宜以仁信恩威，怀服其心，用永固于邦家”。他曾对皇太子说：“天子之子与公卿士庶人之子不同。公卿士庶人之子系家之盛衰，天子之子系天下之安危。尔承主器之重，将有天下之责也。公卿士庶人不能修身齐家，则止于一身一家，若天子不能正身修德，其败岂一身一家之比，将宗庙社稷有所不保，天下生灵皆受其殃，不可惧哉！不可惧哉！”朱元璋虽主旨在于保朱家之天下，但也不免有为天下生灵求福之志。朱元璋对皇太子的教育培养也真的下了功夫，让他读书，让他参政，让他巡视天下了解民情。他对太子的要求一是统军，二是司礼，三是练政。他让文武大臣如左丞相李善长、右丞相徐达等兼领东宫官，他对他们说：“昔周公教成王克诘戎兵，召公叔康张皇六师，此居安虑危，不怠武备。盖继世之君，生长富贵，昵于安逸，不谙军旅，一有缓急，罔知所措，二公之言，其并置之。”他又对太子宾客梁贞、王仪、太子谕德秦庸，卢德明，张易说：“朕令卿等辅导太子，必先养其德性，使进于高明帝王之道，礼乐之数，及往古成败之迹，民间稼穑之事，朝夕与之论说，日闻谠言，自无非僻之干，积久以化，他日为政，自然合道。”朱元璋早就表示“朕若有事于外，必太子监国”。洪武十年，朱元璋命令自今政事都要先启太子处分，然后奏闻。他说：“自古以来惟创业之君，历涉勤劳，达于人情，周于物理，故处事之际鲜有过当。守成之君，生长富贵，若非平昔练达，临政少有不谬者。故吾特命尔日临群臣，听断诸司启事，以练习国政。惟仁则不失于躁暴，惟明则不惑于邪佞，惟勤则不溺于安逸，惟断则不牵于文法。凡此皆以一心为之权度……凡人虽有明敏之资，自非历练临事率意而行，未免有失。知悔而改亦已晚矣。吾自有天下以来，未尝暇逸，于诸事务惟恐毫发失当以负上天付托之意。戴星而朝，夜分而寝，日有未善，寝亦不安，此尔所亲见。尔能体行之，天下之福，吾无忧矣。”后来，他又嘱咐太师韩国公李善长等人说：“前者令皇太子躬听朝臣启事，欲其练习国政，恐听览之际处置或有未当，自今诸司政事启于东宫者，卿等二三大臣更为参决可否，然后奏闻。”洪武十四年，朱元璋又派太子巡抚陕西，以规划建都之事。他希望太子能继承他的事业，保有朱家的天下。

朱标出生时，虽然天下尚未平定，但朱元璋那时已经是统帅兵马征战一方的将领了。朱标出生后不久，朱元璋就攻克了集庆（今南京），所以朱标必不知艰辛坎坷为何物。他被立为太子时年方13岁，日日由“名儒”陪伴读书禁中。这些都养成了他与朱元璋绝然不同的气质和品性。固然，他缺少朱元璋那种严毅果决，但也没有朱元璋的阴笃惨鸷。

据说，朱元璋看到太子仁柔不振，想了一些办法去激发他的刚励之气。一天，朱元璋悄悄令人将尸骨装满举中故意从太子面前经过，太子见了不胜惨蹙，连连抚掌说：“善哉！善哉！”朱元璋不禁大为失望。朱标自幼熟习儒家礼教，并对此笃奉不已。一次，朱元璋的一位贵妃死了，他很悲痛，命令太子服“齐衰杖期”。太子说：按礼的规定，只能为庶母服“缌”，“诸侯之庶子不为庶母服，而况天子之嗣乎？”他企图严格执行刻板的礼制，并用来约束朱元璋，朱元璋不禁大怒，拔剑击向太子，太子，一边跑还一边说着礼制中的话：“大杖则逘。”翰林正字桂彦良赶忙来劝说太子，他说：“礼可缓，君父之命不可违也。”桂彦良比朱标更能掌握“礼”的本质，它是为专制主义皇权服务的，如果二者有所不同，那么要以皇帝的意志为转移；如果礼的存在是作为可以约束包括皇帝的任何人的教条，那对皇帝以及封建政治来说就失去了存在的价值。太子明白了皇权要大于礼，明白了“君父之命不可违”，便服了齐衰去见朱元璋谢罪，朱元璋的怒气才慢慢消释。然而从这件事起，父子二人留下了嫌隙。在唐肃的《密庵稿》中有“送陈中宝之洴阳”，“钱季贞应水河县丞”等序文，都把太子与朱元璋并列，可见朱标在当时政治中已处于重要地位。明初的大儒方孝孺的挽诗中更有“监国裨皇政，忧劳二十年”和“文华端国本，潜泽被寰区”的句子，流露出时人对朱标的称颂。

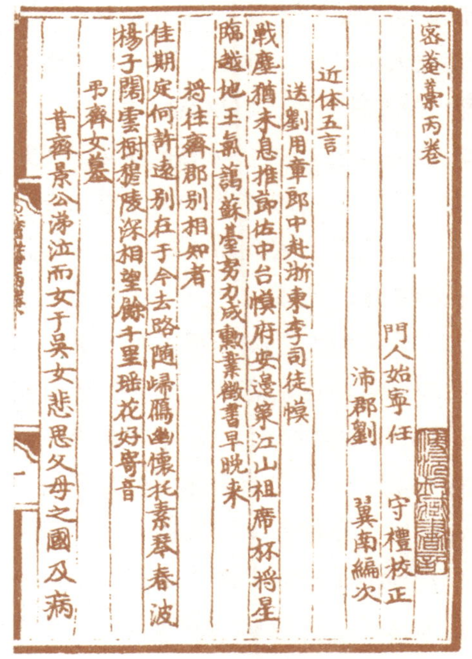
密菴藁丙卷
門人始寧任 守禮校正
沛郡劉 翼南編次
近体五言
送劉用章郎中赴浙東李司徒幕
戰塵猶未息推節佐中台慎府安邊策江山祖席杯將星臨越地王氣藹蘇臺努力成勲業徵書早晚来
將往齊郡別相知者
佳期定何許遠別在于今去路隨歸鴈幽懷托素琴春波楊子闊雲樹秣陵深相望餘千里瑶花好寄音
弔齊女墓
昔齊景公涕泣而女于吳女悲思父母之國及病

密庵稿

诸王与朱标同为朱元璋之子，只因长幼之别便分为君臣，天子富有四海，威加环宇。即使在写信用字这样的细节上，也要有严格的区分。在这样情况下，诸王难免对皇位有所觊觎。这在他们的日常行动中也表现出来。按规定，身份地位不同的人服饰器用也分为不同等级，位卑者不得僭越。但诸王在宫中的服饰却偏偏喜欢学着太子的样。给事中卓敬发现了这个苗头，马上向朱元璋建议说："宫中朝廷视仿，纲纪攸先。今陛下于诸子不早辨等威，使嫡庶相乱，尊卑无序，然则何以令天下耶？"朱元璋答道："卿言是，吾虑不及此。"

也许朱元璋在这细节上并没有注意，但他却早就改变了当初杀叶居升时的想法，对将来太子与诸王的关系，加以认真的考虑。并且开始注意对诸王的约束。洪武二十六年十二月，他命人编成了一本《永鉴录》，辑历代皇室诸王为恶悖逆者，以类为编，直叙其事，颁赐诸王。洪武元年正月十五，朱元璋在文楼上，太子侍立一旁。朱元璋问太子近与儒臣讲说何经何事？太子回答说，昨讲七国叛汉事。朱元璋因而考问太子这事的曲直何在。太子说："曲在七国。"朱元璋说："此讲官一偏之说，宜言。景帝为太子时，常设博局，杀吴王世子，以激进怨。及为帝又听晁错之说，轻意黜削诸侯土地。七国之变，实由于此。若为诸子讲此，则当言藩王必上尊天子，下抚百姓，为国家藩辅，以无挠天下公法。如此，则为太子者，必知敦睦九族，隆亲亲之恩。为诸子者，知夹辅王室，以尽君臣之义。"

然而只恩义二字，岂能制止残酷的权力之争。古往今来多少父子手足为争权夺利而互相残杀！朱标被立为太子后，诸王的逆谋时时传出。有人报告了晋王的不轨，说他藏兵于五台，妄图造反。朱元璋大怒，要发兵征讨。而对此事，太子又表现出仁柔拘礼的本性。他说："万一兵往而（晋王）㭎或拒命，是父子为敌也，将如天下后世何？"太子想了个办法，即在巡视陕西时设法把晋王㭎带来。朱元璋同意了这个意见。太子巡历到西北，与诸王相聚十余天。太子临行时晋王送他到河南，太子乘势让他入朝。晋王不得已从命至京。朱元璋要将晋王处死，太子不忍，忙为晋王叩头哀祈。于是朱元璋将晋王废为庶人，令居于京师。太子天性友爱，每天劝谕晋王，致使他有所觉悟，昼夜痛心号泣不止，深有悔罪之意。朱元璋见此情况也不免生出怜爱之心，赦了晋王之罪，并恢复了他的王爵。这事不仅说明了晋王的曾经谋逆，而且说明了太子的仁柔友爱。另外，秦王屡有过失，也是太子为之解脱的。

诸王中僭蓄大志者，当以燕王朱棣为首了。在备御北边时更显示了非同一般的军事才能，这些不仅成为他窥伺帝位的资本，同时也助长了他的野心。甚至有传说，说他曾经不讨父母的喜爱，以至不知如何是好。朱元璋几次都想废弃他，只因众臣的力劝，才得以幸免。《太宗实录》中记载了这样一段话：

> 太祖曰："诸子中燕王仁孝有文武才略，能抚国安民，吾所属意。"皇后曰："幸毋泄言，恐祸之也。"太子闻之，密以语凉国公蓝玉。玉先征北虏纳哈出归至北平，以名马进上（指朱棣），上曰："马未进朝廷，而我受之，岂所以尊君父？"却之。玉惭而心不怿。至是，闻太子言，曰："殿下观陛下平日于诸子中最爱者为谁？"太子曰："无如燕王。"玉曰："臣意亦然，且臣观燕王在国，抚众安静不扰，得军民心，众咸谓其有君人之度。恐此语上闻，殿下之爱衰矣。臣又闻望气者言，燕地有天子气，殿下宜审之。"太子曰："燕王事我甚恭谨。"玉曰："殿下问臣，臣不敢隐，故尽其愚忠耳。惟密之。"时晋王亦闻太祖注意于上。自念己兄也，上弟也，遂生嫌隙。后晋王与上皆来朝，上有疾，晋王数以语见侵，上内怀忧畏，疾增剧，遂恳求归国。晋王密遣人伺察上国中细故，将闻于朝，既无得。

这是一段典型的美化燕王，为其野心开脱、粉饰的文字。但它明确无误地显示了燕王早有意于帝位，因此不仅与太子而且与晋王弄得很不愉快。

洪武二十五年四月，太子病死，皇储之位成了空缺。这时朱元璋已经六十五岁了。晚年丧子悲痛是自不待言，重要的是要重新确定谁来做事业的继承人。朱元璋在东角门上对群臣痛哭。翰林学士刘三吾上前劝慰，他从宗法制出发，认为懿文太子之子允炆当继承储位，他说："皇孙世适（同嫡），富于春秋，正位储极，四海系心，皇上无忧矣。"朱元璋采纳了这个建议，在同年九月立朱允炆为皇太孙，这时朱允炆年仅十岁。关于朱元璋最初打算确立谁来接替太子的皇储位置，史书记述纷纭。一说朱元璋打算立燕王，只是因为学士刘三吾力谏："果尔，将置秦晋二王于何地？”燕王虽未被立，刘三吾却也因此被贬为博士。证实这个说法的除《词林记》“刘三吾传”外，尚有朱棣写的“封建诏”，其中提到“皇考尝欲立朕为嗣”云云。其实，关于朱元璋欲立燕王的说法，在永乐朝重修的实录中比比皆是，未尝不是朱棣为自己篡位的开脱之词。王崇武先生认为：“惟太祖苟真有意立燕王，真以刘三吾谏而止，则成祖当深憾三吾，不应于今传《太祖实录》中无微词，更不宜以其谏语入两朝实录。”所以如此，是因为后来秦晋薨后燕王夺位合法化。

另一说法是朱元璋不想立朱允炆，说是“懿文太子薨孝陵不欲立孙，迟回久之，高皇后不悦，因构疾，崩。于是孙始得立”。明人郑晓明确表示“此妄说也”，朱元璋为什么不立燕王，而断然立朱允炆为皇储，明人早有中肯的分析：“虽以文皇帝之圣也，称智虑过人，酷类太祖者而宁真之藩封，太祖固曰：‘自我创天下而以天下传之庶孽，万世而下有庶夺孽抗宗者，我开其乱也。乱传而万世之传，足虑焉。’高皇其忍乎哉！”质言之，朱元璋坚守嫡长继承制，是为了政权的巩固。在皇位继承上，再次出现不稳定因素是显然的。长兄朱标做太子，诸弟尚且纷争，年少的侄子做皇太孙，更不被诸叔放在眼里，他们难以尊奉这个小孩子为君主。对此，朱元璋也不免忧虑在心。

有传言说，朱元璋夜梦黄白两条龙冲进大殿，争斗得难解难分，最后，那黄龙得胜腾飞而去，白龙战败堰蜓于地。朱元璋顿时惊醒，原来是一个梦。第二天早上，朱元璋视朝，一入殿门，就见到皇太孙在殿的右角，而燕王却在他的左前方。当时以左为上。皇太孙身为皇储，与至尊无二，燕王竟敢对他如此侮慢！朱元璋不免大惊，他从这事悟出燕王夺嫡的野心。对此，他没有声张，但却下了一道严酷的命令。他命令朱棣离开宫中搬到别苑去住，并且不许宫中给他送食物。高皇后可怜朱棣的境遇，于心不忍，便偷偷地给他饮食，朱棣因而得以不死。过了很久，朱棣才被释放。这件事也许是出于附会，但它却说明朱标死后，诸王对皇位的窥伺较前更为张狂。

礼是中国古代区分贵贱等级的重要手段。洪武二十九年八月，朱元璋命令廷臣重议定诸王见东宫（皇储）礼。廷臣说，诸王见东宫之礼已有定仪，这便是在洪武十二年二月议定的礼仪：凡亲王来朝，具冕服见天子毕，次见东宫，引礼官引王由文华门东门入至文华殿前，西向立。东宫具冕服，执大圭，詹事府六员导出，升座。东宫臣左右侍从，引礼官引臣就拜位行四拜礼。东宫坐受毕，东宫与王俱衣常服，至后殿序家人礼。这次重新议的是家人礼。原来，懿文为太子，作为长兄，诸王下之犹自有言，如今允炆为皇太孙作为诸王的侄儿，家人礼就要重新规定了。议的结果是：诸王见过东宫后，由文华殿东门入至后殿，诸王要与东宫叙家人礼。这时他们都改换常服，王面西而坐，东宫面东而坐，皇太孙要向诸王行四拜礼，王坐而受礼。礼毕叙坐，皇太孙仍坐中南向，诸王列于东西两侧。这是个矛盾而尬尴的场面，诸王以叔父之尊，而屈居后位，要向侄儿跪拜，心中自然不服，皇太孙以皇储之尊又要向诸叔四拜，必然也感到威胁。这里隐藏着极深的矛盾。据传，一次燕王朱棣与皇太孙朱允炆在一起，曾以手拍允炆的背，开玩笑说："不意儿乃有今日！"朱元璋早对朱棣有戒心，他老远地望见这个场面，不禁说："何为挞皇太孙。"朱允炆反替他回护说："臣叔父爱臣故耳"。

黄子澄

其实，朱允炆已明显地感到了诸王对他的威胁。朱元璋也从洪武元年杀叶居升时的思想中解放出来。他曾经深以诸王为干城，他对朱允炆说："联以御虏付诸王，可令边尘不幼，贻汝以安。"允炆说："虏不靖，诸王御之，诸王不靖，孰御之？"朱元璋一时无言以对。他问允炆："汝意何如？”“允炆说：“以德怀之，以礼制之，不可则削其地，又不可则废置其人，又甚则举兵伐之。”朱元璋说：“是也，无以易此矣。”朱允炆还曾与侍读，太常寺卿黄子澄谈到这事，一天，他们在东角门上，朱允炆对黄子澄说。“诸王尊属拥重兵，多不法，奈何？”黄子澄回答说：“诸王护卫兵，才足自守，倘有变，临以六师，其谁能支？汉七国非不强，卒底亡灭。大小强弱势不同，而顺逆之理异也。”他从军事力量的对比上，从封建礼法的顺逆上对可能发生的事变抱乐观的看法。朱允炆同意他的意见，说：“吾获是谋无虑矣。”对此也就放下了心。这两次的谈话，孰先孰后不得而详。要之，当时的形势，已经十分明显，只要稍加思索，便会得出同样的判断。

秦王、晋王相继死去。拥有重兵对朝廷足以构成威胁的就数燕王了。朱元璋在付燕王以北边重任的同时，也对他有所防犯。朱元璋临终之时，皇太孙朱允炆和驸马都尉梅殷在他身边。朱元璋嘱咐朱允炆说：“燕王不可忽。”接着又对梅殷说：“汝老成忠信，可托幼主。”随后他拿出誓诏和遗诏交给梅殷，并说：“敢有违天者，汝其为朕伐之。”当时受顾命的还有齐泰和黄子澄。

朱元璋终于离开了人间。

他留下了最后一道诏书，遗诏说：

皇帝诏曰：朕受皇天之命，膺大命于世，定祸乱而偃兵，安民生于市野，谨抚驭以膺天命，今三十一年矣。忧危积心。日勤不怠，专志有益于民。奈何起自寒微，无古人博志，好善恶恶，不及多矣。今年七十有一，筋力衰微，朝夕忧惧，惟恐不终，今得万物自然之理，其奚念之有？皇太孙仁明孝友。天下归心，宜登大位，以勤民政，中外文武臣僚同心辅佐，以福吾民，凡丧葬之仪，一如汉文勿异。布告天下，使明知朕意。孝陵山川因其故，毋有所改。

一、天下臣民令到，出临三日，皆释服，嫁娶饮酒皆无禁。

二、无发民哭临宫殿中，当临者皆以旦晡，各一十五声，举哀，礼毕。非旦哺临，毋得擅哭。

三、当给丧及哭临者，皆毋跣，绖带毋过三寸，无布车兵器。

四、诸王各于本国哭临，不必赴京，中外官军戍守官员，毋得擅离信地，许遣人至京。

五、王国所在文武衙门军士，今后一听朝廷节制。护卫官军王自处分。

六、诸不在令中者，皆以此令比类从事。故兹诏示，想宜知悉。

遗诏除例行的丧事安排外，要求“诸王各于本国哭临，不必赴京”，“王国所在文武衙门军士，今后一听朝廷节制”，其言并非虚发。其意有二，一是诸王有屏藩帝室之任，在此非常时期不得擅离职守以防敌人乘虚而起；二则是防备诸王以叔辈之尊带兵赴京，对小皇帝造成威胁。

且说，朱棣听说朱元璋的死讯，带领军队赴京奔丧。即将到达淮安，齐泰与朱允炆商议随即派人带了敕符根据太祖遗诏勒令诸王返回自己的封国。僧道衍对燕王说：“大王以至孝渡江，奈何有违诏命，反为不孝也。愿殿下养成龙虎之威也。他日风云感会，羽翼高举，则大江只投鞭可断也，今日何得屑屑于此哉！”这一番话深深打动了朱棣的心。现在渡江条件不成熟，不仅不能成就大事，反会留下不孝之名，来日方长，只待将来风云际会展翅高飞了，于是他又带兵返回了北平。明朝人朱鹭认为不准诸王赴京临葬是不高明的，他造成了皇帝与诸王之间的嫌隙。按封建礼制，天子七月而葬，朱元璋的亲子是应该临葬的。不准他们赴京，必然使他们产生怨忿之心。当时四方平静无事，国家巩固，诸王虽以叔父之尊，以藩王之重，必不肯利用父皇之死来发难。以遗诏止临葬是过于谨慎了，它向诸王示以猜疑，诸王反过来持有猜疑之心就是不可免的了。他因此批评了齐泰、黄子澄的见识短浅。朱鹭又说：“若诏书未至而文皇（朱棣）先来，弗可止也；其不奉诏，亦弗可止也。”其实朱鹭所见并不全面，如上文的分析，诏止临葬是事势所然，它棋高一据，使诸王猝不及防，又师出无名。不过，也可以说诸王安于封国按兵不动却也并非全是遗诏和敕符的作用，他们与朝廷的对抗尚未准备成熟。一旦时机成熟，什么遗诏、敕符都是不放在眼里的。然而，谈迁更认为朱元璋临死时召朱棣入京这个情节出于永乐时的伪造。他说：

实录于末，命特持符召燕王，建文用事者娇诏却还之淮安。疾剧，上问第四子来未，此永乐时饰说也。先是敕燕王备虏，盖无一日忘者。宁溺爱启嫌于诸王哉？浅之乎，窥高皇矣！

他将此前朱元璋给燕王的有关备御边防的一系列敕令联系起来看，认为以朱元璋之精明，必不如此。

看来，皇太孙朱允炆嗣皇位是决定的了。但这皇帝之位能否保住，还另有分说。

洪武三十一年闰五月辛卯，皇太孙朱允炆根据太祖朱元璋的遗诏即皇帝位。即位诏书写道：

天降下民，作之君。我皇太祖高皇帝受天明命，统有万邦，宵衣旰食，弘济民鸏，凡事有益于天下者，无所不用其心。政教休明，规模宏远。朕以眇躬纂承大统，恭依遗诏，于洪武三十一年闰五月十六日即皇帝位。夙夜祗惧，思所以克相上帝，以无忝皇祖之大命，永惟宽猛之宜，诞布维新之政。其以明年为建文元年，大赦天下。于戏！德惟善政，政在养民，当遵先圣之言，期致雍熙之盛。百弼卿士，体朕至怀。

这就是明朝的第二位皇帝建文帝。

同一天，安葬朱元璋于孝陵。他被谥以高皇帝，庙号称太祖。守成之主仿佛都是受命于危难的。老皇帝的死像沉重的愁云，压在紫禁城上。那些未能医好朱元璋病的医官除一个外都被朱允炆杀了。建文帝下诏行三年丧。群臣请求以日易月。建文帝说："朕非效古人亮阴不言也。朝则麻冕裳，退则齐衰杖垤，食则粥。郊社宗庙如常仪。"他让礼部制定治丧的礼仪。结果决定，京官闻丧的第二天，身着孝服，头戴乌纱帽，系黑角带，赴内府听遗诏。京官一律在本署斋宿，朝晡诣几筵哭。越三日成服，朝晡哭临，一直到下葬而止。自成服后始27天之后服除。命妇要身着孝服去掉首饰从西华门进入宫内哭临。诸王、世子、王妃、郡主、内使、宫人都要斩衰三年。同时派行人颁遗诏于天下。在外百官，诏书到日素服、乌纱帽、黑角带，四拜，听宣遗诏，然后举哀再四拜，三日成服，每日设香案哭临，三日除。另外还要分别遣官到京致祭，祭物由礼部置备。

这时建文帝所倚重的有三人，一是齐泰，一是黄子澄，一是方孝孺

齐泰，溧水人，原名德。在洪武十七年举应天乡试第一，第二年成了进士，曾任礼部和兵部的主事。朱元璋以九年无过之臣陪祀，齐德被选中，赐名为泰。洪武二十八年从兵，部郎中擢升为左侍郎。朱元璋曾经向他问询边将姓名，齐泰历数无遗。又问各种图籍，泰则从袖中拿出一本手册请朱元璋览阅，手册所载简要详密，朱元璋大为惊奇。朱允炆做皇太孙时，很尊敬齐泰。朱允炆做了皇帝，便让他与黄子澄同参国政，不久提拔他做了兵部尚书。

黄子澄，名湜，分宜人。洪武十八年癸亥贡入太学，明年京闱乡试第二，乙丑会试第一，进士及第第三，先任翰林院编修，升为修撰，后兼春坊官，在东宫伴读。朱允炆即位，提升他做太常寺卿，让他与齐泰同参军国重事。

另一名重要的谋臣，便是方孝孺。方孝孺，字希直，一字希古，宁海人。少年从学于宋濂，以明王道致太平为己任。以举止端庄为朱允炆所重。蜀献王聘其为世子师。建文帝即位召他为翰林侍讲，第二年提拔为侍讲学士，凡国家大政，都要向他咨询。

这些人辅佐朱允炆，颇想有一番作为，企图对明朝政治有所更张。

朱允炆即位不久，朝廷便连连下诏：下令文臣五品以上及州县官推荐人才；下令省并州县，革黜冗员；下令赦死罪、宽刑狱、蠲逋祖，赈灾荒；下令天下军户单丁者放为民；下令天下直言，并举山林才德之士。这年底，又下令赐明年田祖之半，释放黥军民囚徒还乡里。新政于是次第展开。

朱元璋在遗诏中称朱允炆“仁明孝友”，并非虚夸。他自幼聪颖好学，秉性纯孝，很得朱元璋喜爱。洪武二十三年朱允炆14岁，他父亲皇太子身上长了个大疖子，疼痛起来呼天抢地，十分痛苦。他侍候在身边，含泪抚摩，昼夜不离。朱元璋看到这个情况，感动地说：“有子孙如此，朕复何忧？”两年多以后，太子又得了重病，朱允炆侍病曲尽了苦心。不久，太子死了，尽管他十分悲痛，还是事事不逾礼制。居丧期间，允炆搞得形销骨立。朱元璋很是心疼，安慰他说：“毁不失性，礼也。尔诚纯

孝，独不念朕乎？”这时，他已经五天没吃没喝了。听了朱元璋的话才吃了一点粥。他又提出要为太子服丧三年，太祖也不同意。但在三年内，他笑不露齿，不饮酒吃肉，不举乐，不御内。有人劝他，他说：“服可例除，情须自致。”这时他的三个弟弟还年幼，他也亲自抚育他们。白天一块吃饭，晚上一同睡觉。朱元璋对此十分满意。有一天他来到了允炆的寝宫，兄弟四人都在，朱元璋便随口说出兄弟相怀本一身，允炆对道：“祖孙继世宜同德”，得到了朱元璋大大夸奖。

洪武二十九年九月，朱允炆被立为皇太孙后，朱元璋便常常将军国大事交给他裁决，一则是因朱元璋年事已高，政务繁重，同时也想让他练习政事。原来在太子在处理章奏时，就常常出于仁厚对刑狱多有减省。皇太孙仍然如此，当时朱元璋行严酷之政，朱允炆则济以宽大。他曾经遍考礼经，参考历朝的刑法志，将洪武名例律改定73条。朱元璋十分高兴。他说：“吾当乱世，刑不得不重。汝为治世，刑不得不轻。所谓世轻世重也。”朱元璋临死前不久，因有病常常暴怒，许多人因此遭到遣戮。朱允炆总是和颜悦色地侍候他。吃药要亲自尝，如厕则亲扶起，唾壶溺器都亲手提献。夜里大家都睡了，朱元璋叫允炆却呼无不应，应无不起，常常是一夜一夜地不睡觉。这样，朱元璋的心情也稍稍好些，也让许多获罪的人得了救。朱允炆的这些品性道德，很得远近的赞颂。

但仁厚与柔弱往往相连，朱元璋对此也不是没有担心，特别是他有着那么多强悍的叔父。据说朱允炆生来胪骨稍偏，朱元璋因此常常叫他“半边月儿”。一天夜晚，明月初升，有如一支银钩在云间穿行，朱元璋正在读书，恰巧读到宋太祖咏月的诗。诗有“未离海底千山暗，才到天中万国明”这样的句子，很得朱元璋的赞赏。这时太子和朱允炆都在身边，他想看看他们的才学，便指着天上的新月，让他们以新月为题赋诗。

太子赋道：

昨夜延陵失钓钩，何人移上碧云头？
虽然不得团圆象，也有清光照九州。

朱允炆赋道：

谁将玉指甲，掐破碧天痕，

影落江湖里，鱼龙不敢吞。

虽然他们才思敏捷，但朱元璋对他们的诗都觉得不满意，既缺少蓬勃的活力，又没有帝王气象，特别是“不得团圆”、“影落江湖”更是不吉利，因而惨然不乐。

相反，燕王的气质在吟诗作赋上，也反映出与他们的不同。一次，朱元璋出句，让子孙们属对。朱元璋说出上联“风吹马尾千条线”，朱允炆对道“雨打羊毛一片毡”。对虽工整，但仍是柔弱无力。而孙儿在一旁的，则对出了“日照龙鳞万点金”这样气概非凡的句子。朱元璋不免为孙儿暗暗担心。

然而，这样一个仁柔的皇帝，面对强藩，为形势所迫，不得不在一即位就把巩固自己的地位提到日程上来。

首先，朱允炆问黄子澄提：

“先生忆昔东角门之言乎？”

“不敢忘。”黄子澄回答。

于是，黄子澄与齐泰便开始策划削藩。

这时，户部侍郎卓敬也提出了削藩的建议。他说：“燕王智虑绝人，雄才大略，酷类先帝。北平形胜地，士马精强，金元所由兴。今宜徙封南昌，万一有变，亦易控制。夫将萌而未动者，几也；量时而可为者，势也。势非至刚莫能断，几非至明莫能察。”建文览疏大惊，连忙将它装入袖中，退回后宫。第二天，建文帝召见卓敬，问他这件事，卓敬说：“臣所言天下至计，愿陛下察之。”朱允炆以为，削藩乃军国机密，尚在谋议之中，绝不能为外人道。卓敬虽为户部侍郎，但未令参预其事。再者，当时燕王雄踞北方，势力已成，徙封于南昌也并非轻而易举之事，而且齐黄诸人已有成算，因而没有采纳卓敬的建议。

此外，高巍等人也提出了对宗藩的不同处理办法。

高巍，山西辽州人，在洪武时为表彰他的孝行，曾命他以太学生试职为前军都督府左断事。后因断事不称旨处以遣戍，特旨许弟程代役。建文帝即位，高巍请求还乡。不久辽州知州又应诏向朝廷推举他，他因此赴吏部尚书言事，提出他的对宗藩处理的方案。他说：

明成祖永乐

高皇帝分封诸王，比之古制，既皆过当，诸王又率多骄逸不法，逆犯朝制。不削，朝廷纲纪不立，削之，则伤亲亲之恩。贾谊曰：“欲天下治安，莫如众建诸侯而少其力。”今盍师其意，勿行晁错削夺之谋，而效主父偃推恩之策。在北诸王，子弟分封于南；在南，子弟分封于北。如此则藩王之权，不削而自削矣。臣又愿益隆亲亲之礼。岁时伏腊使人餽问。贤者下诏褒赏之。骄逸不法者，初犯容之，再犯教之，三犯不改，则告太庙废处之。岂有不顺服者哉！

这的确是个很好的建议。建文帝虽然表示赞扬，但似乎无意施行。大概他过分相信齐黄的“大小强弱势不同，而顺逆之理异也”之类的话了。

虽然他们提出的对付诸王的办法不尽相同，但有一点是共同的，那就是他们都看到了强藩给朝廷造成的危险。

削藩怎样下手？齐泰主张先对燕王开刀。燕王除掉，其他藩王则不在话下了。黄子澄不同意这样办，因为燕府的反迹不明。他主张先削除周、齐、湘、代诸王。这几个亲王，在朱元璋时，就多有不法劣迹，“削之有名”。另外，要问罪则应该是从周王下手。因为周王与燕王同母所生，削了周王就是剪了燕王的手足。从理论上说，这未尝不是一个稳妥的办法。事情就这样定下来了。

朱元璋

周王朱橚也有异谋。周府长史王翰曾几次向周王进谏，周王都不听。王翰眼看祸要及身，便装疯逃走了。然而，周王的次子汝南王朱有爋向朝廷揭发了周王的不轨行为。这正好给朝廷提供了一个机会。朱允炆派曹国公李景隆率军北上备边，在路经开封时，猝然包围了周王府。周王被废为庶人，流放到云南蒙化，据说当时“妻子异处，穴墙以通饮食，备极困辱”。他的儿子们也都被分别迁往边远外地。这事发生在八月，即朱允炆即帝位的第三个月中。后来周王又被诏，禁锢在京师。

六月的北平城，酷暑难当，但燕府的重檐下却凉风习习。自从朱元璋死并用遗诏制止诸王南下奔丧起，朱棣就已经感到不妙了。他渴望权力，想据有皇帝的宝座，但能否达到目的，他没有把握。他有勇气，有军队，但现在马上起兵，似乎还不够成熟。这不仅自己准备不足，同时也不知道朝廷对他到底有怎样的对策，冒然出师，师出无名，会被指为叛臣贼子的。况且，朱元璋死时，燕王世子朱高炽，第二子朱高煦，第三子朱高燧因朱元璋的丧事都在南京，一旦兴师，这些人便会被扣留成为人质。朱棣焦虑不安，心情郁郁。不过正好是在居丧期间，乐得说是因为过分悲痛而忧悒成疾。这样在别人看来，也不失为孝子了。他密切注视着朝廷的动静，等待着时机。周王被废，朱棣曾为之震动，朝廷终于下手了。危险就在眼前，然而机会不也就在眼前吗？大概是为了震慑燕王或让燕王知罪吧，朱允炆勒令燕王朱棣议定周王之罪。他接到朝廷的诏书，知道这就要轮到自己了，一时不知如何作答。他明白，无论怎样作答都不会取得朝廷的谅解。但他还是回答了。他希望为周王洗刷罪名。至少是让人觉得可怜，博得一点同情。他回答说：“若周王所为，形迹暧昧，念一宗室亲亲，无以猜嫌，辄加重谴，恐害骨肉之恩，有伤日月之明。如其显著，有迹可验，则祖训俱在。”看其前半，用词极为柔软，几近于哀求，观其末尾，援引《祖训》则柔中带刚，显怀不满。

建文元年（1399）四月，湘王朱柏被废。有人告湘王朱柏，说他伪造宝钞，无故杀人。朱允炆派使者到荆州去质询，且以兵相迫。湘王朱柏害怕，一时无以自明，朱柏说：“吾闻前代大臣下吏，多自引决，身高皇帝子，南面为王，岂能辱仆隶手求生活乎？”便阖宫自焚了。据说，朱柏喜欢研究学问，读书每至夜分。又喜谈兵事，膂力过人，善弓矢刀槊，驰马若飞，尤善道家宫，自号紫虚子。接着，代王朱桂被废为庶人，幽禁于大同，齐王朱榑被废为庶人囚于京师。到六月，西平侯沐晟奏报岷王有过，于是又将岷王朱楩废为庶人，迁往漳州。这样，在一年时间里，有五位亲王先后被废，真可谓迅雷不及掩耳了。

不料，朱允炆读到燕王上书后，一时颇为难过，“恐害骨肉之恩，有伤日月之明”云云，深中其仁柔之心。他正考虑如此削藩还是否要进行。另外，这时朝中对削藩也出现了反对的意见。比如，礼部左侍郎兼翰林学士董伦就一再恳请“亲睦宗人”，于是朱允炆打算停止削藩。齐泰与黄子澄据理力争，反对停止削藩。但仍无结果。二人怏怏地离开皇宫，齐泰对黄子澄说：“今事势如此，安可不断。”他们都认为削藩的进程已经开始，如果现在停下来，结果就会是“当断不断，反受其乱”。他们甚至认为建文帝不过是“妇人之仁”。第二天，他们又进宫劝说朱允炆。黄子澄说：“今所虑者，独燕王耳，宜因其称病袭之。”朱允炆仍在犹豫，他说：“朕即位未久，连削诸王，若又削燕，何以自解于天下？”黄子澄说：“先人者制人，毋为人制。”朱允炆又说：“燕王智勇善用兵，虽病，恐猝难图。”齐泰曰：“今胡寇来放火，但以防边为名，发军往戍开平，护卫精锐悉调出塞，去其羽翼，无能为矣。不乘此时，恐后有噬脐之悔。”于是，他们采取了逐渐削弱燕王势力的办法。早在去年十一月，他们就安排了工部侍郎张昺作北平布政使，谢贵、张信掌握北平都指挥使司，他们接受朝廷的秘密命令，监视燕王的行动。这时，以北部边防不靖为名，派都督宋忠调缘边官军三万屯驻开平，就此将燕府的护卫军的精壮选调到宋忠麾下带出塞外，以斩断燕王的羽翼。同时，召燕府护卫胡骑指挥关童等进京，以削弱燕王的力量。另外又调北平永清左、右卫官军分驻彰德、顺德，命都督徐凯赴临清练兵，耿瓛赴山海关练兵以钳制北平。

这些军事部署都出于齐泰、黄子澄的谋划。它对于削弱燕王的力量，防止它的造反未尝不是有力的。

军队已经部署到朱棣的家门口了，他是不会甘心束手就擒的，他所以还迟迟没有反应，实在是担心在京师（今南京）的三个儿子会遭不测，这三个孩子是在朱元璋小恙时赴京吊唁的。当时有人劝朱棣不能让他们一起走，朱棣说，这样可使朝廷不怀疑我。但朱高炽他们走后，朱棣又十分懊悔，这时忧虑更甚了。他声称自己病得厉害，请求朝廷将他的儿子放回北平。这几个人本来可以用来作挟制燕王的手段，特别是已经在进行对付燕王军事行动准备的时候，更不应有所顾忌。因此，齐泰主张不如就此将他们扣留，朱高炽等三兄弟都是魏国公徐辉祖的外甥。辉祖与燕王妃是同母兄妹。辉祖也觉察出高煦有异志，说“三甥中独高煦勇悍无赖，非但不忠，且叛父，他日必为大患。”但辉祖的弟弟徐增寿和驸马王宁都庇护他。然而黄子澄也说：“不可，恐事觉，彼先发有名，且得为备，莫若遣归，使坦怀无疑也。”他们想乘燕王不备，袭而取之！其实，这是故作聪明。军队已经逼到人家眼前，还说什么让彼不疑！燕王面对朝廷的举措早已在防备突然事件的发生了，而且，即使朝廷不动，燕王也是要起事的。他们刚将人放走，马上又后悔了，派人去追又没追上，也只好如此了。放还朱高炽，等于解除了燕王的后顾之忧。朱棣大喜，说：“吾父子复得相聚，天赞我也。”事不宜迟，燕王决定起事。

燕府的准备活动很快就被发现了，除张昺等时时在监视燕府外，燕府遣长史葛诚入京奏事，朱允炆也向他了解燕府的动静，葛诚都坦白地告诉了朱允炆。朱允炆仍将其遣还北平，以为内应。另外，魏国公徐辉祖与燕王妃是同母兄妹。他常常将燕府的内情向朝廷报告。六月乙酉，燕山护卫百户倪谅报告燕府官校于谅、周铎参与阴谋，朝廷将于谅、周铎逮捕，处以死刑，同时又下诏斥责燕王，派中官逮捕王府家属，密令谢贵，张昺对付朱棣，而以长史葛诚，指挥卢振为内应，另外派北平都指挥张信捉拿朱棣。朱棣这时真成了笼中鸟，唾手可得了。

自从太祖高皇帝死后，燕王朱棣就有了病。北平城里的人都这么说。燕王威武强悍，能征惯战，一般是不大有病的。上次有病还是在高皇帝健在的时候，当时燕王与晋王都到南京来朝见，闹了别扭，晋王总是攻击燕王，燕王内怀忧畏，便得了重病，请求回到北平。这次病，听说是为高皇帝的死哀伤过度，可也有说是因为三子不在身边，因思念所致，这时三子都在京城，参与太祖高皇帝的丧事。燕王上书皇帝，要求朝廷让朱高炽他们回来，以慰藉有病之躯。不久，朝廷真的送三子回到北平。

这次的病，可与往次不同了，看来十分严重，燕王时时从宫中跑出来，在大街上乱走，还抢夺别人的酒食，说话也颠三倒四的，听也听不懂，有时候竟然躺在地上，一天一天地醒不了，说也奇怪，他府中这么多将校侍卫怎么会让他跑到大街上出丑呢？燕王是真的疯了吗？谢贵、张昺不大相信，带了三司官以探病为名进府了解动静。他们进了殿来，只见朱棣围着火炉，浑身打颤，还连连说冷，就是在宫里走动，也要拄着拐杖。看到此情此景也由不得不信了。

可葛诚却告诉谢贵、张昺说："燕王本无恙，公等勿懈。"这时，燕王朱棣也派了燕府护卫百户邓庸到京城去奏事，不料被齐泰、黄子澄扣留审问，这人将燕王将要举兵的情况全部供出了。齐黄得到了确切情报，便派人北上，下令逮捕燕王官属。他密令谢贵、张昺执行此令，令长史葛诚指挥卢振作为内应。同时命令北京都指挥佥事张信捉拿朱棣，因为他素为燕王所信任，不会引起怀疑。布置已定，只待得胜献俘了。

且说张信接受了秘密敕令，迟迟不肯下手。他忧心忡忡，进退两难。他的母亲见到儿子惶惶不安，十分担心。她了解到原来是张信得到朝廷的命令要他逮捕燕王，不禁大惊说："不可。吾故闻燕王当有天下。王者不死，非汝所能擒也。"燕王在北方的威势，遐迩皆知，特别是在北平脚下，一般人更是惮于燕府的威名，不敢得罪。张信听到这番话愈加难下决心了，可是敕使却又来催促。张信便从忧转恨，觉得敕使有点逼人太甚，他心一横，便到燕府去见燕王。

燕府此时在内是森严壁垒，在外又处于朝廷的重重监视之中，要进燕府也不容易。张信曾三次求见，燕王都托辞不见，不得已张信改乘了妇人用的车再次秘密求见。朱棣得知张信乘了妇人的车候在门外，知有要事，急忙召入。张信见到燕王，拜伏在床下，但因朱棣尚未探得虚实，仍然装病不起，甚至连话也不说。张信说："殿下不必这样，有什么事，应当对我说。"朱棣说："我有病，并不是装的。"张信说："殿下如不把实情告我，那么现在皇上让我来捉您，请你就擒。如果还不想这样，那就要告我以实情。"燕王听到张信这一番坦诚的话，慌忙翻身，起床下来说："生我一家者，子也！"双方既然沟通，燕王便把道衍和尚召来一起密谋对策。

内侍通报说道衍和尚到了。只见从门外闪进一个人来，髡首僧服，三角眼，形如病虎，黄黄的面色中诱出一股杀气。

姚广孝

道衍和尚本名姚广孝，苏之长洲人。长于医家。14岁剃度为僧，法名道衍。他曾以看相占卜闻名，从师于席应真，向他学习阴阳数术之学。道衍又习法家兵家言，也习儒术，擅长诗文，与诗人高启、杨孟载等相友善，亦为宋濂、苏伯衔等所器重。他曾经一度想弃去僧业，但他一想到元朝僧人身被金紫，车骑如云，便又觉得前程有望。他对元僧的隆遇极羡慕，大呼：“快哉，此何假诸生为？得如此足矣！”一次他游嵩山寺，一位叫做袁珙的占卜先生见到他的相貌，不禁说：“是何异僧？目三角，形如病虎，性必嗜杀。刘秉忠流也！”不料，姚广孝听到这番话十分高兴。认为袁珙确实洞透了自己的内心，但也预见了自己的前途。元朝僧人刘秉忠曾帮助世祖忽必烈，开国后位至太保。这正是姚广孝的榜样。洪武年间，皇帝下诏通儒僧人到礼部参加考试。姚广孝以为机会来了，便前去赴试。但考过后，一律未授官，仅赐僧服而还。姚广孝不禁大失所望。马皇后死时，朱元璋选十名僧人，分别给予秦燕等十王以讲经荐福。僧人宗泐曾与姚广孝有交往，这时正在作“左善世”的官，他便推举了姚广孝。姚广孝很有心计，审时度势，料定燕王可能有所成就，表示愿跟随燕王。于是，他便在洪武十五年随燕王一同来到北平，在庆寿寺做了主持。

而这庆寿寺又正是元僧刘秉忠所居，难道这不是天意吗？姚广孝不禁暗喜。

姚广孝与燕王甚为相得，常常往返府中，共商密谋。他曾对燕王说："大王骨相非常，英武冠世，今皇图初造，东宫仁柔，愿厚自爱。大王诚能用臣，愿奉大王一白帽子。这用的是句隐语，王字上面加白字，即是皇字，他是根据天下的形势进行判断，才做出这一许诺的。

朱允炆做了皇帝之后，开始削除诸藩，朱棣对起兵有所犹豫。姚广孝总是设法坚定他的信心。有一次，朱棣与姚广孝闲坐，朱棣偶然出对联，说"天寒地冻，水无一点不成冰。"姚广孝对道："国乱时危，王不出头谁作主。"有时，朱棣也感到起兵名不正言不顺，曾说："民心向彼，奈何？"道衍则说："臣知天道，何论民心！"为了加强朱棣的信心，他还将袁珙介绍给朱棣，企图利用相者之言促使燕王早下决心。燕王也想请人占卜一下自己的前途。他派人请袁珙到酒店饮酒，自己却不暴露身份。朱棣自己穿上卫士的服装，另外带了九名卫士，一同到酒家去买酒。作为相者的袁珙，脑筋自然灵活，他一见十名王府卫士出现在面前，虽然装束彼此相同，但其中一人气度非凡，显非其他九人可比。袁珙心里明白，这是要看看自己的眼力如何。他走到燕王的面前，扑通一下跪倒，说："殿下何自扮如此？"燕王假装弄不明白，连忙说："吾辈皆护卫校士也。"袁珙知道此处不是谈话之地，也闭口不答。事后，燕王将袁珙召到府中，向袁珙详细地询问前途。袁珙稽首说："殿下异日太平之子也。"朱棣说："度在何时？"袁珙回答说："年踰四十，紫髯过脐，当是时，拨乱反正，万邦一统。"燕王恐人发生怀疑，乃假装将袁珙以罪遣还，行至通州，既登舟，再密召入邸。除袁珙外，姚广孝还向朱棣推荐了一个卜师金忠。

且说姚广孝刚坐定，暴风卷着乌云便冲向殿角，檐头的瓦被狂风掀到地上摔得粉碎，刹那间天暗地暗，蚕豆大雨点刷啦啦地下了起来。燕王大惊色变，认为这是不祥之兆。姚广孝却哈哈大笑，说这是祥兆。朱棣脱口骂道："和尚妄，乌得祥！"姚广孝说："殿下不闻乎？飞龙在天，从以风雨。瓦坠，天易黄屋耳。"朱棣听他这样一说，马上转忧为喜。明朝制度，明黄色为皇帝专用，亲王虽贵为宗亲，屋瓦仅得作青色而不得作黄色。就这样，他们起兵的谋划便逐渐确定了。

朱允炆

朱棣的府邸是故元的宫殿，他早就在利用这个便于隐蔽的条件。后苑成了姚广孝练兵的场所。地下深挖下去，结构成两层地下室，周围筑上厚墙，墙上甃着尖锐扎手的瓶罐的碎片。朱棣让人在地下室里日夜起造兵器，为了防止铸造的声音被外人听到，他们又养了许多鹅鸭，以扰乱铸造的声音。

燕府的准备正在紧张地进行着，张昺的部署也在次第展开，他一面把在城七卫的士兵和屯田军士布列城中，并包围了王城，用木栅截断了端礼门的通道；一面派人火速向朝廷报告这里的情况。但他们的奏疏草稿被布政司吏奈亨、按察司吏李友直弄到了手，悄悄地告诉了朱棣。朱棣便将他们藏在了王府中。朱棣拿到了疏章，把张玉、朱能找来给他们看，问道：“你们知道这是干什么吗？”于是，他派张玉等帅壮士八百人进府守卫。

朝廷的诏书很快到了北平，谢贵、张昺带领武装卫士包围了燕王府，要求朱棣交出燕王府属官。明朝有个惯例，亲王犯了错误，有时要处罚王府官属，借以惩戒，因为亲王的行为不端是王府官属的辅导不正。官军开始不断向府中射箭，情况很紧急。朱棣与张玉、朱能等商议对策，恐怕寡不敌众。他说：“彼军士满城市，吾兵甚寡，奈何？”朱能说：“先擒杀谢贵、张昺，余无能为也。”这是个擒贼擒王的办法，除掉张、谢，官军群龙无首，可不战自溃了。朱棣说：“是当以计取之。今奸臣遣使来逮官属，依所坐名收之。即令来使召昺、贵，付所逮者，贵昺必来，来则擒之，一壮士力耳。”他的意思是先把张、谢骗入王府，让他脱离了自己的部下，这样捉拿他们只不过费一壮士之力，根本用不着大动刀兵。

七月初四，朱棣忽然宣布他的病好了，在东殿接受内外官僚的祝贺。他在自己左右和端礼门内都设下了埋伏，派人去请谢贵、张昺，但遭到拒绝。为了消除张谢的疑虑，朱棣摆出了合作的姿态，他开列了协助官军逮捕人员的名字，再次派官属内官带了名单本请谢贵和张昺。谢、张果然中计，起身前往王府。为防万一，他们带了相当多的卫士，但这些卫士在燕府的门前被阻挡在外。谢张觉得，事已至此，燕王也不会把他们怎样，便放胆走进了燕府。

谢贵、张爵进入殿门，只见酒肴已经摆好，燕王早已等在那里，只是仍然曳着拐杖。燕王迎接他们二人，侍者端出几盘瓜来。燕王说：“适有新进瓜者，与卿等尝之。”拿过刀子切瓜。忽然，燕王脸色阴沉下来，骂道：“今编户齐民，兄弟宗族尚相恤，身为天子亲属，旦夕莫必其命。县官待我如此，天下何事不可为乎？”说完把瓜往地上一抛，随着瓜扑的一声落地，伏兵尽起，上前将谢贵、张昺抓住。与此同时，殿外的护卫将卢振、葛诚也逮了起来。这时燕王扔掉拐杖，站起说：“我何病，为若辈奸臣所迫耳。”张昺、谢贵等皆不屈被杀。

跟随谢贵来的人在端礼门外，并不知府中发生了什么事。他们见谢贵、张昺久等不出，慢慢地也就散了。不久，谢贵、张昺被抓的消息传了出来，包围王城的将士也溃散了。北平都指挥彭二，听到这一消息，连忙披甲上马，跑上大街高呼：“燕王反，从我杀贼者赏。”他很快集合了一千多人，打算攻打端礼门，燕王派卫士庞兴、丁胜等迎战，彭二被杀，这支人马也散了。然而这时张昺所部将士犹坚守北平九门，关闭瓮城，执戈内向，朱棣便决定乘夜攻夺九门，张玉等带兵力战，守门将士猝不及防，到黎明八门都已陷落，只有西直门一处还在坚守。朱棣见强攻不行，便命指挥唐云单骑来到西直门下，以计劝降。真是兵不厌诈，朱棣命令唐云解掉铠甲，骑马导从一如平时。唐云来到城下对守城者说：“汝毋自苦，今朝廷已听王自制一方矣。汝等亟下，后者诛。”唐云在指挥中年最长，在军中素以信谨闻名，将士以为唐云的话一定不假。守军听说朝廷听王自制了，早已失了斗志，也纷纷地散了。本来嘛，朱棣身为亲王，是先帝骨肉，当今皇上是亲王的侄子。天下是朱家的天下，做官做的是朱家的官，当军当的是朱家的兵，既然皇上让燕王自制一方，大家还有什么可说的！虽然不久众将士都了解了真相，并不想跟随燕王背叛朝廷，但经唐云的一番诱导，也都渐渐平息了。

九门胜利攻克，朱棣便下令安抚北平军民。自他洪武十三年就藩北平以来，至今已经近二十年了，北平军民谁不惮于燕王的威名，他们是一直把燕王与朝廷当做一体而看的，亲王的话有何不从？三天之内，北平城内便安定下来。

但事情仅仅是开始，燕王离胜利还远得很，驻守开平的都督宋忠带领三万兵马正在开赴北平。都指挥使余瑱虽然从北平退出，但他控制了北平的咽喉居庸关，集结关卒数千，仍准备进攻北平。镇守蓟州的都指挥使马宣发兵攻打北平，与燕军在公乐驿交战，败归，但仍旧与曾浚一起控制着蓟州。

第三章　血海仇燕王夺位

七月癸酉黎明，燕王已经控制了九门，城内七卫都已归附燕王。他集合将士，训话整师，正式起兵与朝廷相抗。燕王的最终目的是夺取皇位，这在他心里是清楚的，但这时还不能公开。他把自己描写成是备受迫害不得已而自救的。他说：

我太祖高皇帝孝慈高皇后嫡子，国家至亲，受封以来，惟知循法守分。今幼主嗣位，信任奸回，横起大祸，屠戮我家。我父皇母后，创业艰难，封建诸子藩屏天下，传续无穷，一旦残灭，皇天后土实所共鉴。祖训云："朝无正臣，内有奸恶，必训兵讨之，以清君侧之恶。"今祸迫于躬，实欲求生，不得已者。义与奸邪不共戴天。必奉行天讨，以安社稷，天地神明，昭鉴予心。

朱棣振振有词，慷慨激昂，仿佛他的一切都符合祖训，名正言顺，无懈可击。而他本人则受奸臣迫害，可怜可悯。于是"将士闻之，皆感动流涕"。其实，朱棣将祖训断章取义，使之成了自己造反的辩护词。《祖训》中写道：

凡新天子正传，诸王遣使奉表称贺，谨守边藩，三年不朝。许令王府官、掌兵官各一员入朝。如朝廷循守祖宗成规，委任正臣，内无奸恶，三年之后，亲王仍依次来朝。如朝无正臣，内有奸恶，则亲王训兵待命，天子密诏诸王，统领镇兵讨平之。既平之后，收兵于营，王朝天子而还。如王不至，而遣将讨平，其将亦收兵於营，将带数人入朝天子，在京不过五日而还，其功赏续后颁降。

读了这段《祖训》，可以看出，朱元璋为保护新天子防止诸王威胁皇帝，早已费尽了苦心。谁想到竟被朱棣用作对抗新天子的根据！"亲王训兵待命，天子密诏诸王"，等等，他当然是闭口不提的。

然而对燕王的行动，毕竟有人看得十分清楚，甚至还敢公然提出反对意见。一个是余逢辰，一个是杜奇。燕王府伴读余逢辰，字彦章，宣城人，因为品德学问而受信任，他了解燕王的预谋，但他不同意与朝廷对抗，曾借机会进言，可燕王不听。后来他知道燕王之反已不可劝阻，他便写了一封信给他的儿子，下定必死决心，要与燕王力争到底。燕王起兵，余逢辰泣谏军前，高呼君父两不可负，终于被朱棣杀害。另一位杜奇，也是读书人，因有才学，燕王在起兵后把他召入府中。但他也不同意造反，苦苦劝说朱棣当守臣节，激怒了燕王也遭到杀害。

十几年来，北平城内的军民早已习惯于燕王的号令了，这一点在今天与以往似乎并无多少区别。端礼门前军容整肃，旗甲鲜明，将士们在迎接一场大战，就如同当年一次又一次从这里出发北征塞外一样。多年来跟随燕王作战，即使不获大胜，也从来都是全师而还。将士们对燕王有着充分的信任。这次誓师，他们同样充满了信心，誓师将毕，忽然风云四起，天空阴晦，咫尺不辨人，北风震吼，旌旗摇动，三军益发肃穆，犹如大变即将来临。不一会，东方云开，露出青天尺许，有光烛地，洞彻上下。将士们的心也为之豁然开朗，他们觉得这是个吉兆，在激战之后，他们都会有如天清地澈般的光明前途。

从起兵之时起，这里就成了朱棣真正的独立王国了。北平所属州县官纷纷弃官而逃。他便重新任命了北平的各级官员，以取代朝廷的命官。张玉、朱能、丘福作了都指挥佥事，库吏李友直被提拔做布政司参议，擅长占卜的金忠做了燕府的记善，随侍帷幄。原来北平的文武官员如布政司参议郭资，按察司副使墨麟、佥事吕震，都指挥同知李濬陈恭，等等，则纷纷向燕王投降。

北平平定之后，燕王的首要问题就是要进一步控制北平周围地区。

第二天，他命令郭资守北平，又派兵攻打通州。通州东去北平仅60里，是北平的门户，是经济给养的进口，南方从运河漕运的船只从天津海上来的船只，都要在这里停泊，同时又是军事咽喉。当年徐达带兵北伐，就是先控制了通州，才逼迫元顺帝北逃塞外的。这次通州不战自克，镇守通州的卫指挥房胜率众归附燕王。北平的东北方向是军事重镇蓟州，这时

北平旧貌

由都指挥使马宣、镇抚曾浚把守。张玉提议攻打蓟州，他说：“蓟州外接大宁，多骑士，不取恐为后患。”大宁是蓟州以北喜峰口外的广大地区，东连辽左，西接宣府，是军事重镇，洪武时在这里设立了大宁都指挥使司，封宁王镇守其地。据称宁王善谋，带甲八万，革车六千，所属朵颜三卫骑兵皆骁勇善战。因此，控制蓟州，防止它与塞外宁王的结合是当务之急。张玉带兵到蓟州城下，企图劝说马宣投降，马宣不降，张玉派兵环城攻打，马宣出城迎战，兵败被擒，骂不绝口，与曾浚一同被杀。守城的指挥毛遂献城投降。张玉乘胜连夜开赴遵化。他告诫将士不要滥杀，他说：“行师以得人心为本。”到遵化城下，他简选勇士，在夜鼓四时分悄悄登城。潜入城中的先锋打开城门，大军进了城，城中的中军才发觉。遵化卫指挥蒋玉，密云卫指挥郑亨，见大势已去也投降了燕军。

北平都指挥使余瑱退出北平后，控制了居庸关。余填简练士卒，集合了数千人，仍准备反攻北平。居庸关是北平的北部咽喉，是出入塞的必经之路，号称北门锁钥。朱棣说：“居庸关山路险峻，北平之襟喉，百人守之，万夫莫窥，据此可无北顾之忧。今余瑱得之，利为彼有，势在必取。譬之人家后户，岂容弃与寇盗。今乘其初至，又兼剽掠，民心未服，取之甚易。若纵之不取，彼增兵守之，后难取也。”于是，命令指挥徐安、钟祥、千户徐祥等率兵前往攻打。余瑱且守且战，不见援兵到来，难以支持，便弃关北走怀来。这时都督宋忠带领部伍向北平进发，拟走居庸关入塞。途中听说居庸关失守，无法前进，便退保怀来。朱棣得到捷报，大为高兴。他说：“使贼知团结人心，谨守是关，虽欲取之，岂能即破？今天以授予，不可失也。”他深知居庸关的重要，便派了千户吴玉带兵前往把守。

怀来离居庸关不过数十里，余填与宋忠的大部队汇合，仍是进取居庸，直逼北平之势，对燕军是个严重的威胁。朱棣对诸将说：“宋忠拥兵怀来，居庸关有必争之势，因其未至，可先击之。”但宋忠的兵马有三百之多，余瑱所将也有数千人之多。燕王护卫精壮早已被宋忠抽走了不少，现在虽然北平城内的守军都归附了燕王，但守城和东征占用了不少力量。朱棣无法拿出足够的力量与官军作战。不要说压倒对方，就是旗鼓相当也不可能。诸将因而说：“贼众我寡，难与争锋，击之未便，宜固守以待其至。”诸将打算以逸待劳，以守为攻。朱棣说：“非公等所知。当以智胜，难以力论。论力则不足，智胜则有余。贼众新集，其心不一，宋忠轻躁寡谋，刚愎自用，乘其未定，击之必破。”

七月十五日，朱棣率马云、徐祥等马步精锐八千，从北平出发，卷甲倍道而进。这条路对朱棣来说太熟了。他曾几次带兵从此出塞北征。大队人马出建德门，走清河、沙河古道。时值初秋，骄阳虽有余威，但已不复盛厦时那样炽热。道边的禾苗树木却依然是葱郁青翠的，时时透出带着草木气息的阴凉。朱棣骑在马上，望着这山水道路，不禁想到往日的被命出征都是为了朱家的天下，而今这一仗却是为了自己。而这次作战又与往日不同，北出沙漠能否遇敌获胜，了无成算，今次出征却期在必胜。想到此，他不由得面带喜色，挥鞭令将士加速前进。军过昌平，渐入山中，道路崎岖蜿蜒，路边连山如成列的仪仗迎接燕军。他向前望去，前锋已经随峰回路转，进入了深山，回首一望，大队在蜿蜒前进，殿后的军队还没转过山来。真是雄关铁马，气吞万里如虎了。出塞后不远，地势豁然平旷了，这虽不是沙漠戈壁，却也是遍地沙石，少见树木。偶尔的几缕柔云显得甚低，那云外的天却分外湛蓝。第二天，燕军来到了怀来城下。怀来城坐落在平旷的高埠上。西北是不甚高的连山，西南却是宽广坦荡的河滩，浅浅的河水从沙滩和卵石中散漫地向东南流去。宋忠所率将士原多为燕王部下，是从燕府护卫中抽来，此时作为官军与燕王作战并不心甘情愿。宋忠为使他们坚决与燕军作战，便扯了个谎说：这些将士的家属都被燕王所杀，死尸填满了沟壑。宋忠所以如此，不过要激发将士们的斗志。但这个消息被燕军侦知，朱棣觉得这是个可以利用的契机。朱棣命令部下中怀来官军的亲属张起他们旧日的旗帜，作为前锋，并让他们上前呼喊父兄子弟。本来是披甲执枪、严阵以待，准备复仇的守军遥见故家旗帜，又听到家人的呼喊，真是惊喜交加。他们在稍稍镇定之后，便明白了宋都督的话并非真情，虽然是各为其主，但他们怎能对自己的父兄刀兵相见呢？他们本无斗志，到此更是完全松懈了。就在这惊疑乍定之间，朱棣已麾师渡河，燕军鼓噪向前直冲。宋忠大败，士兵如潮水一样退入城中，燕军尾随进了怀来。两军发生了一场恶战，官军大败。宋忠、余填被俘，都指挥孙泰中流矢，鲜血流满铠甲，他包了一下伤口坚持战斗，与彭聚一同战死阵中。这次战斗，燕军斩首数千人，获得马匹八千匹。宋忠、余瑱之外俘获将校百余人，皆因不降被杀，只有都指挥庄得单骑逃走。生存的士兵都投降了燕军。

宋忠

宋忠是在北方钳制燕军的一支重要的官军。他的败没显示了燕王的才略和力量，也暴露出官军的弱点。宋忠及前面谢贵、张昺，不仅在智谋上远逊于燕王集团，且在军事上表现出无能。宋忠等人被俘后，燕军诸将十分得意。但朱棣却表现得异常清醒。他知道事情才是刚刚开始，得天下不会都如此容易。他对诸将说：“宋忠本庸才，才掌一兵柄，便尔骄纵，此辈荧惑小人，视之如狐鼠耳。区区胜之，何足喜也。苟胜大敌，喜当何如？夫喜则易骄，骄则不戒，不戒则败机萌矣。孔子所谓必也临事而惧，好谋而成者也。”诸将闻言，无不佩服。朱棣确较众将高出一筹。

这一仗对北方的震动甚大，开平、龙门、上谷、云中各地的守将有不少归降了燕王。十八日朱棣派指挥孟善带兵至永平，守将指挥陈旭，指挥佥事赵彝、千户郭亮等献城投降。赵彝原来是燕山右卫百户，后跟随颍国公北征塞外，修筑了宣府、万全、怀安城才升为永平卫指挥佥事，本是燕王的旧部。郭亮原是天策卫百户，后曾随大军攻打大宁及哈剌莽来，因有功升为永平卫千户，也曾在燕王部下，他们的投降全都不是偶然的。

蓟州、遵化、密云的失守震动了大宁。都督陈亨、刘杰，都指挥卜万率领大宁军马出松亭关，驻营于沙河，将要进攻遵化。七月二十二日，驻守遵化的降将蒋玉把这消息报告给朱棣。二十四日，燕王朱棣亲自带兵往援。刘杰等听说朱棣亲出，便退回松亭关，坚守不出。二十七日，朱棣命千户李浚等领兵到关口，指挥部伍，佯做攻城。企图引刘杰等出战。刘杰等仍闭门不出。这时燕王新起，兵力不足，强攻不是良策，但长久相持也会生成他变。朱棣急于想削弱大宁的力量，他几经盘算终于想出一条妙计。他对诸将说：“大宁军马不散，终为吾后忧。然刘杰衰老无所为也，陈亨素忠诚托心于我，但为卜万所制。若去卜万，陈亨必来。刘杰寡谋，易于戏弄，以间动之，必生嫌隙。”朱棣对几个守将做出分析，陈亨是燕王旧部，以燕山左卫指挥佥事之任曾几次跟随燕王出塞，后升为北平都指挥使。燕王说他“托心于我”看来不诬，刘杰寡谋不在话下，那么解决问题的关键便是卜万了。这时，正好燕军的游骑捉获了两名大宁军卒，向中军报告。朱棣闻讯，高兴地说：“间可行矣！”于是，他们写了一封给卜万的信，信中对卜万大大夸奖一番，但却对陈亨极致诋毁之词。写完后牢牢封好，放在一名军卒的衣领中，并请这军卒喝酒，赏了他一些银两，放他归还。这件事做得表面上不想让另外一军卒知道，却假装不慎让他悄悄看到。他看到这情景向看守者说：“彼何为者？”看守人说：“汝何用知之？”他回答说：“苟令吾知，不敢背德。”看守人说：“彼归以通音耗，故得厚赏。”他又对看守说：“能为我言，请为谐行，惟命是从。”看守同意了他的请求，于是二卒一并被放还，但另一卒却没得到赏银。二卒回到军中，不得赏银者心不能平，马上向长官揭发了此事。刘真陈亨在军卒衣领中搜查到燕王写给卜万的信，立刻对卜万产生了怀疑。结果卜万被逮入狱，家也被籍没了。这支军队经过这一打击，从此便不得振作了。

朱棣在采取军事行动的时候，并没忘记采取政治手段。他知道，全国的兵力对他来说意味着什么。

七月十九日，朱棣向诸将训话：

一是指斥朝廷无道，变更祖法，屠戮骨肉；一是申明自己起兵仅为救祸靖难，最后又威胁“有众”，如心不一，志不坚，则会身遭孥戮；相反如果燕王得到胜利，则大家都有光明的前途。

同时，朱棣又上书朝廷说，

把自己描绘成处于被奸臣谋害的可怜地位，而对于亲王的悖逆则只字不提，指斥朝廷妄杀宗亲，他把这封书稿给他的部下看。部下都说：“辞旨恳切，必能感动，早得休兵息士，诚为至愿。”休兵息士，大概确实是那些不明真相的好心人的“至愿”。但朱棣的目的岂止是“休兵息士”？这上书不过是他举的保护伞，其真正意思是这场战争无论如何也要打到底，因为他的最终目的，是夺取南京的皇帝宝座。因此他马上说：“孝弟者人心所同之理，有人心者，一视予之言，岂得不恻怆于怀也？陈导晓切，冀其开悟，彼能感动，在转移之间耳。然予度之，彼忍心如此，又况日迩小人，闻见昧于大道，必欲逞其根毒，纵有万口哀诉，亦难回也。卿等试观之。”也只有他最清楚这场斗争的起因和实质，从而是对事情的进程做出最可靠的判断。他的上书不过是政治宣传。他不希望罢兵，当然更不希望部下松懈斗志。然而，除了少数心腹之外，他总是要将自己的最终目的隐藏着，用最可怜的话求得大家的同情。同时，他还要把自己打扮成仁义之师，禁止滥杀无辜。他深知只有这样，才有胜利的可能。他还对众人说：“吾与若等为此者，非所以求富贵，所以救死，保妻孥也。夫好生恶死，人情所同，见乱思治，古今则一也。今天下者，太祖之天下也，百姓者，太祖之赤子也。数奸作难，欲殄灭邦家，驱逐赤子以蹈白刃，非其所得已也。尔众慎勿嗜杀，嗜杀则伤天地之和，以损太祖数十年生育之仁。毋贪财，贪财则失民心。民心失，则大本亏矣。居民耕桑，商贾贸嚣，慎毋扰之。夫有乱时而无乱法，逆予言者，有法以治之。吾已上书於朝，旦夕希望恩旨，苟能全生，岂忍尔辈独丽于法？尔众懋哉，毋贻后悔。”

自初五起兵至今，这二十天里形势发展得真快。朱棣以少数的府中卫士，不仅夺取了北平，而且向东控制了通州、蓟州、密云、遵化，向西北控制了居庸关，后以八千人马战胜了三万之众的宋忠，夺取了怀来。燕军的兵力已发展到数万人之多。朱棣所以能够如此，当然首先是他久镇北平，许多文武将领都是他的旧部，而且他早知团结人心，所以临难多得其助，更重要的，则是胆略与智谋。不仅在他身边有足智多谋的姚广孝，能征惯战的张玉，而且朱棣本人更是足智多谋与能征惯战兼有。“论力则不足，智胜则有余。”燕王朱棣便这样开始了他的事业。

马上得天下，马上不能保天下。从洪武到建文，面对着一个时代的变革。打天下，自不待言，就是巩固新建的明朝，也要倚重于军人。直到洪武十五年，故元梁王控制的云南才最后平定。洪武二十年据守辽东的故元大将纳哈出才被迫投降。另外要对付蒙古人一次又一次的南下，或组织一次又一次的出塞北征都是离不开军人的。好在经过洪武三十一年的努力，明朝的敌对势力被肃清得差不多了。不仅内部稳定，就是主要威胁的故元势力也衰弱了，分裂了。的确，从洪武末年以来，开始了一个新的时代。朱允炆要在这个时代里锐意文治。

朱允炆自幼学习的儒家统治术，而今要把它付诸实施，他的谋臣方孝孺更是给了他许多理论上的支持。他们每日里在一起讨论周官法度，想按儒家的学说塑造出一个理想的社会。他把疆场上的军事谋划一概交给齐泰、黄子澄去办。齐黄在北平做了部署，又派人控制了北平周围地区，他们采取第一个明确的行动是诏逮削燕王官属。从皇帝到举朝文武都在等待北方的奏捷。

不料，北方传来的消息不是官军的奏捷，却是燕王宣布造反的上书，而且张昺、谢贵被执，北平失守，通州、蓟州、密云、遵化失守，连拥有三万之众的都督宋忠也在怀来兵败被俘，封国在怀来西北的谷王跑回了京师。这使朝廷大为震惊。齐泰请下诏削除燕王的属籍，声罪致讨，有人提出质难。齐泰说："明其为贼，敌乃可克。"黄子澄说："北兵志强，不早御之恐河北遂失。"几经商议，终于决定发兵伐燕。这时，洪武朝的能征善战功臣已经留下不多了，只好由长兴侯耿炳文为征燕大将军，驸马都督李坚、都督甯忠为左右副将军，带兵北伐。大军出发前祭告天地宗庙社稷，并向全国宣布了诏书：

邦家不造，骨肉周亲屡谋僭逆。去年，周庶人橚僭谋不轨，辞连燕、齐、湘三王。朕以亲亲故，止正橚罪。今年，齐王榑谋逆，又与棣，柏同谋，柏伏罪自焚死，榑已废为庶人。朕以棣于橚最亲近，未忍穷治其事。今乃称兵构乱，图危宗社，获罪天地祖宗，义不容赦。用是简发大兵，往致厥罚。咨尔中外臣民军士，各怀忠守义，与国同心，扫兹逆氛，永安至治。

这诏书堂堂正正，既无须掩饰，又不用夸张，一如当年黄子澄所说："大小强弱势不同，而顺逆之理异也。"与此同时，朝廷派安陆侯吴杰，江阴侯吴高，都督耿瓛，都指挥盛庸、潘忠、杨松、顾成、徐凯、李友、陈晖、平安，并道前进，共同北伐。另外，由于北平布政使张昺被杀，燕王自己任命了官属管理北平地方，朝廷在真定已设置了平燕布政使司，由尚书暴昭掌管，处理河北地区的政务。

这场骨肉间的惨祸，叶伯巨早在洪武九年就已经预言了。叶伯巨死后事态的发展使形势越来越清楚，然而除黄子澄伴读东宫，是未来天子手臂，敢于放言此事外，一般很少有人敢于涉及。朱允炆即帝位不久，四川岳池的教谕程济就看出了这步棋。但鉴于叶伯巨的惨死，他不敢明说。不过，他还是上书把他的看法表明了："北方兵起在明年某月某日"，只是他假托自己通数术之学，是通过推算得知的。他这样做，既是为加强自己话的权威性，也是怕一旦怪罪下来可以减轻点责任。没想到他的书一上便遭到了逮捕，并差一点遭到杀害。削藩，在当时已经不忌讳了，周王已经被废，齐、代、岷王已经被逮，那么，为什么还不准程济说话呢？要害就在于程济所指是燕王，朝廷削燕尚不敢下手也。如今燕王已反，朝廷已命将出师，一切都明朗化了。程济便也被放出，还授以翰林编修之职，让他作为军师，护诸将北行。

大军即将出发了，建文帝犹有不忍。他对众将士说："昔萧绎举兵入京，而令其下曰：'一门之内，自极兵威，不祥之极。'今尔诸士与燕王对垒，务体此意，毋使朕有杀叔父名。"一方面要削藩，一方面又要不留下恶名，真是鱼与熊掌二者要兼得。按建文帝的想法，迫使朱棣就范又保全他的性命，是最妥善的办法。

大军浩浩荡荡分路并进，直指北平。仅吴杰等所率领的偏师步兵、骑兵便号称十万。八日已酉，耿炳文率军30万到达真定，徐凯率兵十万驻于河间，潘忠、杨松驻于鄚州，其先锋九千已经进据雄县。

朱棣听说官军北上，率军出征迎战。张玉带人到耿炳文营中去侦察，回来报告说："炳文军无纪律，其上有败气，无所为。潘忠、杨松，扼吾南路，宜先擒之。"朱棣得到这一情报，很高兴。他身着铠甲，亲自带兵开赴涿州。壬子这一天正是中秋，燕王屯于娄桑，他命令军士们秣马蓐食，打算利用节日，出其不意地打击官军。下午时分，燕军渡过了白沟河。朱棣对诸将说："今夕中秋，彼不虞我至，必饮酒自若，乘其不备可以破之。"为了抓紧战机，燕王催促诸军加速前进。金乌西坠，眼见天渐渐暗下来。可是，金黄的月亮很快又升起在东方，四野道路无不分明可见。他们来到雄县正是夜半时分。一轮满月，悬挂中天，在如水的银光里，田野山川一片静安，不论是城外四郊，还是城内的街巷都悄然无声，只是偶尔听见一两声狗叫。一天的节日喜庆，人们太疲劳了。然而这大好的月色下面正酝酿着一场厮杀，将要有呐喊，将要有刀击枪鸣，将要有殷红的血。这不是太煞风景了吗？不，军人以战斗为职业，以杀敌为乐趣，以血洒疆场，马革裹尸为壮美。如果敌死我伤，凯旋班师那就是幸福了。

不过，官军也没有安睡，他们知道这里离燕军的驻地很近，随时可能与敌人遭遇。燕军围城时已被他们发现。城上渐渐发出一片叫骂。在安静的夜晚声音分外清晰。看来燕军奇袭的计划不行了，只能登城攻坚了。

黎明，燕军攀附登城，官军奋力抵抗。但燕军久镇边塞，又在居庸、怀来取得新胜，正值士气旺盛，官军驻于南方，多年不见刀兵了，再加上这里不过是前锋部队，哪里是燕军主力的对手。官军渐渐不支，一些防线已被燕军攻破。官军败是败了，但绝不屈服，仍骂不绝口。燕军怒，必尽屠戮而后已。可怜九千名官兵全部被惨杀。八千多匹战马成了燕军的战利品。朱棣对部下的这种滥杀，很不满。他说：“尝谕若等毋嗜杀人，若等欲乖我所为，是非求生而欲速死也。夫多杀适以坚人心，使皆畏死尽力以斗。一夫拼命，百人莫当，终非所以取安全之道。昔曹彬下江南，未尝妄杀，其后子孙昌盛，往往好杀者多绝灭，今虽拔一城，所得甚少，而所失甚多。”朱棣不仅懂得战斗，还懂得攻心。诸将自愧弗如，顿首谢罪而已。

朱棣判断潘忠、杨松虽然近在鄚州，但不会想到雄县这样快就被攻破，一定会带兵来救援。朱棣说：“吾必生致潘杨。”朱棣命令谭渊领兵千余，先过月样桥，潜伏在水中，约定待潘忠等过了桥，听到炮声便将桥占领。潘忠何时过桥，仅能大概估计，所以将士们也不知要在水中潜伏多久，朱棣让每个士兵用一束菱草蒙在头上以作掩蔽。这样也可从水中露出头来呼吸。又另外，又安排几个人埋伏在路侧，让他们见到潘忠与燕王一接战就放炮。布置已定。朱棣登上城头，只待敌人进入圈套了。他向远处遥望，只见大路上黄尘滚滚，隐约听到车马杂踏，南军果然来了，为首的正是潘忠。朱棣带兵开门迎敌，潘忠冲过月样桥直奔燕王。潘忠等刚刚过桥，只听得炮声轰响，呐喊顿时四起，知是中了埋伏，未经接战，就想夺桥逃走，想不到桥已被谭渊的士兵占领了，无路可退，而面前朱棣也带了兵马冲了过来。在燕军的腹背夹击下，官军大败，潘忠、杨松都被活捉，众将士大多落水淹死。

接连的胜利，使燕军的士气更加高昂，朱棣欲罢不能，想乘势再打一仗。他问被俘的潘忠等人官军的虚实如何。潘忠说鄚州还有战士一万多人，军马九千多匹。他还建议说：“（鄚州）闻我败必走，急取之可也。”于是，朱棣自带精锐骑兵百余人为先锋，向鄚州进发。燕军直捣敌营，守营官军悉数投降，人马辎重尽为燕军所得。第二天，朱棣率军回驻白沟河。三战三捷，势如破竹。下一步就要接触官军的主帅耿炳文了。朱棣的战略思想仍是乘胜夺袭，速战速决。他说：“今潘忠等被擒，众皆败没，耿炳文在真定，必不虞我至，不为设备。我由间道，出其不意，破之必矣。”诸将也赞同他的想法。这时，正好有耿炳文部下的一个小军官张保前来投降；请求作先锋以自效。朱棣将他叫到帐中，了解耿炳文军中虚实。张保报告说耿炳文军共30万，先到的有十万，一半驻扎在滹沱河南。一半驻扎在滹沱河北。朱棣厚赏张保，又给了他一匹马，放他回到耿炳文军中，让他假说身败被俘，乘守者不注意盗马逃回，并且让他假称燕军就要到来。众诸将对朱棣这种安排弄不明白，他们问道："今由间道，一不令彼知，掩其不备，奈何遣使，使其为备？"他解释说："不然，如不知彼虚实，故欲掩其不备。今知其众半营河南，半营河北，是以令其知我军且至，则南岸之众，必移于北，并力拒我，一举可尽败之。兼欲贼知雄县、鄚州之败，以夺其气。兵法所谓先声后实，即此是矣。若不令其知，径薄城下，虽能胜其北岸之军，南岸之众乘我战疲，鼓行渡河，是我以劳师当彼逸力，胜负难必。且人委身归我，当推诚任使，用何怀疑。借彼有反侧，去一张保，于我何损！由是事成，亦一人之间耳。"朱棣不仅善于应时机变，活用兵法，而且善于用心理战去打败对手。他既能灵活地指挥自己的队伍，又要调动敌军使之露出腰身准备挨打。同时，在这里他又表现了作为一个军事统帅的优秀品质：用人不疑。这正是他使许多将校始终不渝地忠于他，为他拼死效力的一个重要原因。

众将听完朱棣对战略的解释，无不佩服朱棣的胆识，深感不能望其项背，只有唯唯遵命而已。

燕军自白沟河西行，二十四日，到达无极县，离真定只有几十里的路了。朱棣当然已有成算，但他深知敌众我寡，想就此试一试诸将的勇怯。他召集大家问军队应该向哪里进发，果然是出现了不同意见。有人主张先不要直接去真定，应该开赴新乐，以观察敌军的动静。老将张玉不以为然。他说："今当径趋真定，彼虽众，然新集未齐，我军乘胜一鼓可破之。"朱棣听罢大喜，他进一步分析了形势说："新乐僻于一隅，吾逗留于彼，锐气已馁，贼引众来战，势力不均，若等且度能胜否？直抵真定，贼众新集，纪律未定，人心不一，乘我士气有锐，一鼓而破之。"他进一步分析了双方的形势，又说："玉言合吾意，吾倚玉一人足办。"

计议已定，大军继续进发。到二十五这一天，离真定城只有二十里了。燕军抓了一个耿炳文军中打柴的军士，讯知官军只备西北，而东南无

朱能

备。朱棣于是带领三个骑兵军士来到东门下，一下冲入官军的运粮车中，捉了两个人。朱棣从这两人口中知道，官军果然正将军队调往北岸，从西门起扎营一直抵达西山，尚未立稳。朱棣带轻骑数十人，绕出城西，先击破两个官军营盘。这时耿炳文正从营中出来送客，等到他发觉了燕军，急忙退入城中，打算把桥吊起甩掉燕军，没想到桥索已被燕军砍断。燕军紧追不放，耿炳文差一点被抓住。官军与燕军隔城相对。相距二百步之遥。官军在城上大骂燕军，朱棣这时要试一试自己的箭术，你看他拉了弓搭箭，满引一放，墙上一个军士应弦而毙。燕王的军校都一齐为他叫好。

耿炳文出城迎战，张玉、谭渊、朱能、马云等，带众奋击。两军交战时，朱棣带领一支人马绕出敌后，沿城墙夹击耿炳文军，冲乱了官军的阵线。耿炳文败退。朱能与敢死军士三十余骑，追奔滹沱河东，耿炳文尚有数万人列阵而对，朱能奋勇大呼，冲入阵中，官军披靡。丘福等从另一面攻入子城，内城关闭，不得而进。官军左副将军驸马都尉李坚领众接战，燕军骑士薛禄迎战，将李坚刺于马下，正要挥刀砍去，李坚大喊：“我李驸马，勿杀我！”结果，李坚、官军中右副将军都督角忠、左都督顾成、都指挥刘遂全都被俘。耿炳文急奔回城，军士争相而入，城门很小，拥塞不前，许多人被践踏而死，不得已砍杀后面的人，城门才勉强关上。

这一战官军弃甲而降的有三千余人，这次燕军改变了杀俘的做法，除二千人愿意留在燕军外，其余尽数遣散。

这一仗，虽说敌对双方势不两立，你死我活，却又是叔侄相争、同室操戈，两军之间不是亲戚便是同僚，上了战马则是仇敌，下战马来则可握手言欢。薛禄绑缚李坚来见朱棣。朱棣一见是驸马来了，马上感到这是一个宣传的机会，他责备驸马说：“尔本戚畹，何所怨仇？亦从凶悖？今日之罪，安可逃乎？”驸马当然不能随便杀，但可作为人质。遂命将李坚械送北平，后来死在路上。一会，顾成也被绑缚来了。顾成是朱元璋部下的老臣，他转战南北，卓有战功。朱棣见到顾成不禁大喜，说：“此天以尔援我也！”他亲自上前为顾成松绑，并拿衣服让他穿好。就这样，朱棣又得到一员虎将。顾成被送赴北平，辅助世子朱高炽留守。据说，朱棣与顾成还有一段对话，朱棣说：“尔我父皇旧人，安得亦为是举？”顾成泣对：“今日老臣为奸臣逼迫，冒犯大逆，罪无所逃！老臣幸见殿下，如见太祖，倘容老臣不死，当竭犬马之诚以为报。”朱棣说：“忠义之士，能如是乎？”

这里刚安排好，朱棣远远望见军中一些人不知为什么聚到一起嘁嘁嚓嚓的议论。他问诸将说：“彼何为者？”大家回答说：“降者谋欲叛去。”朱棣说：“吾自讯之。”他让人将投降的军士带到面前。朱棣对他们说：“凡降吾者任其去留，诚以其有父母妻子之思，尔等欲去，当明以告我，给尔资粮，援送出境。逃则为逻骑所获，必不免尔。我全尔生，尔反求死。”一些降卒听了这话，都很感动，不少人表示愿留下报效，还乡者也成了朱棣的义务宣传员。

经此一战，再除去此前分守雄县、鄚州的军队，耿炳文军尚有十万之众，他的失败，全因移营未稳而猝遇强敌。至此，他入城坚守不出。这期间，吴杰曾带军前来援助，受到燕军的阻挡，不能与耿军会合，不得已退还。但朱棣前后连攻三日，城池一直没有攻下，他知道耿炳文老将不容易对付，便对诸将说：“攻城下策，徒旷时日，钝我士气。”于是解围而去。

这是燕军与朝廷北伐主力的第一次接触。炳文虽然是夙将，但他长于战而未尝总大军，诸将多纨绔子弟，失律偾事，是在意料之中的。真定城虽然没有破，但无疑燕军取得了胜利。

耿炳文失败的消息传到南京，完全出于建文帝的意外。他说：“老将也，而摧锋，奈何？”黄子澄说：“胜败常事，毋足虑。聚天下之兵，得五十万，四面攻北平，众寡不敌，必成擒矣。”建文帝问：“孰堪将者？”黄子澄回答：“李景隆可。比用景隆，定破矣。”齐泰听说黄子澄要推荐李景隆将兵，坚决反对，但黄子澄不听，终于任命李景隆作了大将军。

李景隆

李景隆是明朝开国功臣岐阳王李文忠的长子，小字九江，读书，通典故。身长，眉目疏秀，顾盼伟然，每朝会，进止雍容甚，为太祖朱元璋所瞩目。洪武十九年（1386），李景隆袭封曹国公。他曾屡次赴湖广、陕西河南练兵，又曾被派往西番买马。后来掌左军都督府事，加太子太傅衔。建文帝即位后，他受到信任，因为李文忠是朱元璋姐姐的儿子。那次去河南执周王，是他在建文朝做的第一件大事，不过有人说了一些闲话，说那次李景隆活捉周王，曾向周王搜罗金宝，王府不愿往外拿，便被定有“反罪”，提了送往云南。

八月三十日，李景隆即将从南京北上，取代老将耿炳文。江风颇有凉意吹起林立的旌旗，也吹拂着告别的君臣。建文帝赐给李景隆通天犀带，亲自为他推轮，赐以斧钺，许他便宜行事。李景隆放眼长江，仿佛这一江秋水就在他胸中荡漾，天下英雄能有几人得此殊遇！志得意满之态飞扬于眉宇之间。建文帝展望蔽日的旌旗，那一列列披坚执锐待命出发的勇士，再看这仪表非凡、气宇轩昂的大将军，感到他们无异于拱卫帝京的长江天堑。就在这前后，监察御史韩郁上书再次对削藩提出反对意见。建文帝哪里听得进去，他对战争的前景充满了信心。建文帝与李景隆君臣共同举杯，相期奏凯重逢。

跟随李景隆北上的有原谷王府长史刘璟和高巍。刘璟与谷王一起奔还京师，向朝廷献16策，受到赏识，建文帝命他随李景隆北伐，赞划军事。高巍则愿意作一名说客，去劝说燕王休兵，他的请求受到建文帝的赞许，便派他随大军一同北上。但是，李景隆是个贵公子，虽通典故，实不会带兵，又妄自尊大，所部诸将多怏怏不为所用。

且说燕王退回北平，接连传来两方面的战报。先是九月初一，北平守将郭亮报告：江阴侯吴高、都督耿瓛等带领辽东兵马围攻永平。到了十一日，南线谍报李景隆已经到了德州，收集耿炳文所部并调多处军马共50万进营于河间。朱棣听到这消息，不禁哈哈大笑，诸王一时摸不着头脑，弄不清为什么在这样的形势下燕王反会高兴。

朱棣说："李九江豢养之子，智疏而谋寡，色厉而中馁，骄矜而少成，忌刻而自用。未尝习兵，不见大战，以五十万付之，是自坑之也。汉高宽宏大度，知人善任，使英雄为用，不过能将十万，惟韩信则多多益善。九江何等才？而能将五十万，诚可笑！昔赵括徒能读其父书，不知合变，赵用为将，与秦战，遂坑卒四十万。矧九江之才，远不如括，其败必矣！"接着他依据兵法，指出李景隆之败有五："九江为将，政令不修，纪律不整，上下异心，死生离志，败一也。今此地蚤寒，南卒衣褐者少，披触霜雪，手足皲瘃，甚有堕指之患，况马无宿藁，士无赢粮，败二也。不量险易，深入趋利，败三也。贪而不止，智信不足，气盈而愎，仁勇俱无，威令不行，三军易挠，败四也。部曲喧哗，金鼓无节，好谀喜佞，专任小人，败五也。有五败之道，而无一胜之策，其来实送死尔。"为什么尚未交兵朱棣就知道李景隆"政令不修，上下异心"、"仁勇俱无，威令不行"、"好谀喜佞，专任小人"？李景隆与朱棣之间是表亲，两家从来过往甚密，朱棣与李文忠是表兄弟，按辈分朱棣应是李景隆的表叔，他对李景隆的情况可以说是了如指掌，在他眼里没有什么表侄什么太子太傅，他是从军事家的角度对对手的弱点进行分析。可惜的是，李景隆的弱点竟让朱棣看得那么清楚，而朝廷中如黄子澄、如建文帝都无知人之明。朱棣还判断，他自己坐守北平，李景隆不会贸然攻城。于是，他策划了一个诱敌之计："今往援永平，彼探知我出，必来攻城。回师击之，坚城在前，大军在后，竖子必成擒矣。"将领中还有不同意出兵永平者，他们担心大军离开北平后会给敌人留下空隙，他们提出："永平城完粮足，可以无忧，今宜保守根本，恐出非利。"朱棣解释说："守城之众，以战则不足，御贼则有余。若军在城，祇自示弱，彼得专攻，无复他顾，甚非良策。兵出于外，奇变随用，内外犄角，破贼必矣。吾出非专为永平，直欲诱九江速来就擒耳。吴高怯不能战，闻我来必走。是我一举解永平之围，而收功于九江也"。虚虚实实，灵活机变，朱棣确将兵法用活了。

朱棣带大军出援永平，命世子朱高炽在北平留守，辅助他的则是姚广孝。另外，还有在真定收降的老将顾成。诸将向朱棣请求，为保证北平的安全，应该在卢沟桥设防以阻挡李景隆军队。朱棣也想到这一点了，他说："天寒水涸，随处可渡。守一桥何能拒贼！舍此不守，以骄贼心，使其深入，受困于坚城之下。此兵法所谓利而诱之者也。"

即使对吴高这样的小股部队，朱棣也不愿和它硬打。他与诸将盘算说："高虽怯，差密；文勇，而无谋。去高则文无能为也。"因此，他又小施一计，打算除掉吴高。他分别给两个人写信，信中盛誉吴高而诋毁杨文，但又故意将二人的信相互装错。二人接到信后无不吃惊，被称赞者要洗清嫌疑，连忙将原信封好上报朝廷，被诋毁者则怀疑对方与燕军有所串通，也将来书上报给了朝廷。将领之间既已互不信任，而各自本人的嫌疑又未洗清，还有什么斗志？所以，他们看到朱棣的援兵已到，未经力战便退还了山海。朱棣的计谋又得了手。

这场战打得太容易了，朱棣忽然想到不如趁此去攻打大宁。诸将一怕大宁难攻，二怕在外迟留久北平受困，都主张缓攻大宁。但朱棣决定冒险，他打算避开松亭关的主力，由刘家口出关。既可保存力量，又可节省时间，同时，先打破大宁军队的老家，松亭关的守军可不战自溃。他说："今取刘家口，径趋大宁，不数日可达。大宁军士聚松亭关，其家属在城，老弱者居守，师至不日可拔。破城之日，抚绥将士家属，则松亭关之众不降则溃。北平深沟高垒、守备完固，纵有百万之众，未易以窥，正欲使其顿兵坚城之下，归而击之，势如拉朽。尔等第从予行，毋忧也。”朱棣这样说，虽不无道理，但主要还是鼓励将士的必胜信心，其实他自己对北平也有点不放心。在军队开赴大宁前，他还是写信给世子命其严加守备，敌人来后不得轻易出战。

大宁的战斗我们打算放在以后再说。现在我们一起回过头来看看北平的情况。

李景隆听说朱棣带大军开赴大宁。认为这是个机会。他下令攻打北平，军队直插北平城下。

数十万军队逶迤北上，刷刷的脚步，得得的马蹄，隆隆的车轮，在冻土上响成一片。过了良乡就是宛平，那宛平就已是北平地界了，良乡与宛平之间相隔着一条卢沟河（今永定河），河上的卢沟桥是必经之路。这条桥建于大定二十九年（1189），从东到西共有11孔，桥两边栏板间的280根壁柱上，雕有千姿百态的小狮子。桥长79.5丈，宽2.4丈，在壮伟中显着灵秀。李景隆指挥大队军马通过卢沟桥，宋人的“道上征车铎声急，霜花如钱马鬣湿”的诗句怎么比得上如今的景象壮观！李景隆意气骄盈，用马鞭子敲打着马鞍说：“不守卢沟桥，吾知其无能为也！”不免对朱棣露出轻视之意，他眼前壁柱上的几个小石狮子正在嬉戏耍闹，仿佛是在预示着他的胜利。

朱高炽

李景隆军来到北平城下，朱高炽闭门坚守不出。于是，李军于九门环筑堡垒围困之，另外派兵攻打通州。通州在北平城正

朱高炽的献陵

东。如果朱棣从大宁方面还师，一定要经过通州。李景隆便在从通州到北平之间的郑村坝连结九营亲自督军迎击燕军。

官军在北平城下发动了一次又一次的进攻，特别是丽正门上战斗激烈，李景隆的军队有十万人，而城内连老疾孱弱都算上也不及一万，力量单薄几乎不支。在王妃徐氏的带领下，官校士民的妻室也动员起来了，她们也穿上护甲登上城墙，向攻城的敌人投掷瓦砾石块，守军还常常派勇士缒出城外，对官军进行骚扰。官军的进攻被打退，不得已退后十里扎营。都督瞿能与他的两个儿子带领一千多骑兵进攻张掖门，就在即将攻破的时候，后援却跟不上，功败垂成。原来，李景隆生怕他们夺走这破城之功，让他们等候大军一同前进。这时天气已经十分寒冷，守军又想出了新的守城办法，他们乘夜往城墙上浇水，很快就在城外结成了厚厚的一层冰，官军想要登城就更加困难了。李景隆刻薄寡思，他日夕围城戒严，却不知爱抚士兵，士兵们手执武器站立雪中往往有冻死者。

朱棣得到世子的报告，得知李景隆正在围攻北平，急忙回师，这时攻打大宁的战斗已经结束，燕王、宁王合成了一股，他们乘河水冰冻渡过了白河，直指李景隆结营所在的郑村坝。郑村坝在通州西北20里，东距北平也是20里，俗称东坝。李景隆也派出了都督陈晖带领骑兵一万渡河迎击燕军。但两军走的不是一条路，没有碰上。陈晖探知燕军已经渡过白河，便调头向燕军追来。朱棣率精骑还击，乘陈晖渡河之机，大败之，这时河上的冰忽然断裂，官军溺死甚众，陈晖仅以身免。

李景隆军守候在郑村坝已经好几天了，军士日夜戒严，天气寒冷，许多人冻坏了手脚，斗志早已松懈，结果燕军连破李景隆七营。朱棣带人马作为奇兵左右冲击，战争从午时一直打到酉时，李景隆军渐不支，伤亡惨重，还有不少人在阵前投降了。寒冬日短，天很快就黑了，战场的刀枪声渐渐稀落，却不断从这里那里传来痛苦的呻吟、呼唤。朱棣下令收军，将士们拖着疲惫的身躯回到营地，汗水血水黏在身上，北风吹来，冰冷彻骨，都指挥火真敛了些破马鞍在朱棣面前升起了一堆火。通红的火焰在活泼地跳跃，把一束束火舌喷上夜空。在滴水成冰的寒夜里，火就是生命。它是战场上那些游魂幻化的还是从这些生存的勇士心中升腾的？此时此刻，将士们的心里是萦念着自己的妻子家人，还是荡漾着敌死我伤的骄傲和荣耀呢？他们也想过为什么要到这天寒地冻的荒郊野外来厮杀来流血吗？

天冷极了，几个甲士见到火光纷纷走拢过去要分享一点那火的温暖。朱棣身边的卫士发出了吓人的呵斥，不许他们靠近。是啊，他们不怕持刀的敌人，敢于拚将一腔热血上前厮杀，却慑于这些爪牙的虎威，只能屏气后退。朱棣听到骚动，连忙说：“此皆壮士，听来勿止。饥寒切身，最难忍者。吾拥重裘，尚犹觉寒，吾恨不悉令其附火，而忍呵叱之乎？”这就是领兵者高明所在！别看他拥着重裘，傍着火，但他的几句话便能打动人心，便能让人明天上战场上替他去冲锋陷阵。将士们都说：“仁人之言也。”是啊，在宁静的寒夜，将士们也许没有停止思考，但他们的想法是那样单纯，他们只想到要忠于燕王。他是龙种，说不定就是真命天子呢！

第二天一早，探报来说，李景隆军夜里拔营逃掉了，辎重却没来得及带走，许多马匹也留下了，部下有人请求追击，朱棣决定不再追赶，而是乘胜直抵北平城下。这时包围北平的官军队并不知李景隆已拔营南下，仍然坚持不退。张玉带兵列阵而进，连破官军四垒。这时朱棣带兵赶到城下，城中守军见救兵来到，也鼓噪而上，内外夹攻，官军大溃，再加上听说李景隆已撤，更无斗志，便也丢弃兵甲粮草星夜南奔了。

这一战役，燕军获得了全胜。朱棣又回到了北平城，诸将都称赞他的神机妙算。其实燕王也有点后怕，当初诸将请求先破李景隆再攻取大宁，他把北平放在一边去攻大宁是很冒险的，北平万一失守，那是后悔也莫及的，因此不能总这样冒险。朱棣说："此适中尔，无足喜也。卿等所言皆万全之策。我未用卿等言，以其有可乘之机，故尔。此不可为常。后毋难言。"他称赞了大家的万全之策，要求大家以后有什么谋划，还要坦率地讲出来。

李景隆军从北平撤退南下，驻于德州，打算集合各处军马于明春再战，建文帝也并不以暂时的挫折便改变对李景隆的信任。如果说黄子澄等人无知人之明，误君误国的话，那么建文帝的推诚任人，衷心倚信，则并非全无值得嘉与之处。这年十二月，建文帝给李景隆加太子太师衔，并赐给玺书金币、珍醖、貂裘。建文帝惟恐李景隆权轻势弱，威令不行。第二年正月，再派中使带玺书，赐以黄钺弓矢，许以得专征伐。李景隆本非草木，受到皇帝如此隆遇，能不奋发自励，竭忠报效吗？

朱棣与众将带兵从永平出发，十月初二日（戊戌）来到刘家口。这是从永平出塞通往大宁的最近的关口。山路险隘，仅容人马单行。有官军百余人把守关口。诸将中有人打算从正面攻破关门。朱棣说："不可。攻之，则彼弃关，走报大宁，得以为计。"于是，命郭亮带领军卒数百人伪装偷渡到山后，切断守军的归路，从后面破关。结果，守军全部被俘。燕军顺利通过。初六（壬寅）燕军抵达大宁。

大宁在喜峰口外，东连辽左，西接宣府，是北部边防的重镇，它们共同构成了北平等中原地区的屏障。洪武初年，东北地区的故元势力辽王、惠宁王、朵颜元帅府相继内附，朱元璋看到了大宁的军事价值，在古会州之地设置了大宁都司和营州诸卫，在洪武二十四年，把第十七子朱权封为宁王，让他镇守这里。宁王于洪武二十六年就藩，他练兵防边，随军征讨，成为著名的“塞王”之一。宁王以善谋著称，而且他拥有相当大的军事实力，“带甲八万，革车六千”，特别是他所控制的朵颜三卫的骑兵骁勇善战，是一支精锐部队。朵颜三卫指的是兀良哈的朵颜、福余、泰宁三卫。三卫设于洪武二十二年，从头目到军卒都是当地的兀良哈人、蒙古人。朱元璋设三卫的，目的是让他们与宁王相声援。燕王多次出塞巡边，早就看中了这支队伍，举兵靖难更想借重三卫的力量。他曾对诸将说：“曩余巡塞上，见大宁诸军慓悍。若得大宁，断辽东，取边骑助战，大事济矣。”建文帝即位，削夺诸藩，恐怕北方诸王与燕王联合，便下诏要辽王朱植、宁王朱权回京。辽王奉诏回到了京师，宁王却对诏令不予理睬。建文帝便下诏削掉宁王的三护卫军以示惩罚，燕王素来与宁王关系甚好，现在他看到宁王不奉诏旨，心中十分高兴，便把宁王看做可以借重的力量，曾写信给宁王要求他的援助。这次朱棣的出援永平，其目的则在于夺取大宁。

大宁守军虽不多，但如何夺取大宁，还要费一番心思，因为朱棣不仅要夺取大宁之地，更重要的是要争取宁王和大宁之军。

燕军来到大宁城下，朱棣派人进城通报说因为穷蹙，前来求救。宁王得知朱棣来到，两人虽为手足至亲，却不敢开放燕军入城，因为燕王毕竟是朝廷的反叛。但宁王这时也因不奉诏旨被削夺了护卫，对朝廷怨愤不已，所以二人不免同病相怜。宁王邀请燕王单骑入城，二人一见，执手大恸。朱棣向宁王讲述了自己不得已而起兵的原因，还请求宁王代为起草给朝廷的谢罪表。朱棣一连在城中住了几天，二人相得甚欢，宁王全然不备。

这时城外的伏兵也在悄悄活动，一些吏士潜入城中，与三卫的部长和许多戍卒都拉上了关系。朱棣向宁王辞别，宁王到郊外为他饯行，突然伏兵尽起，将宁王劫持而走。这时，朵颜三卫的骑兵和事先串通的戍卒也集合了起来，配合燕军攻破城西北角。燕军一拥而上，冲入城中，俘获守将都指挥房宽，杀死关在狱中的卜万，都指挥朱鉴力战不支死在混战之中，宁府长史石撰不降也被杀害。战斗很快结束了。朱棣下令安抚城内军民，并派陈亨的家奴和城中的家属去松亭关报告城中的情况。这时刘杰、陈亨听说大宁之变，带兵前来援救，但军士们听说城中的家属平安无事，就都不想打了。刘杰、陈亨不得不往回返，他们走到乱塔黄崖扎营休息。陈亨这时起了异心，他与营州中护卫指挥徐理、右护卫指挥陈文商议，打算投降朱棣，结果一拍即合。这天夜里二更，他们趁军士们熟睡，带兵攻破了刘杰的营地。在慌乱中刘杰仅以单骑逃往广宁，后走海路奔还京师。就这样，陈亨带领大宁的兵马降附了朱棣。朱棣高兴地连说："吾攻大宁，取边骑助战，大事蔑不济矣！"朱权加入燕军虽然像是被迫，其实是一种联合，他们早已从朝廷的藩辅变成了朝廷的对立面。他们的联合是出于维护相同的利益。而且不仅如此，他们互相之间都很清楚谁也不满足于做一个藩王，他们的心目中有一个皇帝的宝座。固然宝座只有一个，但现在却不是他们俩之间争夺的问题。朱棣与宁王相约事成之后当中分天下，划疆而治，各为天子，朱权擅于文墨，于是这草徽的事便落在了宁王的身上。

朱权

朱棣能够顺利地夺取大宁，是与朱权这种半推半就的态度有关的。此外，早先，朱棣曾多次带领缘边兵马出塞，大宁的将领包括朵颜三卫的骑兵都与朱棣相知相习，这也是他们能很快地归附朱棣的原因。在大宁的胜利，使朱棣在军事上得到很多好处。他不仅在北部解决了北平的后顾之忧，而且大宁诸卫军队加入了靖难的队伍，大大壮大了燕王朱棣的军事力量。另外，朱棣还选拔朵颜三卫骑兵的精锐三千人组成了一支新军，这支军队在朱棣的事业中发挥了重要作用。正当大宁的战事进入尾声时，朱棣于十六日收到世子送来的李景隆攻打北平的报告。他决定火速返救北平。朱棣先派出薛禄分兵攻夺富峪、会川、宽河，随后，便于十八日与宁王一道带领燕军和宁府的妃妾世子和货宝开赴北平。大宁城被席卷一空。第二天，大队人马来到会州。乘半途中休息的机会，朱棣重新编排了自己的队伍，他任命和提拔了一批新的将领，统帅诸军，张玉将中军，提升密云卫指挥郑宁、会州卫指挥何寿为都指挥佥事，任中军的左、右副将。都指挥朱能将左军，提升大宁前卫指挥朱荣，燕山右卫指挥李浚为都指挥佥事，任左军左右副将。都指挥李彬将右军，提升营州中护卫指挥徐理、永平卫指挥孟善为都指挥佥事，任左右副将。都指挥徐忠将前军，提升营州右护卫指挥陈文、洛阳卫指挥吴达为都指挥佥事，任前军左右副将。都指挥房宽将后军，都指挥和允中为左副将，升蓟州卫指挥毛整为都指挥佥事任后军右副将。同时他安排大宁归附的人马也分别隶属各军。宁燕二藩的人马合一后，燕王的力量空前壮大了。这就是他的基本队伍，从此这支人马跟随燕王转战南北，百折不挠，最后终于打下南京。

二十一日，朱棣带领大队人马进入了松亭关。十一月初五便渡过白河，在郑村坝发生了上面提到的与李景隆军队的激战。

且说李景隆退走德州，朱棣率大军回到北平城里。从九月十九日朱棣率军救援永平到今日十一月九日回城前后整整20天时间。这期间从十月十五日李景隆围困北平到十一月七日北平围解，以世子为首的守城军民与官军坚持战斗了23天。如今不仅赶走了围城的官军获得大胜，而且燕王控制了大宁地区，除掉了后顾之忧。另外由于大宁诸卫军加入了燕军的阵线，实现了宁燕合流，北方的军事形势因而大大改观了。朱棣一面命令休息士马准备着犒赏庆功，一面再次给朝廷上书，指斥奸臣弄权，朝廷无道，变乱祖制，申明自己起兵的合理。

此次上书，态度十分倔强，甚而有强词夺理近于狡赖者。朱元璋曾以起造屋室比喻开创基业，朱棣则抓住建文朝拆毁宫殿一事，直指他们坏了祖宗的基业。唯上书中动辄以祖训为说辞，辩护最为有力。《祖训》中所规定亲王教练军士等内容，原本是为了使亲王屏藩帝室，不想留下漏洞，反为亲王所利用，朝廷的指责则显得无力。这次上书正值燕王屡胜，气壮山河，指朝廷如敌国外患，竟至有“不共戴天”之语。朱棣之好勇斗狠，雄毅恣肆跃然纸上。同时，朱棣千方百计要把自己描绘成动以国家为念的皇叔，而信中不仅挑拨齐泰黄子澄与皇帝的关系，而且暗示诸王与之连为一气，以携手对付朝廷。然而这次上书依然没有回音。

朱棣接连获得胜利。北平城内，燕府上下，洋溢着胜利喜庆的气氛。由于燕军的坚决抵抗，李景隆的50万官军，溃于北平城下。燕王的胜利多亏了北平军民的拼死效力。燕王于军民有何仁，而能令军民蹈死不顾？其实，北平距京师数千里之遥，军民并不清楚朝廷中发生了什么事情。燕王是太祖第四子是确定无疑的。多年来他镇守北平，出塞防边，立有赫赫战功。燕王只要说“朝廷里出了奸臣”就够了。军民上下无不认为他们进行的是义战，燕王要除去朝中之奸，维护皇室，拯救先帝子孙，谁能说个不是呢？

对于此役的胜利，朱棣自然也大喜过望，对军民也不无感激之情。赏赐犒劳是无所吝惜的。但朱棣深知以北平之一隅对抗朝廷，胜败之数并未最后确定，稍有疏忽，随时可能招致失败。不知他是否已经警惕在他自己的上书中表现出的一种狂放，然而对众将士，他都曾及时提醒他们骄兵必败。他对将士们说：“常胜之家，难以虑敌。夫常胜则气盈，气盈则志骄，志骄则慢生，败机乘之矣。”他举出“周公胜敌而愈惧”的故事，说明小心谨慎使周室得以昌盛。他说：“古语云：‘惧在于畏小’，予不患众不能胜，但患不能惧尔。”他时刻看到朝廷大兵压境的危险，说：“彼以天下之力敌我一隅，屡遭挫衄，将必益兵以求一决，战兢惕励以惩前失。我之常胜，必生慢忽。以慢忽而对兢惕，鲜有不败。须持谨以待之。”朱棣毕竟是个久经沙场的军事家，他胸中怀有全局，绝不以一时之胜忽略了通盘筹算。

几天之后，朱棣向作战有功的将士颁发奖赏。朱棣很懂得如何驾驭军队，他善于使用奖罚的手段驱使将士用命。他说赏罚是“公天下之道”。奖赏合乎人心，就会收劝励之效，惩罚合乎人心，就会收儆戒之效。善于为政者，不以奖赏施于个人所亲，不用惩罚加于个人所怨。需做到像衡石一样平稳，像水镜一样清明。他称赞将士竭诚效力，要论功升赏以酬其劳。他说自己一个人是难于周知全面情况的，他要求诸将对每个人的战绩要从公核报，“不徇私情，不亏公议，有功无功，不令倒置”。务使爵赏得当。凡是有功而被埋没、奖赏不足以酬其劳的，一定要当面讲明，不许退下后再说闲话。

在这次赏功中，不少人得到了提升：

燕山右护卫指挥使谭渊

指挥佥事陈贤

致仕指挥佥事高实、中用

富峪卫指挥佥事景福

会州卫指挥使谢芳、陈旭

指挥佥事端亮

营州左护卫指挥同知钱武

济阳卫指挥佥事祁义

燕山中护卫指挥同知陈珪

燕山前卫指挥同知李清

燕山左卫指挥使徐祥

这些人全都升入北平都司任职。一个都司管辖许多卫，都司的指挥要比卫、护卫的指挥地位高出许多。然而，朱棣作为亲王，仍然是朝廷的臣民，并不具有提升诸将官职的权力。这样做，本身对于朝廷就是一种叛逆行为，何况此时朱棣已被朝廷剥夺了王爵。由于朱棣的经营笼络，实际上，在燕王势力所到之处，已经形成一个与朝廷抗衡的独立王国。他所网罗的，不仅有自己多年的部下，曾跟随征战为其效力者，还有一些因与燕王勾结谋反而被朝廷罢黜的官员，如前都指挥佥事周成，袁成、张睦，朱棣也恢复了他们的职位。

燕军在战争中颇有俘获。被俘官军士兵，愿留的留，不愿的朱棣便将他们随时遣散。朱棣听说在被俘军士中有几个是从皇陵守卒中抽调来的，不禁为之恻然。朱棣就藩之前，曾长期在老家凤阳驻守练兵。几个皇陵守卒使他想起了老家的草木、祖宗的陵寝，也想起他这几十年的经历，看见这几个召至面前的军卒，好像又回到了凤阳军中。亲不亲故乡人啊！朱棣把他们叫到身边，不免询问起皇陵的情况，又着实抚慰了一番，朱棣说："幼冲（建文帝）不思祖宗陵寝为重。守卒以调而来。天下士马固多，岂少此数人。"朱棣下令给他们衣粮，让他们仍然归守皇陵。难说朱棣对祖宗没有感情。但从另一方面看，朱棣不放过任何一个机会攻击朝廷，借题发挥。朱棣起兵篡位，为天下所指，但他总是设法陷朝廷于不义地位。调几个皇陵守卒参战，竟被说成是不以祖宗陵寝为重。自己则处处标榜尊崇祖训，藩屏邦家。朝廷方面呢，位处至尊正统，一开始便认为自己以正压逆，以强压弱，胜算在握，不必计较一些细枝末节，不料却因而常给朱棣留下可乘之机。

这月二十八日，朱棣又颁发一道檄文，说是"为报父仇事，谕普天之下藩屏诸王、大小衙门官吏军民人等。"朱棣的一个用心，便是指责"奸臣惑主"，动辄说"齐尚书黄太卿左班文职等官谗佞君上，恣行不道，苦害军民"。本来，马上得天下，打江山要靠武人；而马上不能治天下，当社会秩序稳定后，文臣的地位势必提高，武将不免要受些冷落，自然会心怀不满，这成为朱棣利用的口实，他"指斥左班文臣"的谗佞，不仅在于动员舆论，而且是故意表现出是为武将们泄愤，借以拉拢他们为己所用。朱棣还把自己及众亲王描绘成一副无端被害的模样，以争得民众的同情心，并借以呼吁反叛诸王与之结成联盟。最后，檄文声称"今奸臣齐尚书、黄太卿等，余必不与之共戴天，不报得此仇，纵死亦不已。故用钦遵《皇明训》法律内一条躬行帅领精兵三十万，诛讨左班文职奸臣"。他号召"天下都司，并各处卫所指挥官吏，当思我父皇恩养厚德，同心戮力，整尔士卒，砺尔戈矛，星驰前来，共行捕获左班文职奸臣，献俘于祖宗神明，令受非常之刑宪。上以正其君，下以安其民，使我父皇子孙基业以永万世。"

读这一通檄文，洋洋洒洒，声气夺人，真有席卷天下之势。不过，朱棣振振有词，反复说钦遵《皇明祖训》如何如何。

朱棣所为与祖训规定相较实有大谬。在新天子即位之后，即使"朝无正臣，内有奸恶”，亲王也要奉“天子密诏”才能“统领镇兵讨平之”。今不但无天子调兵勤王之密诏，反有削燕王爵之明诏。而朱棣还是断章取义反复引用“祖训”，他不仅在舆论宣传上先声夺人，而且取得了事实上的军事胜利。他声称有“精兵三十万”虽不免有所夸张，但与实际相去必不至甚远。朝廷方面面对这一形势如何措置呢？

在燕王舆论的压力下，朝廷宣布罢免尚书齐泰、太常卿黄子澄的职务。理由没有宣布，据说朝廷意在撤掉燕军攻击的目标，借以缓解燕军的攻势。然而，建文帝实际并未让齐泰、黄子澄离开左右，仍然让他们参与密议。

朝廷所为，实是失策之举。撤掉齐黄，等于承认了燕王关于奸臣乱政误国的指责，只能长燕军的威风，灭官军的锐气。同时，朝廷对于燕王在上书和檄文中所提出的指责及燕王的叛逆之罪，均未做出更有力的辩驳。当然，靖难之役后，凡不利于朱棣的文献全都被销毁了。

不过，朝廷也并不甘心失败。李景隆既已加官，乃整顿军马，屯兵德州，以备明春再举。燕王起兵后，河北诸卫一带官军将领非败即降，大多加入了燕王的营垒，只有少数军官为朝廷力战而蹈死赴义。蓟州马宣及镇抚曾浚在与众披靡中率众力战而死后，河北指挥张伦率领两卫的官军自拔南归，宣誓“矢死报国”。同时，朝廷也想在战场之外屈服燕军。向建文帝献策约束诸王的书生高巍，被命景隆出师，参赞军务。这时，参赞军务高巍，上书朝廷，表示愿意出使燕藩，披忠胆，大陈义礼，晓以祸福，劝说燕王罢兵。

高巍受命来到燕藩。见燕藩旗甲鲜明，军伍整肃，毕竟胜军，气象不同。他自称“国朝处士臣高巍”，将事先拟好的书信送至燕府，信中说：

> 巍白发书生，蜉蝣微命，性不畏死。洪武十七年，蒙太祖高皇帝旌臣孝行，巍窃自负，既为孝子，当为忠臣。死忠死孝，巍至愿也。如蒙赐死，获见太祖在天之灵，巍亦可无愧矣。

高巍的信送上之后便杳无回音，不得已便再上一通，但仍然得不到回信。

高巍冒死上书，忠勇可嘉，但形势并不因一介白发书生的雄辩可以逆转。燕王朱棣已从燕府一隅，发展至30万众，不数月间攻占了北平、密云、永平，可谓所向披靡，而朝廷为避其锋，已将齐泰、黄子澄罢免。当此之时，什么“夷齐求仁让国之义”、“篡夺嫡统之议”是不能打动朱棣之心的。

此后不久，李景隆也致书燕王请罢兵。其书今已不存，但从燕王的答书中，可看到朝廷的态度已经软化，且亦标榜守太祖朱元璋的遗训，要全宗亲骨肉大义，已从武力削藩变为羁縻笼络了。建文二年二月二十八日燕王的答书说：

汝为大孝，国家至亲，慨念人生世间不满百岁，死生俄顷，倘汝一旦溘终天年，有何面目见我父皇太祖高皇帝也！姑以汝之心自度之，为父皇之仇如此，

为孝子者可不报乎？

因汝来书，不得不答，再不宜调弄笔舌。但恐兵衅不解，寇盗窃发，朝廷安危，未可保也。所欲言者甚多，难以枚举，忽遽简略，汝宜详之。

从朝廷方面说，齐、黄明罢暗用，高巍千里游说，李景隆投书燕王，都是为了使朱棣放松斗志，而实际却在集结力量以待决战。有湖广布政司左参议杨砥者，竟公然上书朝廷要求罢兵，说是“帝尧之德。始于九族。今宜敦睦诸藩，无自剪枝叶。”如此不识时务，当然遭到断然拒绝。杨砥本人也受到了安置辽东的处分。从燕军方面看，起兵数日“取密云、下永平、袭雄县、掩真定”、“易若建瓴”“气势正盛”，更无罢兵之理。双方仍不可避免要在战场上一决雌雄。

在高巍使燕，燕王与李景隆调笔弄舌的同时，双方的军事活动仍在紧张地进行。在北平的东北面是辽东，西北面是大同，都是军事重镇。要保证北平的安全，解除后顾之忧而专心南下，一定要先控制这两个地方。李景隆南遁，正是朱棣收拾地方巩固地盘的有利时机。他首先把目标投向辽东。当时驻守辽东的是吴高和杨文。朱棣分析说：

辽东虽远隔山海，常扰永平。吴高虽怯，其行事差密。杨文粗而无谋。我一计去吴高，则杨文无足虑矣。用兵之道，伐谋为上。此计得行，则坐制一方，无复东顾之忧矣。

朱棣去掉吴高，用的是离间计。他写了两封信分别派人给二人送去。但他故意将二人的信交换了一下。给杨文的信，送给吴高，信中对杨文肆意毁辱。而给吴高的信，却送给杨文，信中对吴高极力赞美。二人接到信后，都把信上交给了朝廷。朝廷不辨真伪，不知是计，对吴高产生了怀疑。结果，吴高的爵被削，还被遣往广西。只剩下杨文一将独守辽东。朱棣这一计，不仅拆除了杨文的犄角之助，而且弄得辽东军中人人互相怀疑。进退无据，不敢放心大胆地出战。辽东的问题解决之后，下一个目标便是大同了。

这时，谍报李景隆在德州招兵买马，调集各处军马，以期明年大举。面对这种形势，燕军如何动作，燕王与诸将颇进行了一番讨论。有的将领认为，李景隆既将来，燕军应当有所准备，不当离开北平。朱棣则认为，李景隆即使要大举，也要等到明年春暖。燕军进攻大同，大同告急，便会向李景隆求援，李景隆如果出援的话，他的不耐严寒的南方士卒千里赴援，也必然疲惫而不堪战斗。十二月十九日燕军便向大同进发。

十二月二十四日，燕军至广昌（今河北涞源），守将汤胜等举城投降。第二年正月初一，燕军来到蔚州城下。城坚守不下。守城指挥李诚，号称冲天李从水沟出城见燕王，相约献城自效。李诚回城后，阴谋败露，被收下狱。城外军士迟迟不见动静未免攻城心切。朱棣也怕久滞坚城之下，兵钝威挫。燕军发现城外有旧筑敌台起楼，楼上厚架有飞桥跨接城上，而现在桥毁台存。燕军决定以这座旧敌台为隐蔽，向城上进攻。朱棣下令各军用布囊，塞满雪土，从台上推下，待堆得与城同高时，便乘之入城。土袋垒得差不多的时候，燕军用霹雳车飞石轰击城墙，城墙震裂。这时城中守将王忠、李远等决定举城投降。蔚州之下，实际两军并未接刃。

二月初二，朱棣升投降的尉州卫指挥同知王忠、张远、李远为北平都指挥司都指挥佥事，令他们仍领本部精锐与燕军同攻大同。但朱棣并非对降将完全信任，升官重用是必要的，但也必须有以制驭。朱棣命人将这些人的家属送至北平，名为优待，实际是拿他们做了人质。这种心照不宣而又无可奈何的做法，在封建的主仆之间是并不奇怪的。主子使用奴仆，是对他的信任，但奴仆要小心，如不驯服，主子是随时可以刑戮加之的。奴仆甘愿为主子效忠，不信，请用家属作为抵押！

朱棣麾师西进，直指大同。大同是代王朱桂的封地。诸王被削，同病相连。朱棣的上书，檄文动辄说朝廷戕残骨肉，未尝不是说给诸位亲王听。此前朱棣夺大宁，把宁王拉入军中，与之结成联盟。这次他西进大同，除了为解除后顾之忧外，当然也希望得到代王的响应。朱桂闻说燕王西来，便欲起兵响应。但他早已受到当地守军都督陈质的控制，无法行动。燕军攻大同不克，而李景隆的援军又已西出紫荆关，向大同进发。前有坚城，外有援兵，燕军不得不从居庸关撤还北平。西进的计划失败了。随着燕军的撤退，陈质旋即率军夺回了蔚州和广昌。李景隆军势甚盛，朱棣诫谕诸将坚守勿与战。而李景隆鉴于天气寒冷，此次出师的目的在于明春的大举，也便撤还德州。

一场大战在所不免。朱棣也在为之做准备。他进一步与蒙古首领勾结，希望借助鞑军战胜官军。同时，仍然利用他长久镇守地方的影响，继续策反北平周围朝廷的文臣武将，使他们参加自己的营垒。前面蔚州的指挥王忠、李远便是这样的将领。这时，保定的知府雒佥也叛降了燕军。燕藩的初胜，也使他成为那些不满朝廷的人的投奔之地。一些武臣在朝中犯法或者因涉嫌私通燕藩失掉了职务，都纷纷投入燕军。

兴兵征战，致天下不宁，而无数将士抛头洒血，军民难免有怨怼之情。还有一层，朱棣起兵，实早有预谋，此番大战实发端于朱棣欲篡夺皇位。朱棣的宣传把宣战之责推给朝廷，但天下耳目可欺、而天地鬼神之心不可欺，朱棣对此不能无所畏惧。为了收揽人心，也为了超度十余万将士的灵魂，缓天地鬼神之怒，二月三十日，朱棣派第二子朱高煦、三子朱高燧祭阵亡将士，抚恤其家属。朱棣说："天下将士，从皇考南征北伐，宣力效劳，以定天下。迩者奸臣驱其战斗，败死于锋镝之下，不可胜计，深可哀悯。"他命收拾将士的骸骨，给予安葬，以免暴露山野。指挥耿孝等到郑村坝各战场所收达十余万具之多，将它们安葬于北山之原。各坟墓前都树立了简单的标志，还规定墓地内禁人樵牧，有发掘者，治以死罪。朱棣派官致祭而祭文是他亲自撰写的。

那北山之原的新坟，远望如门钉鱼鳞。那一具具血肉之躯，曾经如生龙活虎。虽然今已睡卧黄沙，而白发红妆的思念能割得断吗？料峭的寒风吹散了缭绕的香烟，零落的纸钱随着黄沙飞舞。那高僧的抑扬的吟唱和朱棣假仁假义的铭辞，果然能为十余万鬼魂超度荐福吗？朱棣很懂得宣传的作用。他要为自己开脱，他希望部将心甘情愿地为他卖命。一场新的大战正在紧张的准备。三月初一，朱棣集合兵马举行大阅，战旗一开，将会又有一批人尸抛山野，血洒黄沙。

这时，李景隆驻军德州，郭英、吴杰等驻军真定，逐渐向北推进。经过数月的积聚，李景隆军势甚盛。建文帝欲壮军威、期在必胜，遣中官赐给李景隆以斧钺旗旄，军中得便宜行事。但小有不幸的是中官离京师渡江之时，正遇上大风，那一套钺斧旄旗却沉入水中。有人认为这是不祥之兆。但建文帝不以为意，再派中官北上，务将斧钺旗旄送至军中。李景隆得到朝廷的赏赐和特命，意气更加昂扬。

四月初二日，朱棣召集诸将，商议出兵迎敌。初五，朱棣带领诸将把祭军牙六纛之神，准备出师。第二天大军出城南，驻于马驹桥。随即向武清进发。这时官军也在北进，两军相距不过百里之遥。十六日，燕军从武清派赴德州、真定侦察敌情的谍者回报说，李景隆军已过河间，前峰到达了白沟河，郭英已过了保定，拟于白沟河与李景隆合师北上。朱棣下令继续南下，师驻固安。

郭英

四月二十日，天气闷热，

过早来临的暑气，使一切都显得有点沉重。燕军西渡拒马河，在苏家桥驻营。待营帐扎稳后，朱棣与诸将一起分析军情。他对丘福等说；“李九江志大而无谋，自专而违众。郭英老迈退缩。平安刚愎自用，胡观骄纵不治，吴杰懦而无断。数子皆匹夫，其来无能为也。惟恃其众尔。然众岂可恃也？人众多乱，击前则后不知，击左则右不应。前后不相救，左右不相应，徒多无益也。况贼将帅不专，而政令非一，纪律纵弛面分数不明。”他认为郑村坝之战，就是人多不一定可取胜的例子。他又说：“将者三军之司命也。将志衰则三军之勇不奋，而败迹形矣。其甲兵虽多，粮饷虽富，适足为吾之资耳。尔等但秣马厉兵，听吾指挥，举之如拾地芥。兵法所谓，敌虽众可使无斗。又曰，识众寡之用者胜。吾策之审矣。第患尔等过杀。当谨以为戒。”

拒马河风光图

入夜时分，忽然狂风大作，呼雷闪电，大雨如注，丘垅中的雨水卷着黄泥，流满了沟沟壕壕。雨实在太大了，遍地的积水已无处宣泄，迅速上升，竟达三尺之深。坦荡的原野，一时成了水乡泽国。可怜数十万军士头顶大雨，脚踩黄汤，几乎化作鱼鳖，云低雨猛，植立于地上的刀枪，尖端不放出火球，互相撞击劈劈叭叭，连弓弦也铮铮作响。已经入睡的朱棣，被大雨惊起，营帐内的积水已经过了卧榻，朱棣只好在榻上再叠放交床，坐以待旦。

大雨推迟了战争的进程。这些雄师骁将可以在战场上叱咤风云，却无法和老天爷一争高低。二十四日，天气大大放晴了，地上的积水也已经退去，被暴雨洗过的一切都是那么清新。在泥水中挣扎了几天的将士们终于可以舒服地呼吸了。然而，在使人类为之慑服的大自然的神威暂时隐退之后，人类又恢复了他们自相残杀的本性，造化施予人类的如此美妙的原野竟然要成为血腥的战场。

朱棣下令整顿军队，并带领诸将祭告天地。在朱棣虔诚地拈香施礼时，据说天上有神爵五色出现，飞驻于旗杆之首，祭祀的大礼完毕后渐向西北飘去。祭仪一完，诸将便抢先来向朱棣报告。朱棣说："此神灵告我所向也，必有大捷。"当然，朱棣与诸将不能解释为什么在雷雨中的刀枪放火而且铮然有声，也不知道那五色神爵其实是雨后云影霁光的变幻，但他们却同样希望自己确有神灵相助。他们不愿揭破甚至是故意散布这无稽的神话，不如此便无以壮军威、定人心。朱棣未必不信神，但他从战场形势判断，认为欲战胜官军必须占据白沟河上游的有利地势，才可收以顺击逆之效。白沟河从西北流向东南，它的上游正是西北方向，而这正与"神爵"所指之方向相合。于是，朱棣命令大军向西北循河而进。

朱棣先令百余骑向对岸发炮以造成主力打算在此渡河的假象，朱棣自己却率大军循河向西北进发。日当正午，燕军渡河。不料，官军在河对岸早已埋伏一支兵马，那是都督平安率领的万余骑兵。这平安是一员骁将，曾经随朱棣出塞扫除残元势力，因此对朱棣的用兵甚为了解。李景隆派他做先锋正是出于这种考虑。朱棣见是平安，不免对这位往日的部下有几分轻蔑。他说："平安竖子，往从我出师塞北，频见吾用兵，故为先锋。"平安的出现，迫使朱棣改变老一套的打法。他声称"用兵机变，神妙莫测"，并表示："吾今日破之，要使其心胆俱丧，不知所生。"

平安奋矛率众而前，都督瞿能父子也奋跃而战，燕军先锋大败，死伤甚众，被迫退却。燕军中有一内官名叫狗儿，英勇善战，这时见到燕军败阵，便率领千户华聚迎战冲过河来的官军。百户谷允冲人敌阵，连续斩杀七人，朱棣亲自率军突出敌后，对平安军形成了前后夹击之势。燕军扭转了被动局面。

这时李景隆、胡观、郭英、吴杰等合军60万，号称百万列阵以待。朱棣麾师与官军展开一场鏖战。天色渐渐昏黑。只有官军预先暗藏在地的火器一窝蜂揣马舟时时放出闪烁的火光。一窝蜂，其状有如鸟铳之铁干而稍短稍粗，可容弹百枚。点燃火药后，百弹齐发，声如蜂鸣，远去四五里，所中人马皆穿。一窝蜂以皮条缀之，一人可随身携带而走，战时以小铁足架于地上，其首稍昂三四寸，蜂尾另用一小木椿固定于地。一窝蜂也可以置于双轮木车之上，进退自如，实为攻守之利器。

尽管燕军作战英勇，但也无法抵挡官军火势的凶猛，燕师死伤甚众。双方战至深夜，各自回营。朱棣在混乱之中竟找不到行营所在，只有三人跟随在他身边。朱棣听到水声，下马察看河水流向，辨明东西，判断营帐在上流，仓猝渡河而去。朱棣摆脱了官军，又陆续有走散的骑士加入了他们回营的行列。朱棣追上大军，命令就于白沟河北扎营，秣马蓐食，等天亮渡河再战。

朱棣累了，他进入营帐，解去铠甲，躺在卧榻上筹画着明天的战斗。朱棣步出帐外，环顾四野，遍地都是燕军官兵。行灶中闪动着火光，营帐上缭绕着炊烟。这时燕军骑兵有十余万之众，而他们面对的却是五倍于已的强敌。所幸的是官军多是久不临战的士兵，主帅李景隆又是个只会纸上谈兵的家伙。燕军呢？他们大多久驻边塞，不少将士曾随朱棣北征，特别是燕军中有一些能征贯战善于骑射的蒙古将士，朱棣待之不薄，倚之甚重，他们也甘愿为朱棣效力。胜败之算是没有把握的，但朱棣相信自己的将士，更相信自己的坚毅。仰望星空，繁星满天，那迟到的下弦弯月，刚刚爬上东天。白沟河两岸数十里内的百姓早已逃散了，夜已渐深，将士们也都逐渐睡去了，四野一片死寂。朱棣也返回了营帐。担任宿卫的除了原有的亲兵外，还有刚刚从官军投降来的蒙古骑士三百人。朱棣为表示不疑，就给了他们担任宿卫这样的殊荣。蒙古骑士们也因此对朱棣怀有一种特殊的感情。

天刚刚透亮，朱棣已传令集合队伍准备渡河。他找遍营帐内外，却不见了昨天归降的那些蒙古骑兵。一问，才知道是被燕军中的胡骑指挥省吉杀了。原来昨夜朱棣刚入睡，省吉就让他们解甲释兵而休，接着就把他们都杀了。省吉说是怕这些降人乘夜生变。朱棣不禁大怒，他说："彼既来降，当诚心受之，岂可纵杀！借疑其不诚，必杀其众然后已，且人众，又岂能尽杀！昔李广杀降，终不封侯，尔之功名，由此不显矣。"朱棣擢谷允为指挥，以奖励他临阵的勇敢，他又乘新部署了队伍，令张玉将中军，朱能将左军，陈亨将右军为先锋，令丘福将骑兵继之。天亮时，燕军已全部渡过了白沟河。

官军准备得更为充分，早已列阵以待，军伍延绵数十里。他们没有连夜渡河跋涉之苦，将士们个个精神抖擞，朱棣戒中军张玉、左军朱能等，一定要先摧官军之锋，然后马步齐进。官军首先出战的是瞿能、瞿良材父子。这瞿能是合肥人，其父瞿通在洪武中做到都督佥事，后来这官职便由瞿能继承。瞿能是一员骁将，曾作为四川都指挥使随蓝玉出大渡河攻打西番立有战功，又曾担任副总兵讨伐建昌月鲁帖木儿的叛乱，破敌于双狼寨。燕王起兵后，成为李景隆麾下的一员干将。此前攻北平，不幸遭李景隆之忌，城垂克，景隆命其候大军同进，致使功败垂成。如今再赴战场，瞿能决心大败燕军。他们率兵直捣燕军房宽之阵。平安率兵从旁侧应。房宽哪里是瞿能的对手，一交锋便被杀得大败，数百人被擒杀。燕将张玉见房宽惨败，面有惧色。朱棣振奋精神，鼓励将士说："胜负常事耳！彼兵虽众，不过日中，保为诸君破之。"令丘福等以万骑，冲官军中坚，官军不为所动。于是朱棣率精锐数千人突入官军左掖，高煦与张玉全军齐进。突然，燕军阵后尘起，李景隆军抄燕军阵后杀来。朱棣以七骑迎敌而敌军意竟有三万之众，朱棣连杀数人便驳马而还，须臾又驰入敌阵。左右见朱棣如此且进且退，便说："敌众我寡，难与交持，宜就大军以并力击之。"朱棣说："此贼奇兵，精锐尽在此，故吾独当之，以沮其势，使诸将得以致力于贼众。若我就大军，彼以合力，形势相悬，数倍我众，殆难破矣，"于是复战不已。朱棣深谙兵法之妙，他以小股精骑，牵制敌人大批人马，因而使诸将得以力战，造成局部的以多制少之势。如果朱棣与诸将合流，官军亦合而击之，燕军人少，则难以致胜了。

官军弓箭齐发，直射朱棣。朱棣且战且退，所骑战马接连受伤，先后换了三匹战马，朱棣自身带箭三服都射尽了，便拔剑来击挡拥来的官军，而剑锋又被砍折。在官军逼迫之下，朱棣连连退却，却又被阻于河堤。这时瞿能挥刀杀来。眼看就要追上朱棣，朱棣慌忙撇掉战马，急走登堤，紧急中假装挥鞭，好像在召唤堤后的伏兵。李景隆军疑有伏兵，不敢上堤。倏忽间，朱棣又上马执兵冲入阵中。官军平安，善使枪刀，所向无敌。燕将陈亨、徐忠都已受伤。徐忠两指被砍断，尚有皮肉与手相连，他便自己把它们拽下来抛掉，撕下一块战旗，裹上伤口再战。朱高煦见到朱棣这边军情危急，率精骑千余人前来解救，朱棣见到是高煦来了，大喜过望，说："吾战疲矣，尔进击贼。"高煦的助战使得燕军形势有所好转。薄暮时分，瞿能率铁骑奋勇杀出，大呼灭燕。燕军骑兵百余骑被斩杀，官军越嶲侯俞通渊、陆凉卫指挥滕聚也率众接连扑杀过来。面对官军的凌厉攻势，燕军几乎无法阻挡，皆惊惧失色。

正当燕军惊惧欲乱之际，忽然刮起一股旋风，只见官军将旗嘎然折断，军阵为之所动。朱棣见有可乘之机，便亲率劲骑绕出敌后，与高煦合兵，乘风纵火杀敌，烟焰涨天，官军大败。瞿能、瞿良材战殁，俞通渊、滕聚也相继战死。有位王指挥，本是临淮人，常骑小马，军中呼为"小马王"，战斗中被重创，他脱去身上的甲胄，交给身边的仆从，说："吾为国捐躯，以此报家人。"立马植戈而死。郭英向西退却，李景隆向南逃去，辎重牛马，迤逦逶弃。燕军追至雄县鞞上月漾桥而还。白沟河两岸数十里内断戟残兵，伏尸累累，鲜血染红了河水。这一战官军被杀或溺河而死的达数万之多。

李景隆退走德州，燕军乘胜南下，李景隆再奔济南。

五月初九，燕王命都督陈亨、都指挥张信进入德州城，籍吏民，收府库，获粮百余万，自是兵食益饶。

燕师铁骑长驱南下，官府民间无不汹惧。朝廷的百万大军，竟不堪敌燕藩一隅之地。好个金瓯一般的江山，眼见着便要残破。燕军占领德州后，哨骑已先到了济阳县城外。他捉了一些人，向他们了解官军的虚实。被捉的人中，有一个王省，是济阳县的教谕，也就是县学中的教官。王省被放还，他认为如今朝廷有难，他恨自己是个文人，不能像瞿能父子那样上阵杀敌，血沃沙场；也不能像王指挥那样身披重剑，立马植戈而捐躯。这次被俘，更是蒙受了奇耻大辱。他回到县城，召诸生齐集明伦堂，为他们讲说君臣之义。他说："此堂明伦，今日君臣之义何在？燕王叛逆天道沦丧！"王省大哭，诸生也都痛哭。悲愤中，王省竟以头触柱而死。

千里赴燕上书的高巍，离开北平后只身南下。他的三寸巧舌没能阻挡燕军的铁骑，他料朝廷与燕军之间免不了一番激战。然而，他没想到官军溃如山崩。白沟河之役后，燕师所至诸城皆望风披靡。他刚走出河北便听说了官军惨败的消息，大路上不时见到溃散的伤兵败卒。高巍在临邑遇到了山东参政铁铉。铁铉是一位身负济世之才的豪杰。李景隆北伐，他负责督饷。在他的指挥运筹下，官军粮饷无所匮乏。此时，铁铉正在随军南撤的道中。高巍与铁铉酌酒同盟，感奋涕泣。他们一同来到济南，与都督盛庸相约誓死以守。

燕军留都指挥陈旭守德州，大军拔营南进。十五日，燕军行至禹城，在城北25里驻营。午后，燕军起行，连夜背道而进；拂晓，来到济南城下，这时李景隆军尚余十余万，燕师欲乘其仓卒布阵未定而一举击溃之。李景隆如惊弓之鸟，对突然出现在眼前的燕军又不及防备，一战即溃。燕军得马七千余匹，李景隆单骑而逃。

燕兵列阵围攻济南。铁铉督众悉力捍御。济南为江南屏障，是天下之枢会，为兵家所必争。朝廷升铁铉为山东布政使，召还李景隆，改命左都督盛庸为大将军，右都督陈晖为副将军，以迎战燕军。

济南城池坚固，将士齐心。燕王见不能骤克，便命人射书信入城劝降。而城中也送出一书，朱棣一看，原来是儒生高贤宁所作的《周王辅成王论》，其旨在请燕王罢兵，朱棣自然对之不予理睬。

燕军久围济南不克，便筑堤坝拦截河水灌城。城中将士军民，人心大恐。布政使铁铉镇定自若。他想了一条妙计，一定教燕军三日之内撤兵。铁铉让守城人假装痛哭，大呼“济南急矣，亡无日矣！”撤去防守器械，以示无心防守，随后派千人出城诈降。朱棣见到济南终于投降，十分高兴，军中也为之欢呼。出城投降的人伏地请求道：“奸臣不忠，使大王冒霜露，为社稷忧。谁非高皇帝子？谁非高皇帝臣民？其又奚择焉！唯是东海之民，不习兵革，闻大军压境，将谓聚而歼旃，是失大王安天下、子元元之之意也。请大王退师十里，单骑入城，臣等具壶浆以迎。”朱棣很痛快地答应了他们的请求。以朱棣之智虑，为什么会没能识破其中之计，连城中主帅并未出降这样的明显破绽也未注意？朱棣在白沟河胜后，长驱直下，上百万官军尚且土崩，久围之下的济南城显然已经进退无路了。古来兵匪一家，城中请燕军退避，大王单骑入城也是可以理解的，他们担心投降后还会遭到无辜的杀戮，另外大军虽退，而双方的基本形势并未改变，城中是不敢轻举妄动的。还有一层，朱棣起兵近两年，对这种无休止的征战也有点厌倦。他急于得到济南，如果这样即使不能夺取南京，也可就此切断南北通道，划中原而自守，落得半壁河山。朱棣觉得济南如今已在掌中，于是急令退军。

第二天十八日，朱棣十分得意，乘骏马徐行进城，随行的除为他张设伞盖的侍卫之外，仅有劲骑十余人。他们一行过了桥直至城下，城门为之开启。朱棣进入城门，只听迎接的人高呼千岁。朱棣正在得意时，冷不防从城门上掉下一块铁板，原来是城上早已埋伏好了壮士，只待燕王进城便下铁板击杀之，不料铁板下得稍早，只将朱棣的坐骑砸伤，朱棣大惊，慌忙换了一匹马逃往城外。城外桥下也设有伏兵，相约燕王一旦进城，便断桥截其归路。伏兵见燕王刚进城便又向城外奔逃，仓猝之间挽桥不断，竟让朱棣从桥上逃走。

朱棣上了大当，险些送命。他下令合兵围攻济南。铁铉令守城将士大骂燕贼叛国，朱棣大怒，以炮击城。城将破时，只见城上悬出高皇帝朱元璋的神牌，燕兵不敢再发炮。朱棣起兵，虽口称“靖难”，实为夺位，貌似气壮，心实有亏。他相信武力，但也不能摆脱仍相信冥冥之中有神的主宰。如果高皇帝的神牌也敢轰击，那就使他的口称祖训露了陷，从而失去民心。即使神不怪罪，也难以杜天下人之口。同时，铁铉还召精兵壮士出其不意地袭击燕军，燕军防不胜防，往往战败。朱棣气愤之余也计无所出。道衍和尚，作为朱棣的主要谋士，随时都注视着前线的战局。他见到燕军将士疲惫，斗志消磨，觉得再打下去已经无益，不如休整以后再战，于是劝朱棣撤兵，他说：“师老矣，请暂还北平以图后举。”这时，都督平安将兵20万，北上河间单家桥，意在袭击御河（即运河）切断燕军的饷道。又选善水士兵五千人渡河，进攻德州。燕王不得已而撤军。铁铉、盛庸乘势进击，光复德州。燕守将陈旭弃城而逃，官军军威大振。

在德州激战的时候，朝廷并未能拿出有效的办法遏止燕军。他们再次把燕军退兵的希望放在战场之外。建文帝采纳了齐泰、黄子澄的建议，派遣尚宝丞李得北上，下诏赦免燕王之罪，劝兵罢兵，借以缓和燕军的攻势。燕军其时锋芒正锐，自然拒绝了朝廷的劝说。李得未能完成使命，回到朝中反倒把燕王的道理说了一通。建文帝颇为不满，将其投入监狱。

济南解围德州光复的消息传到南京，朝廷上下一片欢欣，建文帝下令擢升铁铉为兵部尚书。

燕王撤军北还，战场的形势大为改观。朝廷打算乘胜北进。九月，建文帝下诏，命大将军盛庸总率官军北伐，副将军吴杰进兵定州，都督徐凯等屯兵沧州，相互为犄角。

燕军撤退，使在三个月的固守中疲惫不堪的济南军民，摆脱了体力与精神上的重负。他们的坚韧不拔得到了报尝，强敌在城下败北。九月的大明湖水格外澄清。山东布政使特进兵部尚书铁铉在天心水面亭设宴向阖城军民犒问辛苦，用胜利的事实进一步激发忠义之心。

在铁铉坚守济南的时候，有位宋参军曾被署为赞画军务。凡守城之计，铁铉都与之商议而定。如今燕军撤退，他再为铁铉指说天下大势。他说："济南，天下之中。北兵南来，其留守者类老弱。且永平、保定虽叛，诸郡坚守者实多。郭布政辈书生，公能出奇兵，陆行抵真定，南朝诸将溃逸者稍稍收合，不数日可至北平。其间豪杰有闻义而起者，公便宜部署，号召招徕之，北平可破也。北兵回顾家室，必散归。徐沛间素称骁勇，公檄诸守臣，倡义集勇，候北兵归，合南兵征进者昼夜蹑之。公馆穀北平，休养士马，迎其至，击之。彼腹背受敌，大难旦夕平耳。"宋参军的谋划，未尝不是一条迅速破敌之计，果依计而行，也许朱棣会死无葬身之地了。但是，铁铉并未能接纳宋参军的建议。他选择了一条更为稳妥的办法。当然，他也有他的理由。他认为，"军饷尽于德州，城守五月，士卒固甚。而南将皆孥材，无足恃，莫若固守济南，帝率北兵，使江、淮有备。北兵不能越淮，归必道济，吾邀而击之，以逸待劳，全胜计也。"然而二年之后，朱棣竟然舍弃山东而迳渡淮临江，此计也就为失算。

十月初四，燕军回到北平。自四月出师以来，燕军在白沟河力克强敌，且一路乘胜直下德州。此次虽受挫于济南，但从总体上看还是有了进展。朱棣下令整顿兵马，升赏有功将士：

都督金事陈亨升后军都督府都督同知

指挥同知张信，房宽升北平都司都指挥金事

都指挥金事张玉、丘福、朱能、徐忠、李彬、陈文、谭渊、何寿、郑亨、朱荣、李浚、陈旭、孟善、景福、端亮、李远、张安、刘才、徐理、沈旺、张远、徐祥、赵彝、徐亮俱升为北平都司都指挥同知。

济南卫指挥陆荣、济阳卫指挥使纪清、燕山中护卫指挥使火真，指挥佥事王友、王总俱升北平都指挥佥事。

都督佥事顾成升后军都督府都督同知。

其余将士各升一级。

朱棣还遣官祭祀阵亡将士及死于战阵的官军，并派北平知府唐靖祭雄县山川及白沟河之神。

这时，官军仍在北进。平安率军抵达定州，败燕兵于铧山。燕将陈亨重受创，被抬回了北平，不久死去。官军气势正盛。朱棣不愿坐以待毙，他决定以攻为守，率军南进。然而，朱棣并不明言南下，只说去攻打辽

铧山

东，这南下出击的计划只有他一人知道。

大军离开北平东行。时值初冬，干爽的寒气弥漫大地。一阵北风吹过，抚动枯草，卷起落叶。那树上残留的最后一批树叶，也不情愿告别树枝，随风飘零。田地里的庄稼早已收割完毕，裸露的地面上留着一排一排的庄稼的茬头。只是偶尔还有一些没有玉米的玉米杆，掐掉穗头的高粱，还寂寞地站在那里。运河的水一碧见底，在晴空朗日下闪着白光。水缓缓的流着，有点懒散。显得无所事事。自从元顺帝北遁后，运河上便不见了当年帆樯如林，漕船结队的景象。但洪武年间，为了支持北边的军饷，仍须调运大量漕粮。如今南北开战，交通阻断，运河也失去了它昔日的光彩。

东进的燕军也像运河流水一样打不起精神，将士们都不乐有此辽东之行。他们弄不清为什么在官军北上时要离城远征，他们担心会失掉北平。大军行至通州，张玉、朱能不免发问："今密迩贼境，出师远征，况辽北蚤寒，士卒难堪，此行恐非利也。"朱棣闻听此语，不禁一笑。这时他不能不向这两位近臣解释此行的目的。他说："今贼将吴杰、平安守定州，盛庸守德州，徐凯、陶铭筑沧州，欲为犄角之势。德州城壁坚牢，贼众所聚；定州修筑以完，城守粗备，沧州土城，伐圯日久，天寒地冻，雨雪泥淖，修之未易便葺。我乘其未备，出其不意，假道以攻之，贼有土崩之势。今佯言往征辽东不为南伐之意，以怠其心。因其懈怠，偃旗卷甲，由间道直捣城下，破之必矣。夫今不取，他日城守完备，难于为力。且机事贵密，故难与议，惟尔知之。"张玉、朱能闻言，如茅塞顿开，他们既深感朱棣的莫测高深，又羞于自己的愚钝，慌忙叩头称善。

师过夏店，朱棣密令都指挥陈旭、徐理等驾船先往直沽，造浮桥以济师。大军旋即回通州，循河面南。

诸将对大军反折南下，迷惑不解。行伍中不免议论纷纷，而朱棣仍不愿明言，他编造了这样一套神话。他说，夜间他见到天上有白气两道，自东北指向西南。而占书说，"执本者胜"，如今只利于南伐而不利于东征。天象既然如此显示，那是不能违背的。朱棣指天划地顺口道来，就好像是真的得了天命，诸将士谁敢不信。

而朱棣此行，确收到了声东击西之效。驻守沧州的徐凯等早就谍知朱棣率军东征去了。他们为加强防备，派军士四出伐木，昼夜督工修筑城垣，根本未料到燕军会折道南下。燕军越过直沽，避开官军设防的青县、长芦，走砖垛儿、灶儿坡，直指沧州城下。燕军二更起程，一昼夜行三百里竟不为官军所觉。第二天黎明，燕军行至盐仓，与官军的数百哨骑相遇，尽行斩杀。燕军掩至城下。徐凯并不知晓，仍督军士筑城如故，及至发觉燕军已兵临城下才部署军士仓皇应战，许多士兵甚至来不及披甲执兵。张玉率壮士从东北攀薄登城，并派军截断官军退路。经过一场激烈肉搏，沧州城很快便被攻克了，主帅都督徐凯，程暹，都指挥俞琪、赵浒、胡原、李英、张杰等均被擒获。官军万余人被斩首。战马九千尽为燕军所得，数千人作为俘虏。一场夺城之战就这样结束了。

朱棣下令遣散战俘，日暮犹有三千人待遣，这些人竟在夜间全部被谭渊所坑杀。谭渊的暴行，遭到朱棣的训斥。谭渊辩解说："此皆各处精选壮士，今放回，明当复来杀。我尽力以获之，复纵归，以资敌，为害不已，故臣计不如坑之。"

朱棣将直沽的船只调往长芦，所得辎重、器械及降将顺流而北运回北平，同时亲自率军继续南征。朱棣担心驻守德州的官军可能出来邀截，便挥师从长卢渡河，循河而南，经过景州，来到德州城下。朱棣派人到城下招盛庸来战，盛庸坚守不出。燕军大队过后，朱棣自将数十骑殿后，城中官军侦知，派出数百骑兵前来袭击，朱棣回兵败敌，生擒千户苏瓛，斩杀百余人，其余皆降。

十一月十二日，燕军进驻临清，两天后移军馆陶，遣轻骑哨至大名，尽得官军粮船，取粮焚舟。朱棣的目的在于切断南北饷道，并诱其出战。燕军继从馆陶渡河，先后到冠县、莘县、东阿、东平、汶上，并派出游骑到了济宁。

燕军从抓到的盛庸军中的两个运粮百户口中得知，盛庸军已离开德州进驻东昌，其先锋孙霖带兵五千在滑口扎营。滑口在山东平阴县西南30里，是南北大路上的一个军事要地，从来为兵家所必争。朱棣命都指挥朱荣、刘江、内官狗儿率精骑三千余，袭破其营，斩杀数千人，获马三千匹，生擒都指挥唐礼等四人，孙霖仅以身免。十二月二十五日，燕军继进东昌，与盛庸军主力相遇。

盛庸与勿铉闻燕军将至，杀羊宰牛冥犒将士，且誓师励众，简阅精锐，背城而镇，布列火器，毒弩以待敌军。数月前，官军有济南、德州之胜，目前，虽滑口小败而士气犹盛。燕军此次南下，夺沧州、袭滑口，士气也正值高涨，如此必有一番激战。

朱棣甚为得意，他认为此次盛庸由济南南下，是由于粮道被切断从而缺饷所致，而所驻的东昌又素无积蓄，因而庸军将决一死战。破庸军只能以计。庸欲速战，燕则不战，庸欲不战，燕则扰之。他决定自领精骑绕出敌后，选择弱点，从而击之。若袭击一旦得手，大军便鼓噪前进，造成庸军腹背受敌之势，必可得胜。若袭击不便下手，也要骚扰其营以骇其心。

而庸军则想以逸待劳，控制形势，持重而不欲战。朱棣于是亲率精骑冲击庸军之左翼，庸军不为动，再绕出敌阵，冲击其中军。庸军开阵故纵其入，迅即将其团团围住。再说燕军大队人马见主帅出阵，士气风发，个个跃踊，都说见敌不杀更复何待！他们不等朱棣袭击敌后便纷纷冲上敌阵。而庸军中火器齐发，燕军尽为所伤，不得不败下阵来。这时平安又率军赶到，与庸军相合，鏖兵大战，燕王陷入重围而不得出。朱能、周长率番骑奋击东北角，盛庸等撤西南之兵前往抵御，燕王之围稍解，朱能冲入敌阵，奋力死战掩护燕王突围。大将张玉不知朱棣已经突围，拨马冲入敌阵解救燕王，连连击杀数十人，终于被创而殁。盛庸乘势猛攻，擒斩万余人，燕军大败。

时天已大黑，张玉战殁，主力败北，朱棣竟然不知，犹力战不已。待抓到两个敌兵，才得知燕军步军已退。朱棣也仓皇退兵。

第二天，两军又战，兵败如山倒，燕军再大败。败退的燕军便向北撤去，散乱的军伍辎重迤逦数十里之遥，烟尘滚滚，旌旗披靡。朱棣以百余骑殿后，官军步步紧逼。朱棣按辔搭弓，射其先锋，且战且退。及至高煦领华聚等来援，击退官军，朱棣方得逃脱。燕军西北上馆陶，亟回北平。这时，盛庸已将军情驰报真定，吴杰、平安遣官军四出邀劫溃退的燕军。战争是残酷的，燕兵为官军所获，往往有被披面、决目、刳心、剖腹者，就在一个多月前，燕军夺了沧州城，不是在一夜之间就坑杀了三千官军吗？弱肉强食，夫复何言！

燕军退至馆陶，已是腊月二十七日，后有追兵，前有拦截，从馆陶到威县数十里之路燕军竟然走了两天。到达威县已是正月初一。驰骋沙场，马革囊尸，方显出军人之壮勇，而值此辞旧迎新之时，燕军却无此豪情。这时离北平还有近千里之遥，他们必须冲过强敌的防线，才能获得生的希望。燕军退至威县，正遇上真定的官军两万兵马前来拦截。这时燕军已从仓皇混乱的溃退中稍稍缓了过来，溃散的军士大多回到自己的营阵，各级指挥系统也渐渐地恢复，朱棣又可以施展其指挥才能了，他将数千精骑埋伏于沿路，自率十余骑逼近敌军，装做是走投无路的样子。他勒住战马，对敌军喊："我常获尔众，即释之。我数骑暂容过，无相厄也。"敌兵声称："放尔是纵蝎。"他们不知是计，拍马而前，准备捉拿这个穷蹙的叛贼首逆。朱棣且斗且退，将追兵引入伏中，围而歼之，燕军方得夺路北上。

正月初五，燕军在深州再次击破平安、吴杰率领官兵的拦截。终于在正月十六日回到平北。东昌之役，燕军精锐丧失几尽。朱棣起兵三年来，兵败未有如此之惨者。此战之后，盛庸军声大振，建文帝亲自为之享庙告捷。据说，东昌之捷实为王度所谋划。王度，归善人，字子中，少力学，工文辞，以朋德荐为山东道监察御史。王度有智计，盛庸代景隆将军北伐时，王度便向盛庸密陈便宜，终于有东昌之捷。其后，景隆还朝，建文帝赦其罪而不诛，反而予以重用。正当前线东昌取得大捷，壮士们奋勇围追堵截叛贼朱棣的时候，建文帝正在为"凝命神宝"的告成举朝庆贺，"凝命神宝"是一块二尺见方的青玉大印。相传建文帝为皇太子孙时，曾梦见神人传达天帝之命，授以重宝。建文帝刚一即位，有位使者从西方而还，献上从雪山上得到的一方青玉。这青玉二尺见方，质理温栗，实为世所罕见。建文帝后来宿斋宫又梦见天神送宝的事，突然惊醒。于是他便命工匠将此玉琢为大玺，精刻细镂。从二年正月至今费时一年，始克完成。其印文是建文帝亲定，为"天命明德，表正四方，精一执中，宇宙永昌"16字。自洪武建国以来，朝廷各宝玺大多四字，如皇帝之宝，皇帝行宝，皇帝信宝，天子之宝，天子行宝，天子信宝等，其他敬宗庙用"皇帝尊亲之宝"，赐守令用"敬天勤民之宝"，求经籍用"表章经史之宝"，已为异数。此凝命神宝之作，实为特例。但16字之宝却也并非建文朝的发明，宋徽宗政和八年所做的“定命宝”，其文“范围天地，幽赞神明，保合太和，万寿无疆”，也是16字。然而宣和年间，蔡京用事，有此夸张之举不为奇怪，而不久有靖康之祸。如今方孝孺号称正学，黄子澄等忠勤为国，竟在遍地锋火，国事难卜之际有此虚妄之举，实令人有所未安。

正月初一日，建文帝率领群臣告天地宗庙，御奉天殿受百官朝贺。奉天门内外，旌旗蔽天，仪仗林立，鞭炮、鼓乐齐鸣，百官俯伏跪拜，万岁山呼之声上干云霄。建文君臣们仿佛如此一来，便真的受了天命，从此之后便会宇宙永昌了。果真不久，前线便传来了东昌大捷的消息，君臣上下又免不了一通祭享天庙，告东昌之捷的庆贺典礼。与此同时，既然强敌败北，朱棣旋师，原为缓其师而罢免的齐泰、黄子澄，当然要公开恢复官职了。一时朝廷上下，一派喜气洋洋。

再说燕军兵败回到北平，自然要对东昌之役做一番检讨。诸将以东昌无功，纷纷免冠顿首请罪。面对俯伏在地的大小将校，朱棣深为他们的忠诚所感。他请大家都戴上帽子起立还坐。他说：“其失在予，非尔等所致。”然而，他并不是分析东昌之役中指挥上的得失得非，却指出其失在于督责不严，骄纵过甚。他说：“予以尔等皆心膂之士，骁勇善战，爱惜才能，每有小过，略而不问，驯至违律，废弃前功。譬如父母养子，骄爱过之，纵其所为，久则不听父母之命，此岂子之罪哉？胜负兵家常事，尔等但勉图后功，若复踵前辙，虽欲私宥，公法难原，天地神明，亦所不容矣。”慈爱中有威严，督责中有激励，诸将不觉惶恐自责。朱棣知道怎样在失败中保锐气，更懂得如何收笼人心，使其为之效死。他说：“胜负固兵家常事，今胜负亦相当，未至大失。所恨者失张玉耳。艰难之际，丧此良辅，吾至今寝不贴席，食不咽也。”朱棣说到此不禁动了真情，流泪不止，诸将也无不流涕，低头不敢仰视。

二月初七，朱棣命僧人做法会祭奠阵亡将士，朱棣亲临，含泪宣读了自己写的祭文。祭毕，他说：“奸恶集兵，横加戕害，图危宗祀。予不得已起兵救祸，尔等皆摅忠秉义，誓同死生，以报我皇考之恩。今尔等奋力战斗，为我而死，吾恨不与偕。然岂爱此生，所以犹存视息者，以奸恶未除，大仇未报故也，不忍使宗社陵夷。令尔等愤悒于地下，兴言痛悼，迫切予心。”说着，朱棣将身穿的袍子脱下，当众焚烧了，诸将马上上前劝阻，朱棣不听。他说：“将士于予，情意深厚，予岂能忘。吾焚此以示同生死。死者有知，鉴予此意。”朱棣焚罢，悲恸不已，诸将士也都哭声不止。朱棣焚袍与曹操因坐骑踏麦田而割须一样是在故作姿态吗？即使是，其中也不乏痛切的自责，朱棣焚袍是与刘备在长坂坡摔阿斗一样而在作戏吗？即使是，其中也不无对将士的深情。观者无不感动，阵亡将士家属无不流泪。他们说：“人生百年，终必有死，而得人主哭祭如此，夫复何憾！我等当努力，上报国家，下为死者雪冤。”古人也并非都是奴性十足，他们要报效主人，但更愿为知己者、为尊重自己的人去死。死难将士的家属见朱棣如此，都纷纷请求从征自效。庄严肃穆的祭场上充溢着一派激越的壮志，朱棣已经把祭祀变成了一次誓师动员。

回想去年燕军师出北平，僧道衍来为之送行，曾满怀信心地说，此次“师行必克，但费两日耳！”如今众将士败还，不少人都要看他怎样自圆其说。想不到他说：“两日，昌也，自此全胜矣！”道衍不愧是个老谋深算、圆滑机变的和尚。他与朱棣一样，知道士气可鼓不可泄。朱棣说“胜负相当，未为大失”，道衍说：“自此全胜”。他们非常清楚，此役只可胜，不可败。胜则龙飞，败则必死。他们决定再次南征，一雪东昌之耻。

他们进一步激劝将吏，召募勇敢，以图进取。二月十六，朱棣率军南出。行军之中，他把诸将士召到帐中，对他们说：“尔等怀忠奋勇，协

白沟河之战

心同力，临阵斩敌，百战百胜。比者，东昌才战即退，弃前累胜之功，可为深惜。夫惧死者必死，捐生者必生。若白沟河之战，南军先怯懦，见战即走，故得而杀之，所谓惧死者必死也。刀锯在前面不惧，鼎镬在后面不惧，临阵舍死，奋不顾身。故能出百死，全一生，所谓捐生者必生也。举此近事为喻，不必远鉴于古。此实尔等所知也。有惧死后退者，是自求死。尔等毋恃累胜之功，漫不加警。有违纪律者，必杀无赦。恪遵予言，始终无怠，则事可以建，功可以成矣，其懋之哉！”

二十日，燕军驻于保定。朱棣召集诸将商议作战计划。诸将分析说：“定州军民未集，城池未固，攻之可拔。”

朱棣说：“野战则易以成功，攻城则难以收效，况盛庸聚众德州，吴杰、平安颉颃真定，相为犄角。攻城未拔，顿师城下，必合众来援，坚城在前，强敌在后，胜负未可决也。今真定相距德州二百余里，我军出其中，贼必迎战，西来则先击其西，东来则先击其东。败贼一军，余当破胆。”

诸将说：“二百里不为远，我军介两贼之间，彼合势齐进，我腹背受敌。”

朱棣说：“百里之外，势不相集。两阵相对、胜败在于呼吸之间，虽百步之内，不能相救，矧二百里耶！尔等无惮，试观吾破之。”

第二天，燕军移军于紫围八方。时值二月下，虽已见春之消息，但早晚犹寒气袭人，空中水气结露为霜。燕军从保定移军东出，浩荡的大军在雾霭中穿行。刀枪销甲袍服上都结了一层霜花。在一片青蓝之中朱棣穿的素红绒袍本就十分耀眼。这时他的战袍上也结了一层霜花，宛转盘绕，就像刺绣的一条银龙。众将士无不骇异。他们纷纷称颂这是个吉兆：“龙为君象，天命攸归，故有此嘉兆，必获大捷。”

朱棣说：“我与君等御难求生，诚非得已。且帝王之兴隆，历数有在，岂可必得。但冀幼冲悔祸，奸恶伏诛，宗社再安，吾得仍守藩封，尔等亦各安其所。今凶焰方盛，社稷几危，吾日夜深忧，乃不思自奋，而以此为异，是亡惊惧之心，而动安逸之萌也。吾恐蹈沦胥之患矣。”

众将士希望他们拥戴的是一个真龙天子；切盼自己制造的神话变为现

实，而朱棣不得不表示出有所克制。的确，现在谈龙飞还为时尚早，前途并不平坦。他们首先是求生，一有不慎，便可能跌入深渊。

三月初一日，燕军缘滹沱河列营。这里正是官军往来之冲。燕军派出游骑，到定州、真定附近迷误官军，且借机寻战。十二日，朱棣听说盛庸已率军队来至单家桥，便率军由陈家渡渡河迎击，但未能与庸军相遇。朱棣担心盛庸与真定守军会合，往返渡河三四次，急欲与之交战。燕军没遇到敌军，倒在河侧遇到一只猛虎。那猛虎不知是被大军惊吓还是向大军示威，咆哮不止。但虎再凶猛，在数万大军面前也不在话下，壮士们刀剑齐加，不一刻，一只猛虎便毙命了。浩浩大军格杀一只猛虎，实在不足为奇，但朱棣把它看做是得胜的吉兆，军威为之一壮。

及至二十日，燕军才侦知盛庸军在夹河，于是挥军直驱夹河，逼近敌军。

燕军在离敌营40里处扎营。朱棣根据自己的作战经验向诸将指授机宜。他说：

> 贼每列阵，精锐在前，罢弱在后。明日与战，以劲师当其前，摧其精锐，余自震慴。中军常去贼五六里列阵，严整待之。我以精骑先薄其阵，绕其背而击之，如掩扉之势，推之使前。贼行六里，气喘力乏，中军俟其奔过，随而击之，我蹑其后，乘势逐北，贼众必败。慎勿逆击之，贼必致死以期生也。

朱棣非常重视这场战斗，务求此役必胜。他将自己的意图反复向诸将解说，犹恐大家不理解，于是，顺手抽出一支箭，在地上给诸将画了一幅军阵图，再指图详说。诸将围在朱棣周围，仔细聆听。为了更形象明白，朱棣又命军中的军官单独组成一队，逐一教授，反复申令约束，至为详备。

二十二日，朱棣带领诸将列阵前进，中午时分到达夹河。他先派出三骑到敌方侦察，见到官军阵前摆放着火车、火器、强弩、战楯。官军发现这三骑兵从阵前掠过，立即派兵来追。朱棣一直在阵中注意看前方的动静。这时，他勒马搭弓，待追骑将近，只听弓箭一响，追兵中一人应声而倒，追兵嘎然而止。追兵继续追赶，又被朱棣射倒一人。如此连中三人，追兵不敢再追前。于是朱棣命令骑兵一万兼载步卒五千，向敌阵推进。即将交锋时，步从翻身下马，攻官军左掖，官军拥盾层叠自蔽，燕军无法攻入。未战之先，朱棣便派人做了一批木檑，其长六七尺，末端横贯铁钉，钉末有钩。作战时，投向敌方。檑穿入盾中，一时难以拔出，动则牵连，使盾失去防卫作用，士兵再乘其隙而攻之。燕军投掷木檑，官军纷纷弃盾而走，仓促中，所发火器也难以命中，有时反倒烧到自己阵中。官军乱了阵脚，燕军骑兵乘势冲入敌阵，直捣中军。在燕军的冲击下，官军开始溃退。这时，燕中军将谭渊见敌阵尘烟腾起，知是敌军败退，便带军迎击。但败师如潮，势不可遏，谭渊竟在鏖战中被都指挥庄得杀死。时天已向暮，朱能，张武等率大军并进。朱棣也乘昏黑亲率劲骑掩出敌背，与朱能等合军，双方展开一场激烈的混战，死伤甚众，官军都指挥庄得，骁将楚智，皂旗张等皆殁于阵。庄得本为皂隶，因功而擢为军官，在怀来之战中，官军失败，只有庄得一支军完整无损。楚智曾经从冯胜、蓝玉出塞征讨，后率军随李景隆讨伐燕军，每战必奋勇，燕兵只要远望见他的旗帜，便吓得发抖，到此时，因为坐骑陷落，被执而死。皂旗张，不知道叫什么名字，可力挽千斤，每战辄挥皂旗先驱，故名皂旗张。死时犹执旗不仆。这一仗，直打到天色昏黑，才各自敛军还营。

四野一片漆黑，一弯如钩的下弦月只在天上露了一面便向西落去。满天繁星默默地眨着眼睛，它们无法看清这遥远的大地上倒底发生了什么。

朱棣和他的几十个亲从骑兵，找个就便的地方宿营了。他们已经习惯于这种东征西战的军伍生活。午前半天的行军，午后半天的激战，已经使他们筋疲力尽了。他们倒头便睡，把一切都交给来日了。

红日渐渐露出了地平线。平原上的日出，壮美绚丽，散乱的旌旗，横躺竖卧的士兵，战马，帐篷都染上了鲜红的轮廓。朱棣睁开双眼，原地坐起，他看到亲从们还在酣睡，实在不忍心叫醒他们。他伸了伸胳膀向远处望去，不好，怎么四周全是敌兵？原来昨晚在混敌中，他们竟在敌人阵中扎了营。他急忙叫醒了亲从。他们都说赶快撤离，不然将无法逃脱。朱棣看了看四周布满的敌兵，认为如此仓皇逃离，肯定会被敌人发觉而拦劫。这几十个人是无论如何也难以逃脱的。他要大家不要害怕，只有如此这般才有可能安全离开这里。

他下令亲兵们整装上马，镇定自若，引马鸣角，大模大样地穿营而出。官军看到一骠人马穿营而过，而为首的一人气度不凡，正是首逆朱棣。他们怎么会竟在自己的身边？在惊愕中，官军士兵们还没弄清甚是怎么回事，朱棣他们早已穿营而出，待想起追赶，已经晚了。

第二天，朱棣与众将军总结战争失利的原因。他说："昨日谭渊见贼走，逆击太早，不能成功。兵法所谓'穷寇无遏。'我先止渊，令其整兵以待，俟贼奔过，顺其势而击之，为是故也。然贼虽少挫，其锋尚锐，必致死来斗。大抵临敌，贵于审机变，识进退，须以计破之。今日贼来，尔等与战，我以精骑往来阵间。贼有可乘之处，即突入击之。两阵相当，将勇者胜，此光武所以破王寻也。"

朱棣整顿军伍，准备再战。两军摆开阵势，燕军在东北，官军在西南，好一场拼杀，朱棣临阵督战，张奇兵出入阵间，随机应变，一见燕军受敌，即驰赴之。诸将遥见燕王旗帜，辄欢呼震地，军士无不踊跃争进，从早上到黄昏，屡进屡退，胜负未决。双方将士皆已疲惫不堪，各自坐地而息。已而复起再战，相持不退，又用弓矢交相射杀。忽然，东北风大起，尘埃涨天，沙砾击面。官军逆风眦目，咫尺不见。燕师顺风大呼，纵左右翼横击之，钲鼓之声震地。官军大败，纷纷弃兵而走，燕军追至滹沱河，践溺而死者不可胜计。燕军遣散降兵，尽获官军器械辎重。盛庸退保德州。

朱棣战罢回营，尘埃满面，将士无从辨认。等到听见说话声音，大家才知道是朱棣，诸将趋前来见，相视大笑。

此役之初，盛庸颇有骄意，认为此举必摧灭燕军无疑。诸将随身携带了金银器皿及锦绣衣服，准备攻破北平时大举宴会，及至战败，所带物品尽为燕军所得。反观东昌之役，燕军惨败，众将士无不欲复仇血耻，故人人奋励。官军之败，还有一个原因，就是与盛庸互为犄角的吴杰等未能发挥作用。吴杰、平安拥十万之众，本欲与盛庸合兵，但军行至离盛庸八十里，听说盛庸已败，便退回了真定。双方激战时，如吴杰、平安能率众助战，胜负实未可知。即使庸军战败之后，吴杰等赴援，以久蓄精锐之师出击争战疲惫之旅，转败为胜，也是可能的。至于交战之中狂风骤起，而燕军恰值顺风，就非人力所能逆料了。燕军之胜，只可说是险胜。

二十三日，朱棣遣使向北平报捷，不料官军万余驻扎于滹沱河南岸单家桥，道路不通。信使当晚回朱棣军中报告。朱棣自不能容忍。第二天，他率兵北上，往击其营，一战而溃之。

这一天，燕军移驻楼子营。根据朱棣分析，驻在真定的吴杰与平安没能与盛庸合军，是因为吴杰等忌功。盛庸战败，正是吴杰要高兴的。这时该轮到他一显身手，独占其功。朱棣说："吴杰等若婴城固守，则为上策。若军出即归，避我不战，则为中策，若来求战，则为下策。今其必出，破之必矣。"

诸将说："彼闻盛庸已败，必不敢出。"

朱棣说："不然。吴杰、平安拥众十万，不得与盛庸合者，以我军居中，隔离其势。今逗而不出，有旷期失律老师费财之责。"针对这种形势，他制定了一套策略，令诸军伪装解散，托言四出取粮，给敌人造成空虚的假象。敌人得到消息，必然乘虚而来。而燕军一出便回，严师待敌。平安一定会落入圈套。

燕军依计行事，军士解散，四出取粮。又有一些校尉荷担抱婴儿，假做避兵的百姓，奔入真定城，宣传燕军四出取粮，营中无备的谣言。真定守军听说此情，果然决定出师欲袭其不备。

闰三月七日，派出到真定刺探情报的都指挥郑亨、李远等报告，吴杰军现驻滹沱河北，离燕军70里。朱棣暗想，吴杰出城果不出所料。他对诸将说："贼不量力揣智，妄欲求战，譬犹乳犬之犯虎，伏雌之搏猩也。虽有斗，必死随之矣。且盛庸既败，今复来，此天意所欲两败之也。"

朱棣命诸军渡河。时天色已晚，诸将请求明早再渡。都指挥陆荣甚至说："今日十恶大败，兵家所忌，不可济师。"

朱棣非常坚决，他说："吾千里求战，忧贼不出，百计诱之。今其在外，是贼送死之秋。夫时不再得，机惟易失。今时机如此，岂可缓也！借使缓之，贼退真定，城坚粮足，攻之不克，欲战不应，欲退不能，是坐受其蔽。若拘小忌，终误大谋。"说着，朱棣便策马首先渡河。

朱棣相信天命，故常以天吓之，甚至攻打沧州时伪造天象诱说将士，如今陆荣以阴阳家说阻止进军，他反而说不要拘小忌以误大谋。朱棣是一个明决的统帅，他懂得时机对战争的重要作用，他虽不免迷信天命，但似更相信人谋。朱棣的决心，使诸将除了服从没有回旋的余地。

朱棣策马渡河，刘才执辔而从。刘才发现河水较深，骑兵可以渡过，步军、辎重可能会被河水淹没。朱棣立即决定，骑兵从上流渡，步军、辎重从下流渡。成千上万的骑兵穿河而行，流水为之所逼，下游水浅，辎重等得以安全过河。朱棣率三千骑兵，循河西进，走了20里，果然与官军相遇，于是便在藁城扎营。这一天天色已晚，双方只是略作交锋便各自收兵还营了。但朱棣惟恐官军退回城内，便亲率数十骑逼近敌营而宿，以牵制敌军。燕兵犷悍，利于野战，故惟恐官军闭城不出，出又担心其复入。惜乎官军中无人识此机窍。不然，只需坚壁清野，燕军真的会陷入“攻之不克，欲战不应，欲退不能”的局面。用兵不仅在于人众兵强，还在于审时度势，敌己知彼。如此，则先有胜算在握。

初十，双方交战。吴杰军列方阵于西南。朱棣一见不觉失笑。他向诸将指说：“方阵四面受敌，岂能取胜？我以精骑攻其一隅，一隅败，则其余自溃。于是朱棣派兵牵制敌阵二面，而倾尽全部精锐攻其东北隅。双方展开了一场激烈的混战。

朱棣本人带骁骑数百人，循滹沱河绕出敌后，突入敌阵，大呼奋击。平安军中，树有用木头绑缚的望楼，有好几丈高。激战中，平安登楼瞭望，指挥官军发强弩射杀燕军。万箭如雨向朱棣射来，朱棣的旗帜上箭集如同猬毛，燕军死伤甚众。忽然大风从天而降，飞屋拔树，声震如雷。平安无法再在木楼上指挥。燕军乘势四面冲杀，官军大乱，都指挥邓戬、陈鹏被燕军擒获。吴杰平安军退入真定城中。

这一仗，官军损失六万余，军资器械也多为燕军所得。然而燕军虽胜，也颇为不易。第二天，朱棣派人把那面箭如猬毛的军旗送还北平，并写信告诉太子，要谨慎收藏，留给后世子孙看，让他们知道今日御祸艰难。都督顾成是位久经沙场的老将，他从小便随朱元璋起兵，见过各种激战。此时他因被俘已投入燕军，辅世子在北平居守。他看到这面战旗，不禁感动得潸然泪下，他对太子说：“臣自幼从军，多历战，今老矣，未尝见此战也。”所可异者，白沟河，夹河，藁城三战，燕军皆得风助，实为侥幸。

燕军乘胜南下，走顺德、广平、至大名，河北郡县多降附，形势急转直下。

朝廷听说盛庸在夹河败兵，并未能拿出高策对局势有所挽回，而是再次宣布贬逐齐泰、黄子澄，以取消朱棣兴兵的口实。上次齐黄被罢，朱棣不予理睬，此次齐黄被贬，更显见朝廷的无能。朱棣知道朝廷是不会就此认输的，朝廷也知道朱棣更不会就此罢兵。朝廷将齐黄明为窜逐，实派出募兵，朱棣则就此抓住时机，上书朝廷申诉冤屈，争取舆论，暗中秣马励兵以图再战。

郑村坝

朱棣起兵，说是朝廷中出了奸臣，因而称自己的造反为“靖难”。现在“奸臣”已经放逐，朱棣起兵便失去了口实。但根本问题并不在于有否奸臣，皇位的诱惑力越来越强。如果说朱棣起兵之初对“靖难”胜利与否尚无把握的话，那么，现在经过了两年多的较量，朱棣已为自己打出了一个新的局面。固然，朱棣曾在白沟河被困，在济南受挫，在东昌败北，但总的，朱棣毕竟已经打出了北平一隅之地。北平、大宁、保定一带，均已在他的掌握之中，如今更迫使朝廷放逐了它的两位肱股重臣，哪怕是名义上的放逐。时至今日，朱棣能够善罢甘休吗？他能够为朝廷的拙劣策划所欺骗吗？绝对不能。但朱棣懂得，要获得真正的胜利还有一段艰苦的路要走。而且，他十分懂得舆论的力量。如果说，在起兵之时他指斥奸臣乱政，朝廷加罪还会得到一些不明真相的人的同情的话。那么，如今朝廷不计其谋叛之罪，主动放逐所指奸臣，朱棣再不撤兵甚至仍无所表示便于理难容了。然而，朱棣绝不会按朝廷划出的道走。他首先要申明“是非曲直”，向天下宣告自己是无罪受罪，继而，他尖锐指出，如今朝廷不过是“外示窜逐之名，而中实主屠害宗藩之志”，朝廷的既定方针并没有改变。君不见“德州之兵日集”，“复闻召募民间子弟为兵”！他以“叔父”“至亲”的名义要求朱允炆“下哀痛之诏，布旷荡之恩”，既要承认错误又要实际撤兵，不如此，这场战争将继续打下去。按朱棣的说法，曲在朝廷，而且朝廷应该首先撤兵，至于自己则是在被迫自救。球又踢回到朝廷一边。

却说朝廷虽表面窜逐齐黄而仍用其谋，实际上又四处募兵。这时，方孝孺成为朝中的主要谋臣。此人虽博学方正，但缺少机变，不善权谋，与朱棣姚广孝之老谋深算，适成对照。

朱棣的上书送到南京，方孝孺认为这正是缓滞燕兵的机会。他向建文帝提议对朱棣的上书给予回答，可以用来松懈燕兵的斗志。书信往还至少也需一两个月时间。燕军久驻大名，又将值暑热淫雨季节，不战自罢。这期间，官军各路兵马已逐渐集中，只待远路的云南军队来到，便可对燕军展开大战。方孝孺还建议，调辽东军马攻永平，调德州军马扰北平，其根本之地受敌，必然撤兵归援，那时，大军齐集，追蹑其后，定可一举而破燕兵。方孝孺敦促说：“事已垂成，机不可失。”

建文帝听了方孝孺的议论，觉得他的主意不错，决定派遣大理少卿薛岩等赍诏到燕军宣布休兵。又让方孝孺草诏，大致说：赦免燕王父子及

方孝孺

诸将士之罪，使归本国，勿预兵政，仍复王爵，永为藩辅。

四月十六日，薛岩资诏北上燕军，他随身还携带了数千张用小黄纸印的宣谕，到燕军秘密散发，以使燕军将士都知道朝廷的钦令，不要再追随叛贼。

薛岩赍天子诏，来到燕军。朱棣读罢诏书，冷笑说："帝王之道，自有弘度，发号施令，昭大信于天下，岂可挟诈，以祖宗基业为戏耶！"岩等俯伏惶恐久之。朱棣说："诏语如是，尔承命之言何如？"岩曰："但欲殿下释兵，来谢孝陵，则兵可息。"朱棣曰："宗藩阽危，祸难不已，社稷深忧，必执奸丑献俘太祖，以谢孝陵，我之愿也。所典之兵，受之皇考，以为护卫，用备不虞。制度已定，难以更改。今欲释兵，是以徒手待缚，此奸臣谬计，欲以欺人，虽三尺童子不为所罔矣。"朱棣说着手指怒目金刚般的侍卫将士说："有丈夫者！"薛岩惶恐不能回答。诸将士持刀按剑，喧哗不已，要求杀死薛岩。朱棣自然也不相信诏书中关于撤军的许诺，也根本不愿接受朝廷提出的条件。然而，他知道现在朝廷既然放逐齐黄，又派来命使，他也不能表现得气量过于狭窄。现在是他争取天下舆论的时候。他拦住愤怒的将士说："奸臣不过数人，（薛）岩天子命使，毋妄言！"

在众怒目环顾之中，薛岩战栗不已，流汗被体。他倒不一定是怕死，他也感到不解的是在这个场合本当慷慨陈辞，舌战群儒，而如今为什么说不出话来，这样岂不有辱使命了吗？朱棣的话虽为他解了围，但他的心并不因此而安。朱棣对诸将说："吾见薛岩等言媚而视远，此来觇我虚实，非求和也。宜耀武以示之。”于是，他传令各军集合列队，请朝使检阅。薛岩整理衣冠，振作精神，阅视燕军。官军在前线失利，这是举国都知道的事实，但数十万官军为什么竟会与燕军不能相敌呢？薛岩也真想看看燕军究竟如何。薛岩随燕军中官登高阅视，只见燕军营寨相连，一望无边，据说绵亘百余里。营间戈甲旌旗照耀原野，将士驰射操练，钲鼓宣呼，震天动地。薛岩本一介书生，虽身为大理少卿，但未尝亲军旅，如此阵势，他还是第一次见到。燕军如此强大威武的军容，不禁令薛岩暗中咂舌。作为天子命使，薛岩受到款待，在燕军中一连停留数日。他对燕军的更进一步了解，使得他对这场战争还能否打下去产生了怀疑。他来这里，本来是为了传布钦命，劝说燕王，想不到却几乎成了燕王的精神俘虏。

朱棣派中使送薛岩出境。临行，朱棣对薛岩说：“归，为老臣谢天子。天子于臣至亲，臣父，天子大父。天子父，臣同产兄。臣为藩王，富贵已极，复何望，天子素厚爱臣，一旦为权奸谗构，以至于死。臣不得已，为救死耳。幸蒙诏罢兵，臣一家不胜感戴。但奸臣尚在，大军未还，臣将士心存狐疑，未肯遽散。望皇上诛权奸，散天下兵，臣父子单骑归阙下，惟陛下命之。”

薛岩回到南京，向建文君臣报告此次燕军之行。他带回来一个信息，燕军军容整肃，上下一心，战场上既不好对付，用计谋也难于使其上当。

在使命往还之时，燕军与官军之间的较量并未停止，双方都在做出新的布置，毋宁说在酝酿着一场新的大战。

薛岩出使燕军是在四月十六日，五天以后，总兵官盛庸便令驿马传书吴杰、平安，领兵会合德州以图北进。薛岩离开燕营后不到十天，彰德各处及德州的兵马便袭击了燕军的运粮兵，杀死数百人，活捉了指挥张彬。五月十五日，官军再袭击燕军饷道。官军的行动令朱棣不能容忍，总兵官调兵的驿书，又被燕军截获。这些，都成了朱棣拥重为逆的新的口实。为博得舆论的同情，说明曲在朝廷，朱棣于十五日派指挥武胜再次上书朝廷，质问朝廷“遣使息兵”是诚是伪，还表示如此下去，绝不息兵。上书说：

张设机阱，以相掩陷，令人岂能自安？且欲令释兵，可乎，不可乎？德州、真定之兵朝散，我夕即敛师归国，今兵势四集，纲罗四方，不能无畏，是兵绝不可离，离则为人所祸。此不待明者而后知也。

朱棣进一步蛮横狡辩，说自己拥兵是奉了“皇父明训”，他指的是朱元璋在世时曾命他节制北平、辽东、大宁、宣府的军马，既然受命于太祖，那么“岂可委捐”？十分明显，这种狡辩是不合逻辑的。朝廷要朱棣撤兵，可以说与朱元璋命他节制诸军毫无关系。朱棣说，如果朝廷真的“以社稷为重，宗藩为心，宣大信于天下”的话，就不会计较燕军所控制的蕞尔之地了。这就更加无理了。“普天之下，莫非王土，率土之宾，莫非王臣。”如果任何一位亲王都可以凭借武力，随意占领“蕞尔之地”，那将置朝廷于何地？最后，他又摆出一副只有他才是祖业维护者的架子，并企图用“亲亲之义”打动建文帝，而其核心要求是朝廷撤兵：

思维父皇创业艰难，子孙不保，如此之际宁不寒心。今兵连祸结，天下频年旱蝗，民不聊生。强凌弱，众暴寡，饥民逢聚，号肃山林，相扇为盗，官府不能禁制。其势滋蔓，势有可畏。祖宗基业将见危殆，所谓寒心者此也。抑未知虑至此否乎？

夫天下，神器也，得之甚难，而失之甚易。伏望戒谨於所易失，而持守於所难得，体上帝好生之德，全骨肉亲亲之义。我弟周王久羁绝徼瘴疠之地，恐一旦忧郁成疾。脱有不讳，则上拂父皇母后钟爱之心，下负残杀叔父之名，贻笑于万载矣。昔汉文帝称为贤君。“尺布斗粟”之谣，有损盛德，至今人得议焉。诚愿采择所言，矜其恳切，早得息兵安民，以保宗祧，恩莫大焉。”

然而建文帝不为所动，将武胜逮入锦衣卫监狱。

朱棣得知武胜已被逮入狱，知道使节战就到此为止了。它无异于朝廷决定与燕军再次开战的宣言。

朱棣说：“今武胜既执，则志不可转。自古敌国往来，理无执使，但执使，即为挑衅。其所以若此是必欲见灭我矣。岂能匏系于此，为人所制乎？”

朱棣分析官军形势，认为其精锐皆集中于德州，其资粮，皆须经过徐、沛。他决定调轻骑数千，烧其粮船。如此，则德州之饷必不给，众必瓦解。然后严师待之，以逸击劳，以饱击饥，可以必胜。于是，朱棣派遣都指挥李远等率六千骑，扰官军饷道。

为了靠近官军，使之不疑。李远等人换上官军的甲胄，但又恐两军临阵，彼此不分，便约定临战时每个战士都要在身后插上一把柳枝。李远等人直驱东南，渐入官军控制的地区。他们一路来到济宁谷亭、沛县，敌人竟未发觉。李远将军兴以来官军在此的全部积储付之一炬，粮船数万艘，粮数百万尽行焚毁，军资器械俱为煨烬。河水尽热，鱼鳖皆浮死，漕运军士惊骇而散。这一仗不仅使德州驻军的粮饷难以为继，而且震动了京师。盛庸听说官军粮饷被焚，派裨将袁宇领步军三万，邀劫其归路。李远知袁军迫近，便在村中设伏兵，而以少数骑兵将敌兵诱入埋伏。官军大败，战死万余人，损失战马三千匹。

朱棣驻军大名，在派兵赴沛县前后，分兵骚扰彰德。彰德在河南，由都督赵靖率军把守，府东北有尾尖寨，为晋以来所置古堡。地当要冲，路经险隘。官军在此也驻有军队，并动员当地百姓共同把守。以阻挡燕军饷

沛县一角

道，与彰德相特角。朱棣设计，派骑兵数人每日往来于彰德城下，拢其樵采。守军来追则引去。城中乏薪，不得已，往往拆屋为炊。这时朱棣说："贼窘迫，遥见人少，必来追，吾必擒贼，使其闭门，不复敢出。"于是，派人伏兵于城旁山麓，另派几名骑兵到城下诱敌。官军果出城来追，正中埋伏，仓惶奔入城中，从此不敢出城。继而，朱棣派兵进攻尾尖寨。通向尾尖寨的路十分狭窄，只容一人通过。元末大乱，乡民聚众自保，虽仅数百人，但数万兵攻之不能破。朱棣观此形势，认为硬攻不易得手，只会白白死伤士卒。他决定暂缓进攻，待敌人稍有麻痹，再以计攻之。不久，燕军出钱觅得一个熟悉路的人为向导。命都指挥张礼带兵千余，乘月夜往攻尾尖寨。这天傍晚，下着小雨，张礼屯兵寨下。他挑选了勇士十余人偷偷攀登近寨，杀死守关者，留其一人引路直抵寨门。燕军突然举炮，守军惊乱。张礼向寨中大呼："我先锋也，大军已驻寨下，尔等速降则生，不降，其大军且至，即破关，欲降无及矣。"

守寨军民以为其寨不可守，纷纷投降，而林县守军随后也率众举城而降。

尾尖寨既下，朱棣派人前去招降赵清。使人入彰德，说明来意，赵清令其传话给朱棣："殿下至京城日，但以二指许帖召臣，臣不敢不至。今未敢也。"使者回报朱棣，朱棣大喜。他想到了攻下南京之日，天下传檄而定，谁敢不从。

燕军逐渐南进，离北平日远。南进既不能速决，北平则颇有后顾之忧。这时，驻守真定的平安料定北平空虚，便率兵北上进攻北平。官军营于平村，离城五十里，扰其耕牧。燕世子朱高炽督众固守，遣人急驰南下燕王军中告急。朱棣正担心德州的官军可能会乘虚北进，却不想到平安军会进攻北平。燕军急还师至真定。接到世子送来消息，说是北平被围，朱棣召都指挥刘江商议对策。刘江慷慨请行，并表示正在考虑如何对付。这时朱高煦也请求与刘江一同先行北上。刘江说，就这样走不行，如此疲于奔命，徒为敌人耻笑。过了一会，刘江计上心来，对朱棣说："臣策成矣！"朱棣十分高兴，招呼备酒送行。刘江与朱棣约定："臣至北平，以炮响为号。二次炮响则决围，二次炮响则进城。若不闻第三炮则臣战死矣。臣若入城中，既闻外间救至，则守城军士勇气自倍。宜令军士人带十炮，为殿者放炮常不绝声。则远近皆谓大军既来，平保儿必骇散矣。”保儿是平安的小名。朱棣大喜，决定就照刘江说的办。于是，他派都指挥刘江率千余人回北平。令其一路要虚张声势，造成大军回师的假象。他还嘱咐说：

“汝引兵渡滹沱河，由间道而行，广张军声，多设间谍。若遇贼少，可击则击之。”如果“贼众我寡”，便“昼为疑兵，多引旌旗，相属不绝；夜多张火炬，使钲鼓相应。”那样，“贼必谓大军回，惧而不进。汝急趋入北平。若贼来侵境，会守城军兵共击之。”

但虚张的声势，并没有使官军放弃袭击北平的行动。刘江回到北平，会北平守军出击官军，平安才败走，还师真定。

这时这场打了两年有余战争，已经渐入胶滞状态。朱棣大军徘徊转战于北平河南之间，难于向南推进，官军阻止了朱棣的攻势，但却无法从根本上扼制燕军，而燕军骚扰饷道，又给官军带来了很大困难。交战双方都想要摆脱这种局面，都在寻找新的机会。

朱棣一共有四个儿子，长子朱高炽为世子，此时正坚守北平，但朱棣并不十分喜欢他，而更喜欢狡黠聪慧的朱高煦、朱高燧。朱高煦随朱棣靖难军中勇武善战，不仅多次立有战功，而且曾救父于危难，因而最受朱棣钟爱。朱高煦本人当然也觉得凭自己的本领，不该屈居人下。他也明白，如今随父王靖难，目的在于夺取皇位，而朱棣一旦做了皇帝，那世子就会成为太子，成为当然的皇储。这似乎不太公平。如此出生入死，岂能为他人做嫁衣裳！燕府宦官中有位黄俨，与朱高燧甚为要好。他知道朱高燧的心思，也了解朱棣的偏爱。他与朱高燧共谋排陷朱高炽，同样意在取而代之。

陕西布政使司佥事林嘉猷，是方孝孺的同乡学生。他曾因事到过燕王府中，知道朱棣、朱高燧与朱高炽之间的矛盾。这事他曾对方孝孺说过。此时，南北战争相持不下，方孝孺认为这将是个可乘之机。他向建文帝建议利用这一矛盾，使朱棣、朱高炽父子互生嫌疑，迫使朱棣撤兵安定后方。于是，建文帝命方孝孺给朱高炽写信，派锦衣卫千户张安暗中带往北平，送给朱高炽。

朱棣带众兄弟南征北战，朱高炽留守北平，为自身计，当然也会竭尽全力。他知道朱棣并不喜欢他，而朱高燧又处处与之为难，自感处境艰难，因而时刻惕励，事父王兄弟惟恐不谨。这时突然见到朝廷送来密信，不禁大惊。南北兵戈相见，实为寇仇。虽然交战双方信使往还并不逾常情，但既为天子命使，为何不光明正大地送来而要派人潜身密行。且不论信中所言何事，只要朱高炽接了，便会在朱棣面前落得个与朝廷私相往来的罪名；若不接此信，也无法向朱棣解释为何朝廷来人与自己联系。为此朱高炽不免犯难。

朝中来人传书世子。早在北平弄得满城风雨，朱高燧黄俨自然完全知道。他们认为这件事正好为他们提供了打击世子的机会，因而一听到消息，便抢先派人驰赴军中向朱棣报告。

朱棣六军在外，时刻惦念家中，听说北平来人便急忙传进，原来是朱高燧寄信来，说是朝廷与世子通密谋，命其归顺，许封王爵。朱棣不禁大惊。朱棣最担心的是后方不稳，归路截断，朱高燧的话绝非子虚乌有，不敢深信而又不能不信。朱棣与世子之间嫌隙已非一日，他乘自己率军在外面与朝廷联手也并非没有可能。朱棣问这时侍立在旁的朱高煦，高煦自然不会站在世子一边，他说，世子从来便与皇太孙朱允炆相友善，高燧所报绝不会错。朱棣怀疑渐重，且渐生怒火。正在此时，帐外忽报世子信使到。原来，朱高炽与谋臣商议，终决定对朝廷的信不启封，将其连同送信人张安，一同送往朱棣军中，以此表明心迹。朱棣先读世子来信，又拆读朝廷给世子的信，不觉出了一身冷汗，遽然喊道：“嗟乎！几杀吾子！”他下令将张安囚禁。一场风波总算平息。

朝廷仍在继续组织力量以对付燕军。盛庸传檄大同守将房昭引兵南下，房昭由紫禁关东进，袭击保定及周围诸县。房昭动员当地民众上山结寨，其首领授以指挥，千百户之名，房昭带兵驻守易州西水寨。西水寨在万山丛中，房昭打算凭险久据于此，并进而窥伺北平。果能如此，将会对燕军造成威胁。朱棣说：“保定肱股郡，保定失，即北平危矣，岂可不援。”遂下令班师。

八月，燕师北渡滹沱河，至完县，凡各处结寨自守者，悉击破之，朱棣令孟善镇守保定，同时调集兵力，待机破房昭军。这时，谍报探得吴杰遣都指挥韦谅正在率兵万余为房昭转饷。朱棣便决定用切断敌军饷道的老办法，以瓦解房昭军。他说："昭据西水寨，寨所乏粮耳。使真定愧饷入，昭得固守，未易拔也。"他亲率精骑三万，击破韦谅，又令朱荣等以兵五千围定州，朱棣之意以为：房昭军被围，真定守军必来援救，但是不久前吴杰等被燕军战败，惊魂未定，其援兵所进必不锐猛。如果朱棣本人率一支轻骑袭击定州，故意给敌军留出空隙，真定守军必定会乘虚迅速来援。他令燕军据险以待，一旦援军到，朱棣便回师合击，必胜无疑。援军败，寨可不攻而下。

房昭寨久被围困，天已渐寒。而官军多南人，衣单不胜霜月。朱棣令习吴歌者近寨唱歌，以动军士思乡之念。万山丛中夜夜吴歌四起，官军闻之往往泪下，斗志尽解，甚而有偷偷下寨投降者。

九月中旬，朱棣分兵赴定州。官军果然出真定，迅速北援。十月初一，由都指挥花英率领的援兵果然来到易县西南百里的峨嵋山下。朱棣率轻骑五千宵行，是日平明，亦赶来与围寨军合兵。官军都指挥华英、郑琦以马步军三万余列阵待敌，朱棣纵兵击之。朱棣作战的老手法是善抄敌后，这时又令勇士执旗登山，潜出敌后，待占领敌后山头，便大张旗帜。官军见身后已布满敌兵，无不惊骇，斗志全消，纷纷溃败。官军被斩首者万余级，坠崖死者甚众。都指挥华英、郑琦、王恭、指挥詹忠等相继被俘，惟房昭、韦谅走脱。

西水寨既破，朱棣率军返回北平。在此前后，驻守辽东的官军也在向西推进，守将杨文带兵包围了永平，并以游兵万余抄掠蓟州、遵化诸郡县，对北平造成威胁。驻守永平的燕军主将郭亮飞报北平。朱棣立即命都指挥刘江带兵往援。刘江临行，朱棣向其面授机宜。朱棣料定官军闻知北平援军至，一定会退回山海关，他要求刘江"慎勿追之。"

刘江到永平，杨文等果然退回。按朱棣的策划，刘江在永平驻守一段时间，然后大张旗鼓地，整饬队伍撤出永平，说是要回北平。刘江带大队人马缓行出城不过一二程之遥，复又收卷旗帜暗持甲兵乘夜趋回永平城中。官军只知刘江撤出，却不知其撤而复归，杨文等又卷土重来，袭击昌黎。这一形势，完全不出朱棣所料。刘江出其不意，大败官军，斩杀数千人，擒获将领王雄等人。

自派薛岩投书以来，纵观这一时期的整个战场，对燕军并不有利。朝廷的运筹帷幄，也可谓深思熟虑，布置周全。你看，朱棣带师远离北平，吴杰、平安、盛庸等遮其饷道，继而平安乘虚直捣北平，与此同时，房昭从大同入紫荆关，扰保定、易州，杨文自辽东经昌黎同时向北平推进。战场以外与之配合者则有张安行离间之计，弄得朱棣在内几乎误杀世子，在外也只能穷于应付。然而，似乎稳操胜算之局只似与朱棣打成个平手。官军所以不能得胜，固然由于朱棣不敢贪功冒进而断然撤军，维护根本，但究其根本，则因官军诸路未能及时配合，早已错过了取胜的机会。如果在盛庸与朱棣大战未决之时，派房昭出紫荆关、杨文出山海关，直捣北平，以盛庸牵制朱棣主力，使之不得还救北平，则北平未必不能攻克。然而，官军在德州、真定相继失败之后，辽东、大同才先后来会师，而杨文，房昭未能很好地配合，真定之兵又未能尽力阻挡朱棣北还，盛庸在德州又无所作为，最后终被朱棣个个击破。官军的调动运转不灵，朱棣的机变善战，于此一目了然。

朱棣善战，固矣，然彻底打败强大的官军，又谈何容易！

朱棣已经起兵三年，众将士冒霜露，犯矢石，浴血奋战，虽然常乘胜逐北，但也屡频于危，所克城邑，兵去旋复为朝廷守。三年所得止永平、大宁、保定三府，许多骁将勇士战死沙场。朱棣的部下乐意跟随他南征北战，倒并不全然由于朱棣善于驾驭。在他们看来，朱棣是个龙种，他早晚会当皇帝。一旦他做到皇帝，拥戴他的人便都会成为功臣而平步青云。他们实在是为了自己而战。转战三年，风霜雨雪、剑影刀光，使众将士厌倦了。他们迫不急待地要把朱棣抬上皇帝的宝座，自己也好鸡犬升天。现在不是除了北平之外又得了三府吗？就做这几府的皇帝也好！

北平都指挥使张信，右布政使郭资、按察副使墨鳞等联名上表，请朱棣就此即皇帝位，表文中说：

岂期幼冲心志蛊惑，牢不可回，必欲加害于殿下然后已。殿下应之以仁义之师，不嗜杀人，堂堂之阵，正正之旗，节制明而号令肃，故百战百胜，此虽殿下神谋睿算之所致，实以天命人心之所归也。况殿下为太祖高皇帝孝慈高皇后嫡子，太祖高皇帝常欲建立为储贰，以承宗社之重。又况生而神明，灵应图谶，文武仁孝，德冠百王，天之所生以为社稷生灵主，正在于今日。

臣闻之，圣人动惟厥时，不违天命，使汤武有其时而不为，则桀纣之暴益甚，而苍生之祸曷已，是终违乎天命也。汤武岂忍斯民之涂炭而不解其倒悬哉？臣等伏望殿下遵太祖之心，循汤武之义，履登宸极之尊，慰悦万方之望，则社稷幸甚，天下幸甚。臣等不胜惓惓之至。

在北平做个小皇帝，画疆自守，也不是不可以，但朱棣拒绝了这一具有诱惑力的建议。他对群臣说："我之举兵，所以诛奸恶，保社稷，救患难，全骨肉，岂有他哉！夫天位惟艱，焉可必得？此事焉敢以闻？待奸恶伏辜，吾行周公之事，以辅孺子，此吾之志，尔等自今甚勿复言。"

其实，朱棣比诸将士更想尽快地当皇帝，可他也比诸将士眼光更远大，胸怀更雄野。他绝不会偏据北方一隅的，他要做个堂堂正正的大明皇帝。然而这个心事，如今还不能宣布。就此当小皇帝，或明言将来要就大位，岂不自乱了阵脚？他每日高喊的"靖难"岂不一下就戳穿了西洋镜？再者，现在虽有北平、永平、大宁、保定诸府，而天下之大，朝廷之势力未消，真的较量下去，胜负之数并不清楚。当然，朱棣期在必胜，也确有获胜的胆魄。现在权且仍称为保社稷，大不了不过行周公辅成王之事，藏起锋芒，收揽民心，朱棣确是个玩弄权术的高手。遥想乃父朱元璋起事之时，朱升建议他"高筑墙、广积粮、缓称王"，二人一拍即合，收起锋芒，积蓄力量，静观群雄相斗，待其非败即伤时，出而收拾残局，稳稳当当地登了大位。朱棣此举虽然并非出自乃父亲授，但他抓住了权力之学的精髓，也难怪有人称他酷类先帝了。然而朱棣与众将士的这一讨论，毕竟暴露了他们有当皇帝的打算，而朱棣更声称"天位惟艱，焉可必得"，有不得已的难言之隐，此事张扬下去对他的形象极为不利。

朱棣的一番话，并未让群臣死心，他们认为朱棣可能是故作谦逊之辞。这可能也是周公定下的规矩，帝王即位，要有臣民三次劝进，一示帝王谦谦有礼，二示其事顺乎民心，如此弄虚作假的演戏，真可说是中国礼制、民情的最丑陋之处。张信等劝进之后，都督顾成与五军总兵官丘福等来再劝，朱棣仍不允，接着宁王朱权又来三劝，朱棣仍然坚辞。三劝而后，朱棣仍然不允，看来这回是真的了，不可再劝了。

朱棣虽不同意马上即皇帝位，但对众将士的忠心是颇为嘉许的，他心中自然十分高兴。他不能让众将士就此一无所得。他下令大享将士，给有功之臣加官进爵：

都指挥丘福、张信、刘才、郑亨、李远、张武、火真、陈圭升为中军都督府都督佥事；李彬、王忠、陈贤为右军都督府都督佥事；徐忠、陈文为前军都督府都督佥事；房宽为后军都督府都督佥事。后军都督府陈亨之子陈恭袭其父职，纪善金忠升为右长史。其余将校，提升不等。

朱棣大享将士，又将投降的顾成升授为后军都督府右都督，决心再次南征。

燕王被迫还北平，朝廷上下不免沾沾自喜，廷议都说燕师出没劳苦，军力薄弱，用不着担心。他们爱听前线的捷报，并不认为形势会有什么危险，有人甚至故意扣压坏消息而假装听不见。然而形势正在潜伏着危机，一些明眼人已经看得清清楚楚。早在这一年六月，观海卫指挥张寿，酒后不禁说了几句真话，认为国事危急实堪忧虑，不料这话犯了当政者的大忌，观海被以“妖言”罪处死。

建文君臣提倡以儒家学说治国，一向约束宦官甚严。尽管宦官奉命出使、监军等是皇祖朱元璋留下的陋规，但自那时起，宦官便不得为所欲为。后来一些中官奉使四方，依势侵暴吏民，各处多有上告。朱允炆下诏所在有司逮治，决不留情。这一严厉措施，颇招致了宦官们的不满，其时河北、山东战事方殷，这些宦官都希望燕军能够得胜。如此不仅可以报仇，还可因拥戴之功将来肯定不会吃亏。于是一些被黜的不法中官，先后北上投奔了朱棣。就是那些仍留在南京的，也无不怀有二心。如今朝廷倾全力阻击燕军，致使燕军迟滞河北，不得南进。而相对之下，南京的防卫却显得空虚。这些宦官们便悄悄将南京空虚之状密报燕王，意在诱其避开大军，直捣南京。

宦官们所提供的消息，使得企图摆脱不进不退的困境的朱棣，豁然开朗。他慨然叹曰：“频年用兵，何时已乎？要当临江一决，不复返顾矣！”于是，他决心直下南京。

这时官军主力全在河北山东一带，把守南京门户的是驸马都尉梅殷，这年十二月朝廷派他为总兵官镇守淮安，防止燕军南下。

梅殷，字伯殷，是河南侯梅思祖的从子。据说他天性恭谨，有谋略，尤长于弓马。洪武十一年，成了朱元璋的乘龙快婿。朱元璋的大女婿李棋，是韩国公李善长之子。洪武二十三年，李善长牵连到胡惟庸案中被杀，这时李棋早已死了。梅殷在诸女婿中便为长了。在16个女婿中朱元璋最喜爱梅殷。那时，曹国公李文忠典国学，梅殷受命巡视山东学政，因为事情办得出色，朱元璋曾经赐敕褒美，夸赞他精通经史，堪为儒宗，当世无不以为荣耀。

朱元璋晚年，诸王势力强势，他颇为之忧虑。他曾把梅殷密秘召到身边，嘱咐他将来辅佐皇太孙。如今燕王发难已经三年，日渐南逼，正是梅殷出力之时。他召募淮南民兵，号称40万之众，严阵以待。朝廷还派左军都督佥事徐真，右军都督佥事马傅率偏师北进御敌。

梅殷

朱棣出师之前亲撰祭文，祭奠天下阵亡将士。被祭奠者不仅有燕军中之阵亡者，也还包括官军中之战死者。不管朱棣如何公开宣传，他心里很清楚，这场战争实际是他发动的。驱天下之兵马于刀兵之阵，陷南北之人民于祸乱之中，即使上天不谴责，民心也是不会嘉许的。朱棣惯于争取民心的手法，他的祭奠，不过是想让更多的人为他去死，杀了人，还想让人称颂他的仁义之心。与此同时，朱棣还将在永平擒获的辽东指挥王雄等71人释放，令其归还本卫。王雄等临行前，朱棣向他们进行了一番说教。当然仍是“奸臣浊乱朝纲，废成法屠我诸王昆弟以危社稷”，因此不得已而起兵的一番话。但这时朱棣不仅以释放战俘故意示恩，而且又常把天下生民挂在嘴边。他说：“每战擒获将士，思其皆我皇考旧人，为奸臣驱迫战斗，盖出于不得已，实非本心，念其皆有父母妻子朝夕盼望，悉放遣之。故今亦释尔等。”据说，杨文军队在蓟州、遵化一带纪律不佳. 给无辜百姓带来不少祸患。朱棣抓住这一点，指斥杨文暴虐，这不仅更显己之高致，而且意在离间其上下之心：“归语杨文，所敌者在予一人，百姓男女，老弱婴儿何罪？淫刑惨酷，使人痛心，不忍闻也。夫善恶报应，捷于影响，杨文不有人祸，将必有天殃。”恩奠大于活命，看来朱棣此举收到了效果。王雄等无不被感动得痛哭流涕，对于杨文则颇生怨愤之心。王雄说道：“杨文诚得罪于天，无所逃其责。臣等愚昧，为其所诱，罪宜万死。今蒙陛下再生之恩，当陨首为报。”朱棣此时释俘，更有深意。他每当南征，总不免后顾之忧，辽东一翼之官军如同他心腹之患。如果王雄等回到辽东能对杨文有所掣肘，那么他的南征便可大大放心了。

十二月十二日，朱棣誓师南征。他要争取民心竭力把燕军打扮成义师。但古来兵匪一家，少有行军不祸及无辜者。朱棣虽然指斥了辽东宫军的残暴，但他同时感到也不能不对自己的部下加以约束。他说：“靖祸难者，必在于安生民。诛乱贼者，必先在于行仁义。生民有弗安，仁义有弗举，恶在其能靖祸难哉！今予众之出，为诛奸恶，扶社稷，安生民而已。予每观贼军初至，辄肆杀掠，噍类无遗，心甚悯之。思天下之人皆我皇考赤子，奸恶驱迫，使之夫不得耕，妇不得织，日夜不息，而又恣其凶暴，非为致毒于予，且复招怨于天下。”

“今我有众，明听予言，当念百姓无罪，慎毋扰之。苟有弗遵，一毫侵害于良民者，杀无赦，其慎之。”

半个月后，这时已迫近除夕，大军驻营蠡县汉河。燕军的目的是避开真定和德州的守军，从二者之隙直插山东进入淮北。但德州与真定之间，也不一定会毫无阻挡，时刻都可能遇到官军的游骑。朱棣首先派李远带八百骑兵侦察官军动静，扫清道路。

官军也并未因为新年而放松戒备，大年初一，李远来到藁城，便遇上驻守德州的都指挥葛进领马步官军万余人渡河北上。李远兵少，不能硬拼，他抓住战机，乘官军渡河未毕，出兵击之。官军见到燕兵冲来，稍稍退却进入林间，意在邀李远来战。官军见李远兵少，不免有些轻视。李远一退，官军便追，殊不知这是李远诱敌之计。李远乘机分兵潜入敌后，把官军的马匹全部放跑。李远突然反攻，官军退却，发现马匹已经不见了，军心大乱，李远带兵乘势冲杀，官军大败。这一仗官军被斩首四千余级。许多军士溺水而死，不少马匹落入燕军手中，葛进仅以身免。

燕军首战得胜，朱棣极为高兴，赐玺书慰劳李远，称赞他的轻骑八百，出奇应变，破敌万人，其功壮伟，即与古代名将相比也不为过分。特别是这是新年的第一天，本来寒冷凄穆的军旅之中顿时充满了喜庆气氛。朱棣下令对能奋忠效力的李远所部将士加以褒奖，前锋交战都指挥以下以至于军校，皆升一级。

与燕军南下的同时，官军则在北上。他们想在朱棣退回北平时候乘势出击。平安带领数万兵马从真定出发，打算收复通州，朝廷正月初一下令魏国公徐辉祖率京军往援山东。李远在藁城击败的葛进，即是官军北上之先锋。朱棣锐意南进，又派朱能带一千轻骑往衡水哨探，正与平安北进之兵相遇。不幸的是平安的兵一战而败，损兵七百余，失马五百余，指挥贾荣也被生擒。

朱棣挫败了东西两翼之敌，便带兵从馆陶渡卫河下东阿，拔东平，陷汶上，所至克捷。再向前去就是孔子的老家曲阜了。但他并未进曲阜之境。既然是自称仁义之师，那么在圣人面前便不能不装得是通达情理的一般。他对诸将说：

孔子之道，如天之高，如地之厚，如日月之明，参赞化育，师表万世。天下非孔子之道无以致治，生民非孔子之道无以得安。今曲阜阙里在焉，毋入境，有犯及一草一木之微者，杀无宥。邹县孟子之乡，犯者罪如之。

这场战争，不仅是军事上的较量，也是道义上的抗衡。朱棣越来越强烈地意识到争取军心民心的重要性。在经过馆陶时，朱棣见一士兵因病卧倒在道旁。他立即命身边的人牵过自己的从马，让病员骑上，未想身边的人都说，大王的从马士卒不宜乘。朱棣说：“人命至重，马岂贵于人乎？今病卒不能行，不以马载之，则遂弃之耳。战用其力，病而弗顾，是爱人不如爱马也，宁辍马以乘之。卒既获济，马复何损！”传统哲学中，从来就有一种思想，认为天地之间人为贵。一次，马厩失火，孔子得知消息，首先便问是否伤人。朱棣借题发挥，无非是说自己得了孔孟的真传。

然而与之对垒的一方，同样也举着孔孟之道的旗帜。他们为维护朝廷，用血肉写出了一个“忠”字。杀身成仁，舍生取义，绝不是一句空话。

燕军攻破东平，守城的指挥詹璟被执，知州等长官都逃得无影无踪了。本州有一位吏目，名叫郑华。他本为临海人，在洪武年间任行人司行人。建文初年被贬为东平吏目。官位虽变，君臣之义不变，官职虽小君臣之义不小。他眼见即将城破地失，深感有愧君恩。他对妻子萧氏说：“吾义可死，奈亲老汝少何？”是啊，他一死方便，撇下年老的父母年少的妻子岂不要受罪。心有上下君臣之义，岂无父子夫妇之情！这萧氏也是个深明大义的，他对丈夫的壮举极为感动，她说：“君能为国，妾独不能为君乎？”萧氏痛哭泣下，大泪滂沱。这泪既为丈夫的壮举而流，也为夫妻的情义而流。无论如何，郑华感到十分满足，他能以身殉国，实践他最高的道德理想，同时又能如此为妻子所理解，即使在九泉之下，他们还会在一起的。郑华帅吏民凭城固守，力不支，不食五日而死。

燕军继续向南进，正月十五日攻沛县。本城知县名颜环，字伯玮，庐陵人，是唐代大书法家鲁国公颜真卿之后，聪敏介直，能文章，善事父母，友于兄弟，睦于族姻，乡党称其六行无异辞。建文元年，朝廷征求人才，伯玮以贤良应选，受命担任了沛县知县。燕王起兵之初，李景隆屯兵德州，淮北民终岁转饷。颜伯玮善为规划，调度有方，使民不告劳而使德州粮饷不困。建文三年六月，燕军掠济宁，游兵过沛县，沛人窜匿，伯玮设法招徕。后为阻止北军南下，朝廷命于此地设立丰沛军民指挥司。颜伯玮乃召集民兵五千人，筑为七堡，坚守待敌。但后来由于山东战事告急，三千人被调去充实前线。所存仅疲弱不堪战斗之兵。这时，燕军突然南下，伯玮知力所不敌，便派遣县丞胡先百夫长邵彦庄密至徐州告急。但援兵竟久而不至。伯玮知道败不可免，便命其弟颜珏、其子颜有为还家侍父，让他们告诉父亲，“子职弗克尽矣！”而自己下定决心与城共存亡。伯玮徘徊庭下，壮志满怀。来到察院，不禁题诗壁上：

太守诸公鉴此情，只因国难未能平。
丹心不改人臣节，青史谁书县令名！
一木岂能支大厦，三军空拟筑长城。
吾徒虽死终无憾，望采民艰达圣明。

他知道自己位卑人轻，其力难以挽回天下大势，虽不敢想望垂名青史，但既为人臣便当尽臣节，而临死犹不忘救生民于水火。二十二日夜二鼓，燕军攻破县城东门，守城指挥王显竟开门投降了。颜伯玮见自己尽节的时刻已到，便仔细服好冠带，登上公堂，向南礼拜，痛哭大呼：“臣无能报国矣！”自颈而死，时年50岁。古语云：“谋人之军，师败则死之，谋人之邦，国危则亡之”。伯玮受百里之命，素志已定，视死如归，实有古君子之风。他的儿子走到半路，不忍离开父亲，又回到城中。在堂上见到父亲已为国尽忠，悲痛而又感佩，毅然自刎于父亲身边，成全了自己的忠臣孝子之志。

燕军进城，主簿廖子清，典史黄谦也都被执。燕将想释放廖子清。子清不愿偷生，表示“愿随颜公地下”，慷慨就义。燕将又派黄谦往徐州招降，黄谦坚决不从，也从容赴难。

燕军进逼徐州，支将王聪进攻萧县。知县郑恕率众拒守。城破，郑恕殉难。这郑恕，字本忠，乃是浙江仙居人。其居乡时治尚书，攻苦食淡，虽鱼釜尘甑，未尝萌干求锱铢非所当得之心。一室萧然，学徒数十人，惟端坐讲授，皜皜乎高风劲节，无有半点亏缺。宁波知府闻其贤而贫，署为昌国县学训导。知府派人携书币来聘，郑恕不愿为官，偃蹇不欲接聘，朋友交相劝说，始就任，不久即升为萧县知县，因留心抚民，为民所爱敬。

在关键时刻能识别大义，甘愿赴汤蹈火，没有平日的修养之功是不行的。他们人在孔孟之乡，心亦在孔孟之乡，他们的言行绝不是为了给人看的，他们虔诚地忠实于自己的信仰。如果看一看能赴义守节者均为熟读圣人之书的文臣，开城迎降或临阵叛逃的多是习于鞍马的武将，问题就更加清楚了。朱棣当然不能等同于一介武夫，但他口称的“孔孟之道”，也不过是廉价的宣传品，是说给人听的，因为他发动的这一场驱人于白刃的战争，本身便直接违背了孔孟君臣父子的教诲。

朱棣此次南下，本在长驱直入。但以徐州当南北咽喉之地，又未必不想夺取。即使夺取后弃之而南进，也可使徐州的守军不敢摄其后方可。况且这时燕军已令各营军士四出筹集军粮，正是燕军虚弱易遭攻击之时。朱棣与诸将商议了一个破敌之计。

燕军伏兵于九里山下，且以百余骑藏于演武亭。朱棣命几个骑兵往来徐州城下，挑逗城中守军出城。官军虑有埋伏，坚守不出。燕军见状便在城外烧毁民房又向城中大喊大骂，有一个骑士还向城上射了一箭。直到傍晚，这些人才撤回。第二天，这批人又来到城下挑战。城中守军不胜气愤，便打开城门，派五千人渡河追击燕军。追兵刚渡过河，只听一声炮响，燕军伏兵冲出，官军仓促应战。这时，朱棣本人带领几名骑兵绕出敌后，断其归路，使敌人腹背受敌。官军崩溃，众人争相夺桥入城。不料，桥突然断裂，士兵们纷纷落水。被杀死或溺水而死者，竟有三四千人之多。守军吃了这一亏之后，再也不敢出城，哪怕是燕军单骑往来城下，也不为所动。燕军在徐州城外逗留近将一月，得以从容整修筹粮，竟不受城中守军干扰。

燕王准备开赴宿州。宿州是朱棣外祖父徐王的老家。这徐王姓马，是高皇后马氏的父亲。元朝末年，马公以杀人亡命定远。在那里他结识了郭子兴，并把自己的三女儿托付给郭子兴。这三女儿后来被许配给朱元璋，就是后来的马皇后。朱元璋做皇帝的时候，马公及其妻郑氏都已经死了。他们并没赶上好日子。洪武二年，朱元璋追封马公为徐王，郑氏为王夫人，并在太庙之东建立祠堂供奉烟火。祠堂落成之日，马皇后亲自奉安神主，在祝文中自称“孝女皇后马氏谨奉皇帝命致祭”。洪武四年，朱元璋又命礼部尚书陶凯到宿州的坟前立庙，朱元璋亲自撰文致祭。马公夫妻在黄泉之下落得个身后之荣。

宿州就在眼前，朱棣告诫众将士说闵子乡是外祖徐王坟之所在，无得骚扰，违者不宥。既然朱棣一再标榜自己为高皇后嫡生，受到父母的钟爱，便不会放过这一可用以张扬的机会。他派都指挥李让前往徐王坟致祭，并颁钞锭赐给徐王亲族。因为在军旅之中，朱棣不愿拿也拿不出更多的东西去换取外祖之乡感戴。他想这一万锭纸币就够了，反正这时纸币还值些钱。不用说元朝近百年间是通行纸币的，就是洪武年间也仍然强制推行纸币，民间如有擅用金银贸易的是要问罪的。

燕军到宿州，仍担心徐州守军会从后面追赶上来。于是他派留都指挥金铭带领游骑到景山一带哨探。且告金铭以退敌之计。官军探得金铭孤军在后，便来追赶。但金铭并不惊慌，他们列队徐行，乍进乍退。官军见此状，怀疑金铭是朱棣所设的诱敌疑兵，因而不敢上前交战。金铭故意拖延时间，估计大军已经走远，便引军渡河南下。金铭来到河边，官军也已赶到。这时只听炮声大作。官军以为是中了埋伏，慌忙退却准备迎战。在官军尚未布阵完毕时，金铭已乘乱过了河。原来，朱棣事先在河对岸只布置了都指挥冀英等少数几名骑兵，约定金铭等来到河边时鸣炮，造成设伏的假象，以掩护其过河。官军列好阵，见到河对岸并无伏兵出现，倒是金铭已经逃之夭夭，赶赴与主力汇合。官军深悔失计，但眼看着放走敌军而无可奈何。

燕军继进蒙城，驻于涡河。这时，官军主力已了解到燕军南进的意图，回师追击，平安的马步军四万人率先赶到。

朱棣命朱高煦守住大营，自己率精骑二万人带三日干粮到离开大营百余里的地方设下埋伏。他设想滨河一带林木丛密，平安军必定怀疑有伏，而肥河一带地平少树，平安军一般不会怀疑燕军在这里设伏。他命令每个士兵都要准备一束火把，使列道相连。他还告诉留守大营负责警戒的士兵如见到举火，便是与敌人发生了大战，守营大军可以相机而行。一火既举而众火相应，敌人误以为遇到了燕军主力，必会惊慌溃散。

但朱棣在此接连埋伏了几天，粮食差不多吃完了，也没见官军的踪影。诸将沉不住气，纷纷请求回军，朱棣态度坚决，他断定明后天官军一定会来到。第二天，各位将领又纷纷请求回师，这时是马无刍藁，士无粮食，他们认为这是“未遇敌而先自困。”朱棣并不为诸将的请求所动摇，他心中自有成算。他说：“贼引众远来，锐竭求战。彼深知大军南行，必袭我后，若败其前锋，则众夺气。”他打了个比方，说这如同锐利的兵器锋芒一旦摧折，其刃自钝。朱棣仍劝众将按甲于此，再耐心等待一段时间。诸将拗不过朱棣，只得听从命令。

这天傍晚，朱棣命令胡骑指挥款台带领几名骑兵前去侦察情况。他虽劝说诸将，其实他内心同样焦急。他辗转反侧，几不成寐。四鼓时分，只听营外一阵轻捷的马蹄声，他料定是款台侦察回营，便一跃而起。他急于了解到敌人的情况，以证自己的决策是否正确。款台向他报告说敌军已经在离淝河40里的地方下营了，他们都听到了敌人的更鼓，根据情况判断，敌军将到我们这边来。朱棣听到此，仿佛一块石头落了地，几日来紧锁的心情顿时舒展。他脸上渐渐露出得意的神色，他料想这又是一招胜算而无疑，不禁说到：“贼入吾彀中矣！”

天刚亮，朱棣便命胡骑指挥白义、正真、都指挥刘江各领百骑出兵迎敌，仍然用诱敌入伏的老计策。他们将大部分人连续埋伏在沿路，而以十余骑掠过敌营并对敌人侮辱谩骂，挑其出战。他们商定，若敌来追，便不战而退，直到与伏兵相合。上次从徐州南下，都指挥金铭带兵诱敌，是以虚当实，官军惟恐有伏不敢追击，上了大当。而这次诱敌，是内实外虚。朱棣料定，敌人接受上次不追击金铭的教训，一定会再次上当。

白义、王真他们还按朱棣所说在行囊中装满了草，伪充束帛，用以诱敌。遇敌追，则弃之于地。

这天中午，白义等果然与敌军相遇，这正是平安所率的官军主力。平安见到燕军不过几名散漫的骑兵，立刻下令追来。王真等佯败走，行囊纷纷堕地。一些追兵利于财货，竞相拾取。这一跑一追不觉已走了20里，突然燕军埋伏呼喊冲杀而出，王真率壮士直冲官军鏖战，官军死伤无算，王真在燕军中风称骁将，猛虽猛，但后军不继，被平安军包围了数匝。王真受了重伤，仍杀敌数十人，他的力量渐渐不支了。王真知道自己不行了，便说：“我死也不能死在敌手。”于是自刎而死。王真是燕王的爱将，是咸宁人，洪武中，起于卒伍，积功至燕山右护卫百户，燕兵起攻九门、战永平、真定，下广昌，徇雁门，从破沧州，追南兵玉滑口，俘获七千余人，累迁都指挥使。燕王曾对臣下说："诸将奋勇如王真，何事不成！"此时见到王真战死，真是痛如剜心。

这时，平安带三千骑兵驻立北岸高坡，朱棣平安麾下有一位胡骑指挥火耳灰者，这人素号骁勇，他本在燕王帐下供职，后来因公务调往京师，现在竟在前线与燕王对阵。只见他手持稍直奔朱棣而来，眼看离燕王就差十余步了，十分危险。正在这时，只听一声弓弦弹响，飞出一箭，正中在火耳灰者的马上。那马倏然倒地，火耳灰者从马上滚下，燕军一拥而上把他生擒了。火耳灰者部下有一个哈三帖木儿，也是个骁勇过人的骑士。他看到火耳灰者被擒，竟毫不犹豫地持稍冲突来救，没想到又有一箭射中其马，哈三帖木儿同样成了俘虏。燕军还想用同样的方法擒获平安，但平安早已逃得无影无踪了。这一仗，燕军还抓获了林帖木儿，所擒者都是青一色的胡骑，斩首数千余级，获战马80余匹。

仗刚打完，诸将便向朱棣叩头祝贺。至此，他们方佩服主帅的料事如神。幸亏朱棣没有听他们的话，否则真可能丧失此破敌的机会，那可要犯大的错误了。朱棣对诸将的恭维十分得意。他毕竟有大将风度，善于收拾人心。他说："卿等谋非不善，而事或有相乖。无苦自贬抑。但有所欲言则言之。勿惩偶不中而遂默。安危与卿等同之。"是啊，他们生死的命运已经系在一起了，诸将的忠勇是绝对可靠的。既要突出自己，又要让众将感到自己的感情无处不在，这是居人上者不可缺的一项艺术。

火耳灰者被释放后不但没离开，仍在燕营中效力，而且成了朱棣的带刀宿卫。朱棣身边的人都耽心火耳灰者的忠诚，认为他虽然是燕军旧部下，又素称骁勇，但在官军中时间久了，其心难测，令其举刀在主帅身边是不适宜的。朱棣听罢哈哈大笑，说："彼皆壮士，况有旧恩！令复生之，必知所报，毋用怀疑。"于是火耳灰者被命为指挥，哈三帖木儿为百户。诸将都叹服朱棣的坦荡胸怀和推诚任人的大度，心中更暗自确信自己在侍奉一位明主。然而他们根本想不到，在火耳灰者投奔燕邸之初，即已与朱棣以生死相许，这些憨直的蒙古人是不会轻易背其旧主的。他们在阵前接连被擒获，这其中难道没有一点奥秘吗？

第二天，朱棣派遣胡骑指挥薛脱欢领军前往宿州哨探，那里是敌人重兵所在燕军南下可要闯过这一关。这时，燕军已深入到官军牢牢控制的地区，不但远离藩邸，而且四面都是敌军，随时可能遭到围击。燕军欲胜只速战一策。而敌军此时正驻宿州，广积军粮，作持久打算。朱棣知道与官军硬战是不划算的。他决定仍用釜底抽薪的办法，派兵骚扰粮道，切断其供给。他派都指挥刘江将兵三千往徐州阻截官军粮道。刘江竟然趑趄不前。朱棣大怒，欲将刘江处死，在诸将竭力乞请下才获免。朱棣又派都指挥谭清领兵百余再往徐州。他到徐州遇到运粮官军运粮船便进行袭击，颇取得了一些胜利。既而谭清又循河而南，至淮河五河口。这五河在凤阳府东北，东南有漴河，西北浍河、沱河，东北潼河并于此合流入淮，故称五河口，地之西北有上店巡检司。位于涣水（浍水）和淮河的交界之处，是官军运粮车船的必经之地。谭清带兵沿水陆烧毁运粮车船不可胜计。谭清回军走到了大店，不料遇到了官军。谭清兵马少，受到官军包围。谭清且战且行。在危急之中，只见前面烟尘滚滚，杀出一标人马。谭清不免大惊，但定睛一看，那人马之中大旗上分明写着一个“燕”字，原来是朱棣亲自带兵赶来接应。随之冲杀的有火耳灰者，出入敌阵，手杀十余人。官军退却，谭清引众突围而出，反过来又与朱棣合兵向官军反击，官军大败，向南退去，宿州失守。

官军向南退却，燕军随后缀之，前后相距十余里。朱棣派遣都督陈文、李远前往淮河哨探，击败了淮河守军，夺了他们的几百匹马还差点夺了他们的浮桥。

四月十四，官军在前，燕军在后，相继来到小河。小河又名睢水，西自河南永成县流入，东至睢口，注入黄河。朱棣说：“贼势窘迫，必求一战，我据险以待之，使进则槛其吭，退则拊其背，不日之内可擒矣。”他命令都督陈文、内官狗儿去河北要冲之处断水为桥，令步兵辎重先渡过河，骑兵随之，然后派兵把守此桥，以困敌军。

第二天，何福率官军沿河布阵，绵亘十余里，张开左右两翼，缘河向东推进。朱棣带领骑兵应战，官军骑兵不是燕军的对手，败走。何福命步军蜂拥而上，争夺渡桥，又为陈文战败。何福率军上前应援，两军展开游

黄河

战，斩陈文于阵中，官军乘势冲杀过桥，平安转战至北坂，挺枪向燕王刺来，眼看就要刺中，而平安的坐骑忽然马失前蹄，蹶地不前，燕军番将王骐见燕王危急，冲入阵中，拽起燕王便走。朱棣二子朱高煦率都督张武，内官狗儿率一批勇士突然从林间冲杀出来，与朱棣率领的骑兵合为一股，声势再起，官军不能阻挡，大败。

燕军越杀越勇，前后斩杀官军两万余人，不少人争河而南溺死水中，尸体堵塞，河中一时为之断流。官军将领丁良、朱彬也成了俘虏。这时，官军退回南岸，燕军也不能过河，两军隔河相持。

几天过去了，战事并无进展，只是天气越来越热。这时官军的粮食已使用尽了，士兵只能采野菜充饥。朱棣得知官军的情况，说道："贼众饥甚，今与之相持，彼居南岸，便其馈饷。更一二日，运粮稍集，贼众得济，难以破之。"朱棣想乘官军粮饷不济之机，一举打败官军。于是，他下令留下守桥士卒千余人不动，暗中亲自带大军辎重向东转移，在离官军三里的地方，乘半夜渡河到南岸，绕到官军之后。燕军调动完毕，官军竟然没有发觉，到了第二天早晨才发现。于是官军马上又将队伍调转，与燕军对阵。

二十二日，燕军与官军在齐眉山发生了一场激战。这座齐眉山不是在易川西南百里的齐眉山，当年平安引真定之军援救房昭，曾经败绩于易县齐眉山。这座齐眉山在安徽凤阳府灵壁县西南三十里。山八字开，如同两道眉毛并列，因此称为齐眉山。两军激战，自午时至酉时，互有伤亡，不分胜负。此时大雾弥漫．战阵中难辨敌我，于是双方各自收军还营。

第二天一早，官军乘大雾撤离营地。大雾虽然可以隐蔽军事行动，但也给行军带来不便。官军竟然在大雾中迷失方向，在山麓绕了很久而没能离开原地。到中午，雾气散尽，官军发现仍在原地，不禁大惊，而此时燕军已经追来，官军被迫拒守，挖壕堑以御燕军。官军所到之处，都要挖壕筑垒，有时，士兵通宵修筑好的壕垒即将完成，第二天一早又放弃撤离，为此士兵疲惫不堪，使战斗力大受影响。与此相对的是燕军行军，不挖堑壕，不筑营垒，只是分布队伍，列戟为门，因此将士可以得到充分休息。

但是，燕师长驱南下，深入朝廷统治的中心地区，所遇的阻力越来越大。不仅在粮饷供给上而且在后继援军方面，官军都占有优势。另外，当时天气已经日渐炎热，主要是湿气薰蒸，使来自北方的士兵大为不适，他们体力困乏，甚至染上疾病。多日的相持，使燕军产生厌战情绪。一些将领纷纷向燕王请求择地休息士马。二十三这一天，诸将相继来到燕王帐下，又向燕王提起此事。他们说："今我军深入，与敌相持。盛夏行师，兵法所忌。况淮土燕湿，暴雨连作。我军畏热，倘生疾疫，则非我之利。"他们七嘴八舌提出解决办法，有人说："小河东平野多牛羊，且二麦将熟，粮食充足。若渡河西择地驻营，休息士马，观衅而动，万全之道也。"

面对众将的请求，朱棣不免心焦。他已经几天没有解甲了。他没想到诸将会如此畏难，他颇有愠怒，说道："兵事有进无退！"接着，他又耐下心来对诸将解释说："卿等所见，拘于常算，非知通变者也。夫两敌相持，贵进忌退，今贼众屡败，心胆俱丧。粮道匮乏，士有菜色，日夜待餔，众志荡离，亡在旦夕。"长自己的志气，灭敌人的威风，是一个统帅必备的素质，朱棣也很善于此道。他又说："我所以引其南来者，贼军多南士，久劳于外，孰不思家，若大败之后，各归故里，岂复能合？"朱棣很巧妙，他把本来是南军的优势反说成是弱点，若说思乡，燕兵远离故土，不是更要思归吗？朱棣可称得上是个诡辩家。接着他又说不能渡河的理由。他说："一渡小河，懈我士心，且贼粮饷已达淮河，相去不远。如敌得到粮饷接济，军势复振，我军便难以与之久战了。今应乘彼饥疲，截断其粮道，可以坐困，不战而屈之。”最后，他又强调说：“我军深入，利已在我，不可少缓，容贼为计。”孤军深入，为兵法大忌，朱棣硬说形势有利，诸将当然不能满意，所以仍然七嘴八舌地提出反对。这时，只有朱能站出来，支持朱棣的意见。他说：“用兵未必常胜，岂可因小挫系自阻？项羽百战百胜，竟亡；汉高履败而终兴。自殿下举兵以来，克捷多矣，此小挫何足置意，但当以宗社为重，整兵前进耳。”朱能说罢，朱棣大为赞赏，抚掌叹道：“尔言深合吾心。”

诸将听燕王与朱能都这样说，虽然不同意但也都不作声了。朱棣知诸将仍旧不服，但此时他已不能强行命令，他想试探一下有多少人愿意跟着他走，他估计多数人可能会支持他。于是他说：“有欲渡河者从左，不欲者右。”此话一出，多数纷纷站到了左边，只有少数几个人站到了右边，而王忠立于中间，不做可否。朱棣见众将的表现大出所料，不禁怒道：“欲渡河者，任其所之！”诸将见朱棣发怒，也都不敢再说了。这是一次决心与意志的较量。最后，燕王还是以其坚忍不拔，取得了决策的主导权。

战争胜负，往往在瞬息之间，而粮饷则是军队的命脉。朱棣决定派兵截断官军粮道，并以此分散官军兵力，他派遣朱荣、刘江等将领轻骑出击。他嘱咐说：“若贼众，尔等且战且行，以扰其力，慎勿与鏖战。引之渐近，可驰来报。”

当时官军何福欲移军就粮，朱棣亲自率大军紧随其后，白天命游骑扰乱官军的樵采，夜间派勇士偷袭官军营地，使官军不得休息被迫分兵护粮。而朱棣为此又是几天不解甲了。

四月二十五日，何福带军移至灵璧，与平安合兵。并筑深堑高垒，想以持久战拖垮燕军。但朝中馈饷受阻。当时朝廷馈运粮五万石，平安率马步军六万人押饷。二十七日，朱棣率精锐万余人前来截断饷道，并派朱高煦带数万人伏于林间，以待官军战疲，突出击之。结果官军在燕军冲杀下被一截为二，行伍大乱。这时，何福动用在灵璧的全部兵马前来援救，斩杀燕军数千，燕军的攻势才稍被打退。而此时朱高煦在林中的伏兵又起，朱棣又带兵反击，形成对官军的夹击之势。官军渐渐不支，何福遂败走，退入营中，堵塞垒门，坚守不出。

因为军粮不济，何福军不能长久支持，这天晚上，何福与军士谋划突围。他下令要求军士到第二天一亮，听到三声炮响便开始突围，向淮河一带就粮。第二天一早，朱棣不给何福喘息之机，率大军向官军营垒发起进攻。朱高煦带众将士率先登上营壁，众人蚁附而上。这时燕军发出三声炮响，营中官军以为是自己突围的信号，纷纷向营门涌去，两军相遇，官军猝不及防，大乱。营门拥挤无法冲出，许多人从营壁上向外跳下，掉在堑壕，被燕军杀死。指挥使宋瑄力战而死，何福单骑逃去，平安遂败。左副总兵都督陈晖前来援救，也败。于是陈晖、平安以及右参将都督马溥、都督徐真、都指挥孙成等37人都成了燕军的俘虏。同时被俘的官员还有内官四人和监军副都御史陈性善、大理寺丞彭与明，钦天监副刘伯完、指挥王贵等150余人。燕军缴获马匹两万余。燕军攻破营垒，朱棣一再传令不许妄杀，官军因此投降的达十万人。这是官军空前的一次惨败。

御史陈性善

平安久驻真定，屡次打败燕军，曾斩杀燕军骁将数人。燕将都对他惧怕三分，无人敢直接与他交锋。现在平安被俘，燕军欢声动地，说：“平安，平安，吾属自此获安矣！”燕军官兵无不想将平安处死，但朱棣深知平安的指挥才能，不忍将其处死。朱棣派都指挥费瓛等将陈晖、平安等人送往北平。平安感朱棣不杀之恩，终于投降了燕军。对于在军中被俘的文

大理寺

官，朱棣将他们一律放还。但陈性善自感监军兵败，有辱诏命，无颜再见皇上，便郑重地穿好朝服骑马跃入河中自杀了。其友黄墀、陈子方也同他一起投河自杀而死。彭与明撕裂冠裳，改换姓名与刘伯完等都不知去向。王贵因监护军饷而被俘，被朱棣释放后，走还凤阳，跟随知府徐安参与防守任务，仍与燕军作战。

在朱棣带兵南下，北方空虚之时，建文帝接纳了齐泰、黄子澄的建议，调都督杨文，率领辽东兵十万前往济南，与铁铉合兵，以断绝燕军的后路。但这支军队行至直沽，便遇到了燕将宋贵等人的拦击而失败，竟无一人到达济南。

泗州位置图

在南方，朱棣的军队继续向南挺进，五月初七到达泗州。泗州在凤阳府地界内，在府正东偏北210里。南滨淮河，有汴水自城北向南流入。凤阳府是朱元璋的老家。朱棣一进泗州境，便百感交集。他从就藩离开南京，就一直没有再到凤阳来，他又想起了当年与众兄弟们一道回老家祭祖坟的情景，父亲太祖高皇帝希望他们个个成才，以支持大明江山，没想到高皇帝一闭眼大家便兵戈相向，但此时燕军大兵压境，泗州竟是一片和平景象，毫无战争的准备。难道他们对不久前近在咫尺的灵壁发生的战斗一无所知吗？

大军开到泗州城下，只见城门洞开，守城将领指挥周景初等早已率众等候在城外，原来他们是要献城而降的。周景初先命人通报了姓名，然后向朱棣施礼。朱棣说："未攻城而先降，何也？"周景初说："此处寺中有一僧伽神最为灵验，水旱疫疫必祷于神，有疑必卜问，吉凶悉响应。殿下兵未至，臣等斋诘祷于神，问'降与守孰吉？'是夜梦僧伽神告曰：'兵临城，速降则吉，不降则凶。'是以即降。"朱棣说："人心之灵，妙于万物，尔先觉，故神亦告。"朱棣大喜，下令为周景初等人升爵。周景初不战而降，并说托神的旨意，也许是一段附会的故事。有人怀疑周景初早已暗中通结燕军，上面一段话，不过是为了掩人耳目。看其投降后马上被升爵，便可知这种推断大致不错。

在泗州使朱棣浮想联翩的，还因为这里是朱明皇室祖陵的所在地。祖陵在泗州蠙城之北，是朱元璋祖父朱公的墓。朱元璋出身贫寒，祖父之墓最初不过一抔黄土。朱元璋即皇帝位后，不仅加修了封土，而且设了祠祭署，有一名奉祀官专门管理祭祀，设了陵户293户。到洪武四年，又在此地建立了祖陵庙。庙中奉祀德祖、懿祖、熙祖的神位。洪武十九年，朱元璋命皇太子朱标前往泗州修缮祖陵，在祖陵郑重地埋葬了三祖帝、后的冠服，这祖陵尽管虚多实少，却极具象征意义。在宗法君主制社会中，对祖宗的崇拜是至为神圣的，更何况是皇帝的祖宗！

朱棣带领部下拜谒祖陵，不禁涕泣沾襟。他说道："横罹残祸，几不免矣。幸赖祖宗神灵庇佑，今日得拜陵下。霜露久违，益增感怆。尚祈终相庇佑，以清奸慝。"朱棣拜毕，在陵前伫立良久，又前后左右看了半天才离去。

这时，一些住在祖陵周围的父老乡亲也络绎来到军门。这时朱棣的王号早被废除，论身份，不过是庶人，但他毕竟是龙种而且此时他带大兵压境，将来南京的宝座落在谁手，还不一定呢。父老们前来见朱棣，真说不上是欢迎他或拥戴他，更确切地说，他们不过作为第三者，坐山观虎斗，最终乐见其成而已。朱棣很高兴地接见了各位乡亲父老，赐给他们牛酒及钞币，并加以慰问，然后命人送他们离开。

淮河是进入京师（今南京）的第一道屏障。燕军兵临淮河，使京都朝野大为震动。大将盛庸带领马军、步军数万人、战船千艘，列于淮河之南岸。燕军列于北岸，与官军相对。

渡淮河向南京进军的路线有三条，一是走凤阳，二是走淮安，三是直趋扬州。朱棣召集诸将，商议行动方案。有人主张先取凤阳，切断官军援军之路，发大兵进攻滁州，夺取和州，集船渡江，再派一支军队，向西攻打庐州，夺取安庆，这样便可控制长江天险。另一些人说应先取淮安为根本，然后攻打高邮、通、泰，直抵仪真、扬州，这样可以放手渡江，无后顾之虞。

但这两条路线都有困难，朝廷为堵截燕军南下，已在凤阳、淮安等地布置了重兵，当时担任凤阳守将的是都督同知孙岳，知府是徐安。孙岳为防备燕军，早就大修战守器械，甚至将朱元璋所修的寺庙拆毁，用其木材制造战舰，并加紧操练，使楼橹戈甲都合阵法。知府徐安亦带人拆毁浮桥，断绝舟辑以遏止燕兵。再看淮安方面，当时镇守淮安的是驸马都尉梅殷，梅殷是朱元璋之女宁国公主的丈夫，于皇族是至亲，与朱棣称兄弟。梅殷以总兵官身份镇守淮安。梅殷悉心防御，号令严明。朱棣攻破何福后，便想从淮安南下。他派人送信给驸马都尉梅殷，说是要到南京进香，请求梅殷借路。梅殷自然知道朱棣不过是找个借口，义正词严地说："进香，皇考有禁，不遵者为不孝。"朱棣得知梅殷此言，大怒，又一次写信给梅殷，说："今兴兵除君侧之恶，天命有归，非人所能阻。"但梅殷决不示弱，他命人将使者的耳鼻割掉，并对他说："留汝口为殿下言君臣大义。"这是朱棣的一根最不能触动的神经。兴兵发难，本是乱臣贼子，有何君臣大义，燕王为之气沮。

这样，燕军南下，从泗州只有突破淮河直趋扬州一条路可取，朱棣说："凤阳楼橹坚完，所守坚固，非攻不下，恐震惊皇陵。淮安高城深池，积粟既富，人马尚多，若攻之不下，旷日持久，力屈威挫，援兵四集，非我之利。”他提出乘胜鼓行，直驱扬州、仪真，因为这两城防守单弱容易攻取。而得到仪真、扬州之后“则淮安、凤阳人心自懈，我耀兵江上，聚舟渡江，夺取镇江，连攻常州、遂举苏松及江浙，西下太平、抚定池州、安庆”。到那时，“江上孤城，岂能独守”。朱棣为诸将描绘一幅顺利夺取南京的美妙图画。但实际上，选取从中路突破的方案也是客观形势决定的。

方案既定，朱棣便摆出一副要渡河的架式。他命将士将船只靠在岸边，编造竹筏，扬旗鼓噪，虚张声势。与此同时，朱棣命丘福、朱能、狗儿等带数百人西行20里，偷渡淮河。这里官军并无防备。燕军过河，从后面逼进军营，鸣炮发起进攻。这突降的燕军，使官军一时摸不清头脑，营中大乱，指挥官盛庸无法控制局面。在混乱中，盛庸来不及上马，被部下架上了船，才得脱险。燕军偷袭成功，官军不战而溃。大批战船被燕军缴获，大队人马顺利渡过淮河，同日，燕军攻克了盱眙。

五月十七日，朱棣派遣都指挥吴玉前往扬州招谕。官军在扬州设防严密，但扬州守将分战降两派。扬州卫指挥王礼便是主张举城投降的一个。监察御史王彬、镇守指挥崇刚坚决抗战，夜不解甲，婴城固守。他们发现了王礼的异常举动，便将他囚禁了起来，其党徒也都被关入了监狱。朱棣命人射箭送信给城中，曰明有能缚王御史降者，给予三品官。但王彬身边常有一力士相随，此人可力举千斤，人们惮于力士的勇武，无人敢靠近王彬。王礼的弟弟王宗，为救其兄，便给力士的母亲送了大批礼物，通过她将力士骗出，乘王彬解甲而浴的时候，将其抓获。千户徐政、张胜等带领舍人吴麟等数十人将王礼从监狱放出，并抓获了指挥崇刚，开门迎降。崇刚、王彬不屈而死。可以看出，当时朱棣的势力早已暗中伸延到南方，王礼等的出降是早有预谋的。当时与朱棣暗中勾结的，还不止王宗、徐政、张胜、吴麟这些，另外，扬州卫指挥佥事李政，扬州卫舍人柳琮，扬州卫副千户王仪等都是拱手而降的。

五月十九日，朱棣带兵至天长，扬州卫的王礼等一行人便赶来军门求见了。燕军不费一刀一兵，扬州城便落入燕军手中。朱棣命王礼同都指挥吴庸等谕下高邮、通州、泰州，接着扬州府高邮等卫指挥王杰率众来降，

姚善

通、泰相继归降，扬州府江都县知县张本也率众来降。二十日，燕军西上六和，打败驻守官军。至此，江南的门户已完全打开，燕军加紧整备舟师以待渡江。

燕军控制了江北郡县，朝中君臣忧心如焚。二十日，建文帝下罪己诏，并派御史大夫练子宁、右侍中黄观、翰林修撰王叔英、刑部侍郎金有声、国子祭酒张显宗等四出征兵，号召天下勤王，同时将被放逐的齐泰、黄子澄召还共同策划防守大计。苏州知府姚善，宁波知府王琎、徽州知府陈彦回、松江同知周继瑜、乐平知县张彦方、前永清典史周缙等，先后起兵入卫。建文帝命姚善兼督苏州、松江、常州、镇江、嘉兴五府之兵。

当时燕军往来于江上，沿江南北郡县纷纷秘密投降了朱棣。京师内外臣民读了建文帝的诏书，惟有恸哭而已。

这时，方孝孺向建文帝献策说：“事急矣，宜以计缓之，可遣人许以割地，稽延数日，东南募兵当至，北兵不习舟楫，我借长江天堑，与之决战于江上，胜负未可知也？”建文帝乃请得皇太后之命，派遣庆城郡主前往燕军议和。

庆城郡主是朱元璋从兄蒙城王朱重的四女，辈分上应是朱棣的从姐。亲叔侄之间的纠纷，现在要由这位堂姐来调解了。作为女人本不得参预国事，但此次燕兵南下，实是宗亲之内自相残杀，既是国事，又是家事。战场上不得解决的问题，能否用骨肉亲情感化呢？五月二十五日，她渡过浩浩江水，登上北岸，又经过层层防守来到这纯粹是男人的世界。自从朱棣于洪武十三年就藩北平后，他们就没见过面，想不到会在此时在战场上相见。朱棣离座迎接老姐姐的到来，他们都已显得老了，特别是朱棣，几年中风餐露宿，有时几天身不解甲，看得出脸上的劳碌风霜，但比过去显得更雄健英武了。朱棣见了郡主不禁流泪痛哭，说道：“我父陵土未干，我兄弟频见残灭，害人之忍心，有如此乎？且一入谗臣之言，即如胶漆不可解，至亲之言，纵倾吐肝心，如水洒石。今我之来，岂得已哉！”郡主听此言也泪下沾襟，朱棣先声夺人，这位长于深宫的郡主当然不是对手，竟说不出话来。朱棣问道：“周、齐二王安在？”郡主说：“周王召还，未复爵，齐王仍被拘之。”郡主想起了来此的使命，请朱棣允许割地讲和。朱棣老谋深算，哪里听得进去这话呢？他心里早知“此奸臣欲缓我以俟外兵耳。”朱棣振振有词地说：“吾受皇考封土且不能保，割地何用，且吾来，欲得奸臣耳，在清朝廷、奠安宗社，不在土地，吾分地自有皇考所命者，富贵足矣，不愿赢余。但得奸臣之后，竭孝陵，朝天子，求复典章之旧，免诸王之罪，即还北平，祗奉藩辅，岂有他望。此奸臣欲姑缓我，以候远方之兵耳。我岂为所欺哉！”面对朱棣滔滔不绝的申辩，郡主无以作答，沉默良久，只得辞还。朱棣送郡主走出营门，又对郡主说：“为我谢皇上，我与皇上互亲相爱，无他意也。幸不终为奸臣所惑耳！为我语诸弟妹，吾几不免矣，赖宗庙之灵垂佑，相见有日也。”朱棣的话中，不难感到一种得意的神采：第一，我不吃你们那一套；第二，我就要进京了！

朝中上下，期盼郡主此行可稍缓燕军，及郡主还京，说朱棣无意停止南下，无不大惊。建文帝问方孝孺，他说：“长江可当十万兵，江北船只遣人尽烧之矣，北兵岂能飞渡？况天气蒸热，易以染疾，不十日，彼自退。若遽渡江，祗送死耳。何足以当吾师！”

按方孝孺的判断，北兵不至于立即渡江，这样，四方援兵便可赶到。但他没有想到的一个因素，是沿江卫所有不少将士早已暗中投降了朱棣。

燕军面对长江天险，确实是遇到了困难，北岸的船只多已被焚毁，用什么渡江，这要靠众将士齐心协力了。于是有人出主意，挑选了一些老家在南方善于泅水的士兵，用猪皮囊充气环系在腰间，泅水偷渡进入南岸，对南方的船只能夺的夺，不能夺的予以焚毁。几天中，燕军夺了不少船，也毁掉了官军的许多船。

燕军中有一个士兵叫作钮阿卜，本是燕山卫的一名士卒。但他的老家在江苏。长期离乡在寒冷的地方当兵，早就厌倦了。燕兵进到江北，又勾动了他的思乡之情，他决定一走了之。于是悄悄离开军营，凭着年轻时练就的好水性浮水过江，逃回老家。没有想到，阿卜在靠近南岸时却遇上了官军的运粮船。官军健卒都抽调到作战部队中去了，运粮的都是老弱士兵，他们对突然出现在眼前的燕军士兵惊骇不已。这真是麻杆打狼两头害怕，阿卜在官军运粮船前也担心被捉。于是他故作声势，壮起胆来向运粮官军大声恫喝说："燕兵即将大举过江，你等要想不死，就赶快随我投降，否则将会被杀得一个不剩！"阿卜本想将运粮船吓走，自己好逃脱；没想到这些运粮老弱军士竟真的跟着他投奔了燕军。阿卜逃跑回家没成却立了功，后来得了奖赏并被提拔。

六月初一，朱棣命都指挥吴庸集合高邮、通州、泰州的船于瓜州，命内官狗儿，领都指挥华聚为前哨，进至浦子口。浦子口与京城隔江相对，是离亦城最近的北岸港口，朱棣可能是要做一试探，看能否在这里渡江。官军在这里设防严密，燕兵遭到激烈的抵抗。大将盛庸在浦子口迎战燕

瓜洲古渡

军，将其打得大败。一仗下来，燕王感到虽然京师近在咫尺，可是并不容易攻克，况且长江天险在前，渡江也是个大问题。难道就此罢手，议和北还吗？朱棣决不甘心于功败垂成。方在迟回之间，朱高煦带领蒙古骑兵赶来。朱棣心头的一缕浮云一扫而光，立刻振起了精神。他仗剑，一手抚着朱高煦的背说："勉之！世子多疾。"的确，每到征战的关键时刻，都赖朱高煦的缓急相救，因此他得到朱棣的深深倚重。远在北平担任留守的世子朱高炽，怎能与这个跟随左右驰骋疆场的儿子相比呢！朱高煦也自恃勇武，又多有战功，希望能得到更多的宠幸，朱棣"世子多疾"的暗示不是说他将来有可能代替世子吗？可惜朱棣英鸷洞彻，目前，这场与侄儿之间的拼杀尚未了局，又种下将来诸子兄弟之间拼杀的祸根。朱高煦听了父亲的话，大受鼓舞，带众与官军拼死战斗，很快扭转了战局。

高资港在长江南岸，与江北瓜洲渡相对。朱棣大兵集中在瓜洲。此前派狗儿等到浦子口不过是去探一下虚实，盛庸判断燕兵可能会在瓜洲渡江，因此在高资港严阵待敌。朝廷感到大战在即，恐盛庸独立难支，便派遣都督佥事陈瑄率领舟师前往援助，但陈瑄却降了燕军。这时官军担任监军的，是兵部侍郎陈植。陈植亲临江上，慷慨誓师，决心遏燕军于长江以北。但官军中有个都督名叫金甲，却倡言燕兵不可抗，不如缴械迎降。金甲遭到陈植的严厉斥责，被指为不知逆顺，不懂君臣大义。他恼羞成怒，竟将陈植杀死，投降了燕军。临阵之际官军将领的纷纷叛变，使官军力量大遭破坏，盛庸已成孤军。

而此时朝廷中暗中与朱棣勾结的大臣，也不断派人前来向朱棣献渡江及入京城之策，江南的防守，已从内部垮了下来。朱棣决定抓住战机，强渡长江，向帝都发起最后的冲击。

六月初二，朱棣带领部属来到江边，面临江南已经设好香案牺牲。旌旗肃穆，幡带当风，将士们列队而立。在渡江人前朱棣要亲祭大江之神。几年的征战，能否成功就在渡江一举了。他希望江神能够保他们顺利渡江。朱棣带头向江神恭敬地礼拜，众将也随之行礼。礼毕之后朱棣从侍者手中接过祝文，高声朗读道："予为奸臣所迫，不得已起兵御祸，誓欲清君侧之恶，以安宗社，予有厌于神者，使不得渡此江。神鉴孔迩，昭格予言。”读毕再次施礼。

第二天，初三，朱棣又集合部众举行誓师。誓词说：

群奸构乱，祸乱邦家，扇毒逞凶，肆兵无已。予用兵御难，以安宗社，尔有众克协一心，奋忠鼓勇，摧坚陷阵，斩将搴旗，身当矢石，万死一生，于今数年，茂功垂集，在戮力渡江，翦除奸恶，惟虑尔众，罔畏厥终，偾厥成功耳。

夫天下者，我皇考之天下，民者，皇考之赤子，顺承天体，惟在安辑，渡江入京，秋毫无犯，违予言者，以军法从事。

呜呼，惟命无常，克敬惟常，尔惟懋敬，乃永无咎。

朱棣对大家说：“行百里者半九十，若等勉之！吾既至此，奸臣当已魂飞魄死，然困兽犹斗，不可不虑！”

这一天，燕军大举麾师渡江。这又是一场空前的临江决战。当年，孙刘联军曾在赤壁大败曹操南下之军，创造了以少胜多，以弱胜强的著名战例。如今的形势则完全不同，燕兵以叛逆之师自北方而来，远离后方又不习水战，朝廷方面不仅是以正击邪，而且兵多势众，表面上，官军从高资港上下，沿江二百里都设有防军，但不幸的是，将心叛离，防线早从内部开始瓦解。而燕军则乘胜鼓勇，孤注一掷，志在必得。

朱棣率军渡江，舳舻相衔，旌旗蔽空，戈矛曜日，金鼓之声震天动地。这一天天晴气朗，微风飘扬，长江不波。千万艘战船横穿江面，如履平地。燕军一路南下节节获胜，早在南京传为神兵，虽然忠于朝廷的文武仍主张坚决抗战，但在士兵中却对燕兵有一种无名的恐惧。燕军船只黑鸦鸦一片从江面上压过来，官军整军以待，等他们逐渐靠近。眼看燕军已到了眼前，朱棣指挥前锋鼓噪登岸，数百名精锐紧跟也冲了上来。盛庸带兵起而应战，但无法抵挡燕军的勇猛，迅速崩溃。官军士兵纷纷抛掉武器向山上散去，盛庸乘单骑逃走。来不及逃走的，纷纷解甲投降。为了南京的防守，朝廷调来大批海船，列于江面上，此时也都投降了燕军。

几乎是在没有遇到什么抵抗的情况下燕军顺利地渡过了长江。高资港西距京师一百余里，受到胜利鼓舞的诸将纷纷要求直接向南京进发，但朱棣提出要进攻镇江。镇江在高资港之东，二地紧邻。朱棣说：“镇江为咽喉之地，若城守不下，往来非便。譬之人患疥癣，虽不致伤生，终亦为梗。先取镇江，断其右臂则彼势危矣。”

朱棣命投降官军的海船上都悬挂起黄旗，在江中往来。镇江城上的守军遥望江中船只旗帜都改变了颜色，知道他们都已投降了，在惊愕之余，都感到大势已去。镇江守将指挥童俊早有异志，此时见时机已到，便率众投降了燕军。

在京师周围，镇江处于要害之地。当燕军临江京师紧张备战之时，刑科给事中常熟人黄钺因父丧，丁忧在家。方孝孺前往吊唁时，他们曾屏去闲人讨论国事。黄钺说：“苏、常、镇江，京师左辅也。唯镇江最要害，守非其人，是撤垣而纳盗也。指挥童俊，狡不可任，奏事上前，视远而言浮，将有异志。”他一直关注着镇江的防守，当然会注意到镇江的守将。一个人的内心，常常会通过眼睛表现出来。童俊既已心怀二意，那么当他在皇帝面前奏事时就会“视远言浮”。童俊的投降，证实了他的判断。

初八，燕军进驻龙潭。在这里已可以遥望钟山了。朱棣一望钟山，不禁怆然泣下。诸将对朱棣流泪不解，问道：“今祸难垂定，何以悲为？”朱棣说：“往日渡江即入京见吾亲。比为奸恶所祸，不渡此江数年。今至此，吾亲安在？瞻望钟山，仰怀孝陵，是以悲耳。”朱棣是越说越伤心，弄得诸将也跟着掉了不少的眼泪。

燕军日日逼近京师，宫中的气氛更加紧张。靖江卫王府长史萧用道，衡王王府纪善上书中论战守大计，对当政大臣颇有批评。建文帝将上书交给群臣讨论，想不到一位当政大臣竟盛气诟骂二人。右副部御史练子宁对这位当政大臣的专横极为不满，起而说道：“国事至此，尚不能容言者耶？”这位骂人的当政大臣自知国事弄到这步田地，自己有推卸不了的责任，也感到了惭愧，停止了诟骂。但面对燕军的南下，举朝上下仍然计无所出。有的建议建文帝逃往浙江，有的建议逃往湖湘，莫衷一是。前线的恶噩一个接着一个，沿江海船都已投降了燕军，燕师渡江，镇江守将投降，一向不懂得着急的建文帝忧心如焚。他徘徊于殿庭之间，看着身边一群噤声不语的文武官员。他们平日里高声阔步，谈古论今，如今竟拿不出个安邦救国之策！建文帝忽然停住脚步，令内官传方孝孺进宫。

方孝孺此时正在家中养病，但宫内宫外的事，他一刻也未从心中放下。听到皇帝召见，他赶忙强起赴朝。照例文官要从东华门进宫入朝，他老远的在东华门外就下了马。他缓步走进东华门，进入文华殿。天气已经很热了，他本来身体就欠佳，此时又将朝服冠带裹得严严的，身上早就是大汗淋漓了。他想在文华殿略作喘息，落落身上的汗，等待皇帝接见，但刚一落座喘息未定，内臣便宣皇帝召见。他缓步走上奉天殿的台阶，一下就感到了宫中紧张的气氛。皇帝并没像以往一样端坐在御座上，而是在殿中走来走去。皇帝开始似乎并未注意他的到来，他看到本来就文弱的建文帝，此时更增加了几分疲惫和憔悴。在国家危机存亡之秋，正是需要为天子分忧的时候。方孝孺此时的心也如同火焚，他恨不得拼一腔热血拒敌于疆场，但他感到屯聚于城外的贼兵就如同这身被汗水湿透了的朝服一样，裹在身上解不掉，甩不开。建文帝觉察到他的到来，突然停下脚步，转过身来，也顾不得君臣礼仪，近头就问："今事已急，请问先生计将何出？"方孝孺早在路上想好了要说的话，略加思索，便答道："今城中尚有劲兵二十万，城高池深，粮食充足，尽撤城外民舍，驱民入城，足以为守，城外积木悉运入城。"方孝孺提出的办法，正是坚壁清野的办法。他希望燕军在城外得不到物资支持，不能久驻，同时固守坚城以待援军。

建文帝听从了方孝孺的建议，于是下令调遣军民商贾及诸色人臣，赶赴城外，日以继夜，拆除屋宇，搬运物资，不给燕军留下任何可用的东西。拆下的砖瓦木料越积越多，家园毁坏后搬出的物资到处都是。当时天气炎热，拆物运物的人们又得不到休息，苦不堪言，时间长了不免嗟怨之声。形势日益紧张，督役的人限令尽快将物资运完，实在运不了的，便放火烧了，大火连日不息。与此同时，另一批军人民夫在日夜加固京师的城墙，夯土喊号之声不绝于耳。人多手杂，指挥不善，修筑又不得法，刚筑好的一段墙又被震塌了，只好再筑。

方孝孺仍希望能借和谈推迟燕兵的进攻。他又向建文帝建议说："前遣郡主未能办事，今以诸王分守城门，再遣曹国公李景隆，茹尚书（茹瑺）、王都督（王佐）往督龙潭，仍以割地讲和为辞，用觇其虚实，且以待援兵至。那时，选精锐数万，内外夹击，决死一战，可以成功。万一不

王佐

利，则车驾幸蜀，收集士马，以为后举。”于是建文帝下令谷王朱橞、安王朱楹分守都门，派李景隆等往见朱棣。

李景隆、茹瑺、王佐来到龙潭燕王帐下。按明朝礼制规定，亲王地位下天子一等，公侯以下都要向亲王匍匐行礼。李景隆虽位至曹国公，仍不能不跪倒，兵部尚书茹瑺、都督王佐更不在话下了。燕王的封号早已在建文元年被削除了，但此时他们又不能不对朱棣以燕王相称。燕王雄武自有一股威风煞气，一般人见了，都恨不能敬而远之，曹国公见了竟低头不敢仰视，伏在地上惶恐地流下汗来。这倒不是因为他在地位上低燕王一等，而因为他是朱棣手下的败将，而此次来是有求于朱棣。倒是朱棣先开了口，说道：“勤劳公等至此，雅意良厚。”话中不无讥讽，李景隆一时语塞，竟说不出话来，他再三叩头之后才说了要求割地请和的话。这下又惹出朱棣一大套话来。朱棣说：“公等今为说客耶？始吾未有过举，辄加大罪，削为庶人，以兵图逼，云‘大义灭亲’。吾今救死不暇，何用地为！且今割地何名？皇考混一天下，为天子、诸王裂土分封，各有定分，割地说，此又奸臣之计也。吾今之来，但欲得奸臣耳。公等归奏上，但奸臣至，吾即解甲免胄，谢罪阙下，退谒孝陵，归奉北藩，永祇臣节，天地神明在上，吾之此心，明如皎月，不敢渝也。”朱棣又借此机会宣传了一番。

李景隆空手而回，建文帝再问计：“不欲割地，计将安出？”李景隆说：“彼必欲得罪人，然后可以退师。”建文帝又命李景隆再出城，让他对朱棣说："有罪者俱已窜逐于外。无在京师者，俟执来献。"但李景隆迟疑不肯出城，他请求建文帝命在京诸王与他一道去见朱棣。

李景隆与谷王朱橞、安王朱楹一道再次来到朱棣驻地。朱棣见了诸王态度自是不同，一则他们是亲兄弟，二则是在京诸王也遭到建文帝的不同处分，他们是同病相怜，正好互通声气。朱棣与朱橞等互道劳苦问候，朱棣说："吾为奸臣所逼，危如累卵，今幸见骨肉！奸臣不轨，欲次第见倾，若落彀中，则覆诸弟如剿觳耳。"朱棣说着，又流下了眼泪。诸王提到割地请和的事，朱棣说："诸弟试谓斯言当乎否乎？诚乎伪乎？果出于君乎？抑奸臣之谋乎？"谷王朱橞等现在虽被建文帝派遣，但在建文即位之初，他们都曾是防范的对象，因此他们对朱棣的话很能听得入耳。他们纷纷说道："大兄所洞见是矣。诸弟何言？诸弟之来，岂得已哉！"朱棣再次表白说："吾此来但得奸臣而已，不知其他。"于是李景隆、谷王在一次宴请之后，再次空手而回。

六月十二，建文帝派人秘密前往各地催促援兵。到各地去的人都带有用蜡丸密封的建文帝的谕令。但这时燕军已逼近京师，严密防查从京师出来的人，他们大都被燕军抓获，很难离开京师。而此时王叔英募兵于广德，姚善起兵于苏州，练子宁募兵于杭州，黄观募兵于上游。为了取消朱棣的口实，被他指为奸臣的齐泰、黄子澄再次离开了京师，齐泰到广德从王叔英，黄子澄往苏州从姚善。但由于募兵行动得太晚，形势已对朝廷不利，王叔英在广德募兵竟无人响应，黄子澄想航海到外洋征兵也没有结果。即使募到兵也来不及赶赴京师了。建文帝盼援兵不见，一筹莫展，与方孝孺执手而流涕，只好命徐辉祖等分道出御。

这时谷王朱橞、曹国公李景隆等把守金川门，以城中兵力而言，尚可抵挡一阵。但守城诸将并不心齐，甚至左都督徐增寿也被发现与朱棣勾结，心怀贰志。一日在殿廷上，徐增寿徘徊不安，群臣从他心神不定的神态看出他要图谋不轨，打算作燕军的内应。御史魏冕、大理丞邹瑾忍无可忍，决心防患于未然，一步冲出朝班，抓住徐增寿便打，十七八人也一同拥上动手，并请求皇上立即将徐增寿处死。可建文帝仁柔心肠，竟宽宥了他。

六月十三日，燕兵进至金川门下。金川门为京师北门，面对大江，最为冲要，把守此门的正是谷王朱橞和曹国公李景隆。因为朱棣了解南城中尚有实力，一时还摸不清底细，不敢贸然攻城。他还是先采取了攻心战术，他先命人请皇嫂来军中，皇嫂即其兄懿文太子妃常氏，常氏来到后，朱棣向她又述说了一遍建文帝的罪状和兴兵的原因，仍想把自己带兵前来说成是合法的。同时，他命人用箭向城中射入一封给弟妹的书信，想瓦解京师的防守，“不战而屈人之兵”。信中写道：

兄致书众兄弟亲王，众妹妹公主，相别数载，天伦之情，梦寐不忘。五月二一五日，有老姐姐公主到，说众兄弟妹妹每请老姐姐公主来相劝我，说这三四年动军马运粮的百姓、厮杀的军死的多了，事都是一家的事，军马不要过江回去，天下太平了却不好说。我与你众兄弟亲王众妹妹公主知道：我之兴兵别无他事，为报父皇之仇，诛讨奸恶，扶持宗社，以安天下军民，使父皇基业传子孙以永万世，我岂有他心哉，我自己卯年兴兵，今已四年，父皇之仇尚未能报，奸恶尚未诛灭。我想周王无罪，被奸臣诬枉，破其家，灭其国；随即罪代王，拘囚大同，出其宫人，悉配于军；至于湘王无罪，逼令阖宫焚死，齐王无罪，降为庶人，囚系在京；及乎岷王，奸臣以金帛赏其左右，使其诬告岷王，流于漳州烟瘴地面；至于二十五弟，死则焚其躯，拾其骨沉于江。此等奸恶小人，皆我父皇杀不尽之余党，害我父皇子孙，图我父皇天下，报其私仇，快其心志，父皇能有几多子孙，受彼之害，能消几日而尽，兴言至此，痛心如裂。累年以来，奸臣矫诏，大发天下军马来北平杀我，我为保性命，不得已，亲帅将兵与贼兵交战，仰荷天地祖宗神明有灵，怜我忠孝之心，冥加祐护，诸将士效力，故能累战而累胜，今大兵渡江，众兄弟妹妹却来劝我回北平，况孝陵尚未曾祭祀，父皇之仇尚未能报，奸恶尚未能获，以尔弟妹之心度之，孝子之心果安在哉？如朝廷知我忠孝之心，能行成王故事，我当如周公辅佐，以安天下苍生。如其不然，尔众兄弟亲王众妹妹公主及多亲戚，当速挚眷属移居守孝陵，城破之日，庶免惊恐。惟众兄弟亲王众妹妹公主审之详之。

刘保

周公辅成王，是历史上的一段佳话。周公是周武王之弟，名旦，亦称叔旦。他曾帮助武王灭商，武王死后，其子成王即位，但年幼，便由周公摄政并带兵平定反叛。待成王成年，周公还政于成王，退居下位。朱棣以成王自居，是想表示自己不会伤害建文帝，让众弟妹吃个定心丸。当然，朱棣仍担心会遇到官军的激烈抵抗，担心京师城池完缮，勤王兵四集，便派遣先锋刘保、华聚等领骑兵千余，到朝阳门，探望虚实，得知城上无备，便下令整军前进。

城中也在密切注意城外燕军的动静，当徐增寿得知燕军已进至金川门时，便欲举兵响应，但被人发现。建文帝大怒，下令将徐增寿带到宫中右顺门庑下，大声诘责，并亲手将其腰斩，尸体被抛出横于路旁。

但一切都已来不及了。金川门上的谷王朱橞、曹国公李景隆，望见朱棣的麾盖，下令开门迎降。户科给中事龚泰此时也在城上督兵防守，拒不从命，从城上投下自杀而死。门卒龚翊知大势已不可挽回，恸哭而去。兴高采烈的燕军欢呼鼓噪：一拥而入金川门。金川门内本用枪支顶住，垛满的枪支密无缝隙。门锁虽开而枪支未移，先冲进来的燕兵被后面的大队挤上前去，被枪扎死的不少；燕兵如潮水一般冲入京城，各处的官军都逃得差不多了。只有徐辉祖等还带兵与燕军展开了巷战。但很快就失败了。一些朝臣见大势已去，纷纷弃官逃跑，一夕缒城而去40余人。四年的战事已进入尾声，南京城里一片混乱。

朱棣除派兵占领皇宫和各要害之处，又分别派了一千余骑兵前往护卫周王、齐王。周王与燕同母所生，与燕王最为亲近，因此他最担心在城破时他们遭害。周王见大兵来到，不知道是燕兵，以为死期临近，仓卒恐怖，等知道是燕军来护卫营救，顿时大喜，说：“我不死矣。”周王随燕兵来见朱棣。朱棣听说周王来到，迎出营外，二人相见大哭。周王说：“奸恶屠戮我兄弟，赖大兄救我，今日相见，真再生也。”说罢二人并辔来到金川门，下马，握手登上城楼。

懿文太子妃常氏在军中与朱棣说了一席话之后，便没人再理她了。燕军拔营攻城，她也悻悻返回了京城。但这时京师已是一派惨状，大街小巷满是燕军士兵，激战过的地方横尸流血，没打过仗的地方也是一片狼藉。更令她惊骇的是在她走近皇城时，就发现宫中火光冲天，浓烟滚滚，可叹往日一派繁盛而又肃穆的红墙黄瓦的宫殿已是一片火海。

朱棣与周王在城楼上遥望宫中大火冲天，忙下令前往救人。宫中早已乱成一团。燕兵冲进金川门的消息一传来，太监宫女就躲的躲，逃的逃了。燕兵冲进宫来，高墙深院中竟看不见个人影。只见三个男孩子坐在官门哭泣，虽然他们穿得很普通，衣服的颜色也不显眼，但却看得出不是民家子弟。而且宫中岂是一般人可随便来的？监督搜宫的命将这几个孩子带走。

宫中的火烧得很奇怪，有人说是建文帝命人点的火，建文帝及皇后妃嫔都投入火中自焚了。但为什么翻遍了瓦砾却找不到建文帝的尸体呢？军士们确实从灰烬中找出一具尸体，已是体无完肤，面目全无了。有人说这就是建文帝的尸体，有人则说这是马后的尸体。谁也无法确认，只有不了了之。但如果这尸体不是建文帝的尸体，那建文帝又到哪里去了呢？他可还是当今的天子啊？

搜寻的人来向朱棣报告，说不见皇帝的踪影，只从灰烬中找出了一具不知是谁的尸体。朱棣叹说：“小子无知，果然若是痴骙耶？吾来为扶翼尔为善，尔竟不亮而遽至此乎？”其实，谁也没肯定那尸体就是建文帝之尸。但如果建文帝不死，朱棣又何以自处呢。自己竟如此与皇帝的宝座无缘吗？真的“周公辅成王”吗？

朱棣遣周王归第，分命诸将守京城及皇城，而自己则驻营龙江。他下令安抚臣民，严肃军纪。有士卒在市场上拿了鞋不给钱，立即被处斩。关于建文帝，朱棣虽口说建文帝已死，但心中却放不下这段心事。他下令继续搜宫，并命搜捕奸臣齐泰、黄子澄，并开列“奸臣榜”。这一天公布的“燕王令旨”说：

> 洪武三十五年六月十三日，大明燕王令旨：谕在京军民人等知道。予昔者困守藩封，以左班奸臣窃弄威福，骨肉被其残害，起兵诛之，盖以扶持祖宗社稷，保安亲藩也。于六月十三日抚定京城，奸臣之有罪者予不敢赦，无罪者予不敢杀，惟顺乎天而已。或有无知小人乘时图报私仇，擅自绑缚劫掠财物，祸及无辜，非予本意。今后凡首恶有名者听人擒拿。余无名者不许擅自绑缚，惟恐有伤治道，谕尔众咸使闻知。

榜中开列的奸臣共29人，他们是：太常卿黄子澄，兵部尚书齐泰、礼部尚书陈迪，文学博士方孝孺，御史大夫练子宁，右侍中黄观、大理少卿胡闰、寺丞邹瑾、户部尚书王钝，户部侍郎郭任、卢迥，刑部尚书侯泰、暴昭，工部尚书郑赐，工部侍郎黄福、吏部尚书张紞，吏部侍郎毛泰亨、给事中陈继之、御史董镛、曾凤韶、王度、高翔、魏冕、

杨士奇

谢昇，前御史尹昌隆、宋人府经历宋徵、卓敬，修撰王叔英，户部主事巨敬。朱棣设置了赏格：凡文武官员军民人等，绑缚奸臣，为首者升官三级，为从者升二级；绑缚官吏，为首者升二级，为从者升一级。奸臣榜贴出去之后，很多投机者纷纷以告密或擒获"奸臣"得官，一些人乘机报私仇、劫掠财物，虽禁而不止。

朱棣所驻之龙江，北临长江，在京师外廓之内，内城之外。战斗已经停止，小皇帝或死或逃下落不明，但看来大局是定了。于是，赶到龙江朱棣营门表示投降的越来越多。最先向朱棣叩头劝进的是兵部尚书茹瑺。茹瑺早就与太常卿黄子澄不协。在建文朝，刑部尚书暴昭与黄子澄相一致，极力排挤茹瑺，指其赃罪，致使茹瑺被罢黜为河南布政使。后来黄子澄罢官，茹瑺才又被召回任兵部尚书。黄子澄既被朱棣列为奸党，自为茹瑺提供了一个进身机会。接着来投降的文臣有吏部右侍郎蹇义，户部右侍郎夏原吉，兵部侍中刘儁，右侍郎古朴，刑部侍郎刘季篪，大理少卿薛嵓，翰林学士董伦，侍讲王景，修撰胡广，编修吴溥，杨荣，杨溥，侍书黄淮，芮善，侍诏解缙，给事中金幼孜，胡濙，兵部侍中方宾，文选郎中陈洽，刑部员外郎宋礼，国子助教王达、邹缉，吴府审理副杨士奇，桐城知县胡俨等。被列入奸臣榜的郑赐、王钝、黄福、尹昌隆也前来归附，自称被奸臣所累，请求宥罪。茹瑺、李景隆又为张紞毛泰亨请求宽免，都先后授官或仍任旧职。对那些仍然抗拒不降的，朱棣又开列了第二批名单指为奸臣，他们是：徐辉祖、葛成、周是修、铁铉、姚善、甘霖、郑公智、叶仲惠、王琏、黄希范、陈彦回、刘璟、程通、戴德彝、王艮、卢原质、茅大芳、胡子昭、韩永、叶希贤、林嘉猷、蔡运、卢振、牛景先、周璩等，共五十余人。

迎附的官员已经迫不及待了，他们希望朱棣早即帝位，自己便成了开国元勋。十四日，诸王及文武官员们纷纷上书请求朱棣即位。本来，朱棣自起兵之日起，便已盯住了皇帝的宝座，但此时却要由群臣劝进。而朱棣又要故作谦让，说道："予始逼于难，不得已以兵救祸，誓除奸以安宗社，为伊周之勋。不意孺子无知，自底亡灭。今奉承洪基，当择有才德者，顾予菲薄，岂堪负荷。"

中国的氏族民主制已经湮灭数千年了，但在儒家经典中还是被奉为美政，称颂无加。而后世帝王为争夺帝位杀人盈野，谁也不愿实行那种民主的禅让制度，但他们却又都要用开明的贤君标榜自己。当年赵匡胤陈桥兵变，不也是“被迫”黄袍加身做了皇帝吗？朱棣的这番话何其动听，但大臣们都知道这是假的，这不过是一场把戏的开幕式。自然，接着是群臣的进一步劝进。诸王及文武群臣苦苦叩头，一定要请他做皇帝“天生圣人，为社稷生民主，今天下太祖之天下，生民者太祖之生民，天位岂可一日而虚，生民岂可一日无主？况国有长君，社稷之福，殿下为太祖嫡嗣，德冠群伦，功施宇内，威被四海，宜居天位，使太祖万世之洪基，永有所托，天下生民，永有所赖。不宜固让，以孤天人之心？”这一番劝进词哪里是说给朱棣，分明是给天下人听，是向天下人宣讲朱棣即位的合法性。劝进集中在几点，：（1）生民需要有圣人做主，朱棣就是圣人；（2）朱棣是太祖嫡嗣，理当继统；（3）“国有长君，社稷之福”，只有朱棣当国君最为合适。在现存朱元璋子孙中年最长莫过于朱棣了，但若要按建文帝的系统算，还有其子文奎，其弟允熥、允熞、允熈，这些小孩子执政对国是不利的，必须把他们排除，才轮得上朱棣。这次劝进只能算初劝，朱棣故做不允。

到了十五日，诸将又向朱棣上劝进表，表中说：“臣闻钽奸去恶，式扬神圣之谟，附翼攀鳞，早际风云之会，功光前烈，德冠中兴。恭惟殿下文明英武，宽裕仁孝，为太祖之嫡嗣，实国家之长君，天生不世之资，民仰太平之主。曩奸恶逞毒肆凶，祸既覃于宗藩，机欲倾于社稷，集天下之兵以相围逼，使国中之民不能聊生。乃赫怒而提一旅之师，遂呼吸而定九州之地，战必胜，攻必取，实由天命之有归、绥斯来，动斯和，爰见人心之所在。今内难已平之日，正万方欣戴之时，宜登宸极之尊，以慰臣民之望。臣等忝随行阵，仰仗威灵，素无远大之谋，窃效分毫之力，虽不敢冀云台之图象，实欲慕竹帛之垂名，谨奉表以闻。”这是二劝，朱棣仍然不允，因为他知道还会有三劝。这二劝是随征武将提出的，内容与一劝大体一样，不过其中透露了“你当皇帝，我们也可以跟着沾光”的意思。

十六日，诸王与文武群臣相继又向朱棣劝进。诸王上表说：“天眷圣明，宏开景运，群奸既去，宗社永安。恭维大兄殿下，龙凤之资，天日之表，祯祥昭应于图书，尧舜之德，汤武之仁，勋业风彰于海宇。迩者险邪搆祸，毒害宗亲，谋动干戈，几危社稷。乃遵承于祖训，聿奉行于天诛。一怒而安斯民，备文王礼义之勇，不四载而复帝业，超世祖中兴之功，武以剪戢；克全皇考之天下，文以经纬，聿明洪武之典章，实天命之所归，岂人力之能强，愿俯循于众志，庶永绍于洪基。惟我诸弟谊重天伦，情深手足，荷蒙拯溺，得遂生全，祗迓龙舆，蚤正天位，庶皇考之天下永有所讬，四海之赤子永有所归，幸鉴微忱，毋烦谦让。无任激切之至，谨奉表以闻。"朱棣是如此谦让，诸王是如此急切！

在中国君主政治中，最虚假的莫过于这个"三推让"之礼了。上下人人心里明白是在演戏，但戏还要演得像。朱棣仍然"不允所请"。这天，群臣又来劝进，朱棣说了如下一番话："昔天运衰微，四海鼎沸，强弱相噬，百姓无主，天命我皇考平定天下，以安生民，勤苦艰难，创造洪基，封建子孙，维持万世。岂意弃臣民之日，体犹未冷，而奸邪鞠凶，祸起不测，图灭诸王，以危社稷。予以病躯，志耗力疲，惟欲高枕，以终余年，奸邪一旦起兵见图，令人震惧，不知所为。群臣告予曰：'太祖高皇帝创业艰难，陵土未干，而诸王见灭，宁能束手受戮，以弃社稷乎？'予彷徨无指，顾望求生，而天下之兵日集逼。形势之危，犹侧立于千仞崖之上，而推使其下也，可为悚惧。勤苦百战，出万死一生，志清奸恶，以匡幼冲，其乃殄灭于今，遂自焚陨。群臣劝予即位，予思天位惟艰，有如幼冲弗克负荷，几坠丕图。非虚为谦让，诚思皇考创业艰难，欲推择诸王有才德可以奉承宗庙者立之。主宰得人，天下之福，予虽北面，且无忧矣。"他批评建文帝以冲幼误国，必须有才德的人挽救太祖创建的基业。如果有合适的人主宰天下，即使不当皇帝，也无可忧虑了。当然群臣会说有才德的人非朱棣莫属。朱棣本人难道心里不是想的舍我其谁吗？群臣还要把这出戏唱到底，他们稽首固请，说道："殿下德为圣人，位居嫡出，当承洪基，以安四海。虽谦德有光，复谁与让？且天命所钟，孰得而辞？殿下宜蚤践大位，使臣民有所依凭，毋逊硕肤，以虚天下之望。"

火候差不多了，朱棣打算起驾入城。第二天，朱棣像以往一样早早就起了床，众将士也都整好鞍马，准备随朱棣一同进城。

朱棣骑在马上，手揽着缰绳，缓缓的马步将他的身体有节奏的轻轻地颠摇着，更显出他的几分自得。朱棣今年是43岁了。长期军旅生活炼就了他强健的体魄，阳光晒成微紫色的皮肤，结实的肌肉紧裹在合体的戎装里。两绺略带虬曲的胡须分在左右，一绺长髯飘在胸前。当年袁拱不是推算他年过40，髯长过胸便会登九五之位吗？这句话如今就要应验了。朱棣那一双眼角略为上挑的凤目极为有神，他抬眼向前望去，一边是郁郁葱葱的钟山，一边是雄伟的城关。如今他把这一切都抓在手中了，如同牵住缰绳，将马骑在胯下一样。旌旗在空中飘舞，发出呼呼啦啦的声音，身后是威武的将士大队人马，眼前路旁是匍匐拜倒的人群，朱棣真是得意极了。忽然，从路边的人群中突出一人，横在朱棣的马前，朱棣不禁一怔，他身边的武士向前刚要阻拦，只见那人施过礼后从容说道："大王且留步，翰林编修杨荣有话要奏秉。"此人敢在路上拦马，定是有要事要说，朱棣命道："请讲。"杨荣说："殿下先入城耶？先谒孝陵耶？"朱棣心中一惊，为什么没先想到这一层呢？自己以奉太祖皇帝宝训而起兵，又以恢复祖制号召天下，怎能不谒陵便入城呢？再说，当初起兵提出的一条理由就是由于奸臣阻挡，太祖病时不能侍药，死时不能会葬。朱棣心想，要不是杨荣进言，几乎误了大事！但朱棣毕竟是玩弄权术的老手，脱口说出："此行正为谒陵。"尽管有了三推让，朱棣还是太心急了一点，他决定马上谒陵，做个样子给天下臣民看。朱棣将马头一拨，浩荡人马便向孝陵开去。

在孝陵，朱棣煞有介事，免不了一番欷歔感慨。既然已说此行是为谒陵，那么礼毕之后只好揽辔回营了。但这时迎附的文武诸臣已经追不及待了。他们早已准备好的法驾不能今天就这样落空了。他们把法驾卤簿摆放在路上，并捧来了皇帝宝座，拦住了朱棣的马，一定要让他登辇。这法驾卤簿是专供皇帝使用的，是最高等级的仪仗，其他任何人都无资格使用，朱棣再一次辞让之后，在诸王及文武群臣的拥护下，终于登辇，顿时万岁之声山呼雷动。朱棣坐在辇上，还要再次表白，说："诸王群臣以为奉宗庙宜莫如予，然宗庙事重，予不足称。今为众心所戴，予辞弗获，勉循众志。诸王群臣各宜协心，辅予不逮。"

大队人马起动了，长长的先导，长长的后卫。朱棣乘辇被簇拥在正中。自洪武三十一年起兵，打了多少仗，死了多少人，攻城略地，转战千里，通往帝座的道路是如此漫长，但如今要走到尽头了。南京城的大门，皇城和宫殿的大门为朱棣一路洞开。阳光普照，水秀山明。一个新的皇帝诞生了，一个新的时代开始了。

这一天是建文四年（1402）六月十七日。朱棣即皇帝位，改明年为永乐元年。

第四章　定鼎燕京称永乐

古城南京，虽称“龙蟠虎踞，帝王之都”，但作为统治全国的政治中心，它的地理位置则过于偏南。尤其在明代与北方蒙古民族矛盾十分尖锐的情况下，这个弱点暴露得就更为突出。“不仅不便于控驭大漠，反而容易被朔北所制”，这种被动局面，早已被六朝、南唐和两宋的历史所证明。

在明朝以前，虽然有孙吴至南唐的七朝曾经在南京建都，但这些建都，不是在群雄割据，就是在南逃偏安的形势下被迫形成的。

朱元璋建都南京，也是在全国尚未统一，元统尚未彻底灭亡的形势下所采取的权宜之举，“既为形势所迫，又有悖于大势”。因此，在他称帝不久即有迁都之想。当时，为了给继续北进的大军提供后方转输基地并作为指挥中心，于洪武元年（1368）八月，命以“金陵为南京，大梁（开封）为北京”，“朕于春秋往来巡狩”。

古城开封虽然地理位置适中，但经朱元璋巡视以后认为，它的四周无

南京古城楼

险可守。于是，在洪武二年（1369）九月，又命以临濠（凤阳）为中都，“前江后淮，以险可恃，以水可漕”，当年即开始筹备兴工。洪武五年一月，“城中都周四十五里”。到了洪武八年四月，此时已兴工六年。因劳费太巨，民不堪命，不得不将工程停罢下来。后来又经过几年的踌躇动摇，于洪武十一年一月才正式改南京为京师。

确定南京为京师之后，朱元璋仍然没有完全打消迁都的念头。迁都的目标，想在长安、洛阳、汴梁和北平四城中间精选。为此，他于洪武二十四年（1391）八月，遣太子朱标巡视陕西和河南。巡视结果，以长安漕运不便，汴梁重劳民力，“北平地气已尽”均被摒弃。朱标建言在洛阳定都。朱元璋刚要具体筹划此事，不幸朱标于洪武二十五年四月染疾而薨。朱元璋受到很大的刺激，因而此议便暂搁未行。后来虽然仍有迁都之想，但“今朕年老，精力已倦，又天下新定，不欲劳民”。这样，迁都之举在洪武时期始终未能实施。

明成祖朱棣经过三年多的艰苦征战，最后终于夺得了帝位。为了表示尊崇太祖，标榜自己为正统，也为了进一步打击南方地主及建文皇帝的残存势力，巩固自己的统治地位，当时也只能在南京登极，暂时承认南京为京师。

由于朱棣以武力篡弑夺国，称帝以后，又对建文遗臣残加杀戮，甚至诛以“十族”。虽然君权在握，可以任情所为，但其内心，总有一种恐惧、心虚、多疑和压抑之感。为此，他曾经寻问尚书茹常说：“朕毋得罪天地祖宗乎？”这句问话，无疑就是上述复杂心理状态的真实表露。

朱棣虽然存在上述心理状态，但他却是一个文武兼备，雄才大略，自我意识极强，决不肯甘居人下的人。他想用超越太祖的丰功伟绩，既可以证明他是一个当之无愧的正统皇帝，又可以以此来冲淡、洗刷篡弑之恶名。为了达到这个目的，并消除心中之块垒，他必须离开这个私议纷纷，环境压抑的南京，到他的“龙兴”之地去做一个开创新局，重写历史，甚至可以超越太祖，成为百世不迁之主的创业皇帝。因此，迁都北京是他朝思暮想，梦寐以求的问题。

礼部尚书李志刚，喜窥测、善逢迎。经过观察，他揣摩到了朱棣的心理状态。于永乐元年（1403）一月辛卯，“首发建都北京议”。他说：“北平布政司，实皇上承运兴王之地。宜尊太祖高皇帝中都之制立为京都。”朱棣览奏以后，心中大喜，立即御批：“可，其以北平为北京。”北京之名由此而得。

朱棣虽然改北平为北京，但考虑在当时迁都，时机尚不成熟。于是，效仿明太祖当初实行南、北两京之制的做法，暂时升北京为陪都。朱棣的这种做法，显然十分策略，既不违背祖制有先例可仿，“思继志之所先”。又可以以此钳制众人之口，避免将来正式迁都时群臣谏诤。

朱棣既然已经升北京为陪都，那么他便可以在南京与北京之间来去自由。即使常年驻御北京，也无可非议，无人敢问。果然，从永乐七年（1409）二月以后，便大部分时间都在北京御朝视事。

朱棣迁都，政治目的当然是最根本的。但除此以外，北京毕竟是他的“龙兴”“肇迹”之地。另外从客观上看，北京亦有作为国都的有利条件。

一是北京地理位置优越。它地处华北大平原北端与蒙古高原的连接点上。北、东、西三面有层峦叠嶂的奇峰峻岭和纵横如网的千沟万壑，是拱卫北京的天然屏障；南面则有沃野千里的华北大平原、通过运河可以直达南方各省；趋东南200里，取道天津，可通向四海外洋。万历《顺天府志》中，就对北京的地理位置有一段如诗如画的描述：“燕环沧海以为池，拥太行以为险。枕居庸而居中以制外，襟河济而举重以驭轻。东西贡道，来万国之朝宗。西北诸关，壮九边之雉堞，万年强御百世治安。”

除了地理位置优越以外，北京的气候也温和宜人。北京属于温带大陆性季风气候。气候温和雨量适中，既无南国之溽热，又无塞外之酷寒。因此，无论是地理位置还是气候条件均符合“自古建邦立国，先取地理之形势”的要求。

二是北京建都历史悠久，具有政治、经济、文化方面的良好基础。北京作为一国之都邑，最早的文字记载，见于《史记·周本纪》中。其中说，周武王克商以后“封召公奭于燕”。燕的都城蓟，就在今房山县琉璃河北岸的董家林村。1972年考古工作者在该处发掘了该城的遗址。其城东西长850米，南北宽600米。这是迄今所知道的北京地区最早的城池。

明成祖永乐

秦灭六国之后，直至东晋中期，北京虽然未能成一国之都，但仍然是北方重镇，军事要冲。以后，从东晋永和六年（350）至辽会同元年（938），升幽州为南京（又称燕京）作为辽的陪都之前，其间，北京还曾经是前燕、大燕和中燕的都城。

北京正式作为国都，起于金代。贞元元年（1153）三月，金主完颜亮从上京（今黑龙江省阿城境内）迁都至燕京（先称巠都，以后又称中都）。从此，北京第一次以国都的地位成为中国北部的政治中心。

〔赧王〕名誕。赧非謚。謚法無赧。正以微弱。竊鈇逃債。赧然慙愧。故號曰赧耳。史記周本紀索隱引皇甫謐云。○史記六國年表索隱引皇甫謐云名誕也。

赧王二十七年冬十月。秦昭襄王仍僭號西帝。齊閔王稱東帝。十一月。齊各復去帝號。爲王。四十五年。王如秦得罪於秦。秦攻周。或說秦王乃止。王雖居天子之位。爲諸侯之所侵逼。與家人無異。多貰於民。無以歸之。乃上臺以避之。故周人因名其臺曰逃債之臺。洛陽南宮誃臺。（原注）誃音夷，又音尸移切。是也。五十九年。秦攻韓趙魏。大破之。王懼。乃背秦。與諸侯合從。將天下銳師出伊門攻秦。秦昭襄王大怒。使將軍摎（原注）音虬攻周王。王恐。乃入秦。頓首受罪。盡獻其邑。秦盡納其獻。使赧王歸于周。降爲庶人。以壽終。御覽卷八十五引。○史記周本紀正義引云。名誕。雖居天子之位號。爲諸侯之所役逼。與家人無異。名負責於民。無以得歸。乃上臺避之。故周人名其臺曰逃責臺。○御覽卷百七十七引云。周赧王雖居天子之位。爲諸侯所逼。與家人無異。貰於民。無以歸之。乃上臺以避之。故周人因名其臺曰逃債臺。故洛陽南宮誃臺是也。

赧王盡獻其邑三十六於秦。秦昭襄王納其獻。立爲三川郡。初理洛陽。後徙滎陽。自平王東遷至赧王。凡二十葉而周氏滅矣。寰宇記卷三引。○案理當作治。

周監二代。禮文取備。史官有法。法是董狐奮筆。趙孟受惡。書鈔卷三十七引。

自剋殷至秦滅周之歲。凡三十七王。八百六十七年。武王一。成王二。康王三。昭王四。穆王五。恭王六。

周第四　九九

《史记·周本纪》书影

进入元代，北京改称大都。南宋开禧二年（1206），成吉思汗创建了蒙古汗国。中统元年（1260），忽必烈在开平府（今内蒙古正蓝旗东）即汗位。中统四年（1263）八月，以开平为上都。至元元年（1264）又称燕京为中都，不久即升为陪都。至元八年（1271）十一月，定国号为元。至元九年（1272）二月，忽必烈谕令改中都为大都，并将国都迁至于此。从此，北京第一次成为统治全中国的政治中心。

综上所述，北京从周初建方城蓟开始，至元末成为全国的政治中心之前，先后经过两千余年，在政治、经济、军事、文化诸方面的历史积累，已经为后代帝王奠定了建都的基础。

三是有利于打击漠北的蒙古残余势力。洪武元年（1368）七月，在大将军徐达攻克元大都之前，元顺帝携带左右侍臣及眷属北遁上都（开平）。至此，元统虽然灭亡，但其残存势力还依然十分强大，“引弓之士，不下百万众也”。而这百万之众，不仅骁勇善战，全是骑兵，且在广袤无垠的草原和沙漠上，分聚无常来去飘忽，很难摸其规律与之决战。因此，元顺帝仍想东山再起。在临遁之前，谕令扩廓帖木儿继续抗击明军，并伺机收复大都。

对于这股分布面广、机动灵活性强、威胁很大的残存势力，朱元璋本应趁其丧志颓沮之机，一鼓作气，三鼓而消灭之。但因思想与轻敌，致使贻误了战机，犯了战略性的错误。这种思想，在批答徐达的奏章当中反映最为明彻：“元运衰矣！行自澌灭，不烦穷兵。出塞之后，固守封疆，防其侵轶可也。”由于当时未能做到“宜将胜勇追穷寇”，又未实施更有效的怀柔政策，只是进行消极的“封疆固守”。结果养虎遗患，造成了“边境之祸，遂与明终始”的被动局面。

朱棣精通兵事，且又穷兵黩武。在他做燕王时，就曾经在洪武二十三年（1390）和洪武二十九年（1396）两次出征攻打故元太尉乃儿不花和元将孛林帖木儿，均取得了重大胜利。在他篡位称帝之后，从当时故元势力频频南犯，严重威胁北边的现实情况和他本人穷兵黩武，好大喜功，富于侵略性的性格来看，他决不会对此坐视不顾，无所作为。他必然要用极大的精力扫清漠北，令其贴服，想在国人面前做出超越太祖的丰功伟绩，以此证明他是当之无愧非他莫属的正统皇帝。

朱棣将国都由南京迁至北京，就将军事指挥中心向北推移了三千余里。这样，由于北京距离漠北较近，由北京出发北征，便于组织，便于疾进，能够有效地打击敌人。因此，在永乐年间的五次亲征都是由北京起驾出发的。

朱棣迁都，从酝酿，筹备，兴工直至最后正式迁都，先后用去了18年的时间。

自从礼部尚书李志刚“首发建都北京议”，有了“群臣所请”的“理由”以后，朱棣便开始做迁都的各项准备工作。

一是从制度上提高北京的政治地位。北京升为陪都以后，便设置相应的部府机构。永乐元年二月初三日，设北京留守行后军都督府，北京行部，北京国子监。行后军都督府设左、右都督各一员。行部设尚书二员，侍郎四员，郎中、员外郎、主事各一员。以户部尚书郭资，刑部尚书雒佥兼任北京行部尚书。

国子监又称国学，是当时全国最高的学府。只有在京师才能建立。为了提高北京的政治地位，朱棣谕令在北京亦建国子监。由于时间仓促，来不及新建，纳礼部奏请暂“以顺天府学为之”，另“改大兴（县）学为顺天府学”。

永乐七年（1409）三月，朱棣北狩。这是他自登极以来第一次巡幸北京。随同北狩，又在北京设置了行在六部（吏、礼、户、兵、刑、工）及督察院等政府机构。自此以后，由于朱棣大部分时间都驻御北京，一切朝政大事又都在北京批断，因而北京的行在六部，实际上已经代替了南京的六部，“南京六部亦同虚设”。

按照古代的礼制，凡为京师，都要营建社稷、天地、山川诸坛，以备皇帝行郊庙祭祀之礼。京师的社稷称做太社太稷。亲王的都邑之内，则称作国社国稷。朱棣既然将北京升为陪都，同时又有迁都之想，所以他很想把北京原来的国社国稷升崇为太社太稷。但是因为碍于礼制，不敢强行下旨，于是，在永乐元年（1403）五月初六日，谕令廷臣集议。经过礼部和太常寺等诸官会议，认为“考之古典，别无两京并立太社太稷之礼”。但是为了迎合明成祖的心理，会议采取了折衷方案。即在朱棣巡狩之时，可临时在原国社国稷内设太社太稷之位，供他祭祀。朱棣览奏以后，虽然在奏章上批曰“可”。但却仍然“命依在京山川坛祠祭署例，设北京社稷坛和祠祭署。置奉祀、祀丞各一员”。这就是说，社稷坛的管理衙门既然已经设立了，那么太社、太稷也就自然而然地“无中生有了”。

不仅如此，在朱棣北狩之前，为了使自己在北京有个宽敞宏丽的御朝之所，便于永乐四年（1406）闰七月初五日，谕令营建北京宫殿（即西宫）。无疑，这是为在今后常驻北京所做的精心安排。

总之，从国学的设立，郊庙的升崇，行在部府实权的增重等诸多方面来看，北京已经成为事实上的国都，而南京便逐渐有名而无实了。

二是增强北京的防卫力量。“天子”在此守边，又要在此定都，这就必然要进一步加强北京的防卫力量。永乐元年（1403）二月，朱棣谕令将北至开平，南至真定，西至云川，东至山海关的六十一卫和三个守御千户所，俱隶北京留守行后军都督府管辖。永乐七年（1409）六月，又增设宣化、清平、居庸、榆林、镇安、怀来、天城、宁远、威远、德胜等十卫拱护北京。朱棣驻御北京期间，其东北、西北和北方的御虏方略，又均在北京发号施令。据此，北京已经率先成了全国的军事指挥中心。

三是移民屯田，复苏北京经济。从元朝末年至明成祖改元之前，在近40年的时间内，北京地区饱受战争酷劫和灾难摧残。因此，造成农村凋敝，土地荒芜，经济衰败。朱棣因长期生活在北方，对于这种情况十分了解。他曾说：“朕久居北方，足知北方民情”。“朕念北方兵燹以来，人民流亡，田地荒废”。刑部尚书郑赐，都察院左都御史陈瑛也在奏章中说：“北京，永平，遵化等处壤地肥沃，人民稀少”。他们所说的情况确实如此。如，永乐元年（1403）五月，顺天等八府，“所属见在人户十八万九千三百有奇”。未复业者仍有“八万五千有奇”。对于荒芜的土地，“已开种田地六万三千三百四十三顷有奇，未开种者十八万一千四百五十四顷有奇”。这就是说“靖难”战争停息十一个月以后，仅顺天八府，仍有44.9%的农户还在逃逸流散之中。而开垦的土地，也仅占土地总数的34.9%，尚有65.1%的土地还未垦种。

为了给将来迁都奠定较为雄厚的经济基础，必须尽快采取切实可行的发展措施。对此，朱棣不失时机地采取了传统的移民、屯田和“开中”等措施。

建文四年（1402）九月十五日，即命户部遣官赴山西核实太原、平阳二府及泽、潞、辽、沁、汾五州“丁多田少及无田之家，分其丁口以实北平各府州县。

关于从山西向北京移民的历史，时至今日，北京地区的不少老人，说自己的祖上来自于山西的大槐树下。所谓“大槐树”，即是山西省洪洞县（属临汾地区）县城边的那棵大槐树。所谓“来自大槐树下”，是指附

大槐树

近移民先在大槐树下集中，待编成里甲之后，一律从此处出发。据说“解手”（大小便）一词即来自于此。当时移民按里甲顺序整队而行。官方担心有人逃跑，一律用绳索拴住每人的一支手臂。如果有人需要大小便，押管人员便将其手的绳索解开，“解手”一词由此而得。

近年以来，随着旅游事业的蓬勃发展，洪洞县有关部门已将此处辟为古槐公园，并举办了几届“寻根祭祖节”，用以招徕寻找祖籍的海外赤子。

在大举移民的同时，又令军队在北京四周屯田。建文四年（1402）九月二十五日，命都督陈用、孙岳、陈贤等，移山西省行都司所属八卫官军分别于北平四周设卫屯种。经过安排，云川卫赴雄县，玉林卫赴定州，高山卫赴保定，东胜左卫赴永平，东胜右卫赴遵化，镇朔卫赴蓟州，镇虏卫赴涿州，定边卫赴通州。

为了最大限度地增殖北京人口，发展经济，又将便于组织易于管理的囚犯编成里甲，也开赴北京垦荒种田；还让武康伯徐理等官赴北平勘察度地，准备“以处民之以罪徒者”。

永乐元年（1403）八月，正式发布谕旨："定罪囚北京为民种田例。"条例颁布后，将来自河南、山东、山西、陕西、浙江、江西、广东、福建、湖广、四川的数十万罪囚，编成里甲分散到各县垦田。在这些囚犯当中，罪轻者可以携带家眷。规定：每人给钞300贯，拨荒地五十亩。"自愿多种者，听"。对于不同罪行的犯人，视其轻重，其待遇也有差异，"犯杖者，其牛具，种子皆给值。五年以后如民田例科差。徒流、迁徙者不给值。三年后如民田例科差"。凡给牛具之值，规定每甲暂时买牛五头，能多买者听其自便。

除了罪囚之外，永乐二年七月，又徒废黜官吏462人赴北京为民种田。每人给钞80锭，用以购买耕具。

由于北京移民数量骤增，所用耕牛自然不敷使用。于是，首先于建文四年八月，特命工部从南京、凤阳、淮安等处"以"官牛给之"，运送北京。永乐二年六月，又从朝鲜索要耕牛一万头用于北京屯田。

在进行移民垦荒、军人屯田的同时，于建文四年和永乐十年两次谕令："户部悉停天下中盐，专于北京开中"。这就是说，运用强制手段，集中天下商人重点向北京运粮，以供北京官吏军民用粮之需。

四是疏浚运河，南粮北调。定都北京，使北京成为全国的政治、军事指挥中心。但其经济重心却在江南。即使在北京实施移民、屯田和"开中"等措施之后，也仍然解决不了上百万官吏军民的用粮需要。为了解决这个矛盾，就必须实施南粮北调，而要想做到南粮北调，就必须着力解决交通运输问题。

京杭大运河虽然早在元朝时期已经开通，但由于南受淮水，北受黄河的多次泛滥改道，不少河段已经淤塞不通。再加上山东南旺地段，因地势高水源不足，且又南北分流（称作"水脊"），一到旱季，便无法通行。因此，到了元末就只得靠水陆兼运或利用海道运输。

永乐初年，南粮北调的运输问题依然沿用故元之旧。除了部分粮食仍用漕运兼陆运之外，每年都要遣平江伯陈瑄、都督佥事宣信，动用十几万的人力从海道向北京、辽东运粮。由于海上气候无常，惊涛骇浪，致使船翻粮沉事件时有发生。同时还经常遭到倭寇的劫掠，安全问题无法保障。

事实证明，海道运输并非长久之计。

永乐九年（1411）二月，朱棣纳济宁知州潘叔正的奏请，谕令工部尚书宋礼疏浚会通河。

宋礼在疏浚过程中，除了将淤塞河道加深加宽以外，纳汶上县白英老人的建议，巧妙地解决了南旺地段的“水脊”问题。

所谓“水脊”，即南旺地区地势最高，它北方比临清高出90尺。南方比鱼台县南的沽头高116尺。中间如同缓坡的山脊。运河从此经过，在其最高地段，不仅水源不足，且还南北分流，所以称做“水脊”。解决的办法是将附近的汶河堵截，不让它再流入洸河。而是另在东平县的戴村横筑了一条五里长的大坝，逼迫汶河流入新开挖的新河，然后顺着新河再流入运河（会通河）之中。由于汶河水量较大，当它流入南旺河段以后，便南北分流。其中6/10向北方流，4/10向南流，“水脊”缺水问题终于得到了解决。

为了调剂水量，又在南旺到临清之间设水闸17处，南旺至沽头之间设水闸21处。这样，水量过大时可以泄洪，水量不足时可以蓄水。经过如此治理以后，“七十二浅”的问题也得到了解决。

淮河

前面潘叔正所说的会通河“南出茶城与黄河会”。这里所说的黄河是指洪武二十四年黄河由开封段决口，往东南经陈州、太和等处于寿州正阳镇流入淮河，然后经东平入海的那段黄河。而会通河要通过附近若干条支流由南往北而过。因而黄河对这段运河的干扰、威胁仍然很大。宋礼解决的办法是：疏浚河南封丘至山东鱼台的黄河故道，通过水闸令其注入运河中段。另一方面又在荆隆口筑坝设闸，节制流往南段黄河的水量。这样，在干旱缺水季节，可以开闸放黄河之水注入运河。洪水期间，则闭闸防其冲淤。

运河由南向北流经的地形十分复杂，除了存在上述问题之外，在淮安至淮河之间，运河仍不通畅。需要通过仁、义、礼、智、信“五坝”陆运之后，才能通向淮河，再入清河。无疑，这是南段运河的梗阻地段。尤其是陆运“劳费甚巨”。

永乐十三年（1415）五月，平江伯陈瑄纳当地父老谏言，由淮安城西的管家湖，开凿清江浦，挖河20里，将湖水导入淮河（鸭陈口）。至此，南北运河全线贯通，“自是漕运直达通州，而海陆俱废”。

在罢陆运、海运以后，永乐十四年，由江南向北京运粮就达646万石。比永乐十三年以前，每年多运400万石。

大运河的贯通，对于南粮北调，方便交通，巩固北边，发展北京经济，促进南北文化交流，加强中央集权制的统治，都起到了无法估量的重大作用。

五是伐木采石，积极备料。永乐四年（1406）闰七月，为营建北京西宫，明成祖就分别遣工部尚书宋礼、吏部右侍郎师逵、户部右侍郎古朴、右副都御史刘观，右佥都御史仲成，泰宁侯陈瑄，北京行部右侍郎张思恭等，分赴四川，湖广，江西，浙江，山西等处采木。其中，师逵赴湖湘。他为了在深山绝壑之上采伐原始大木，仅仅为了解决运木下山的道路问题，竟令“十万众入山辟道”。一省一事的规模竟然如此，其他各省的备料情况便可推想而知。与此同时，又令其他官员分别负责采石、制砖、做瓦、烧灰，累年集运京师。如果仅仅为了修建一座北京西宫，自然不需要如此兴师动众。之所以这样做，就是为了大规模营建北京做充分的物质准备。

经过几年的火急准备之后，本应在永乐六、七年间开始兴工，但是由于永乐四年南征安南，永乐七年开始营建北京长陵，永乐七年至八年明成祖又北征朔漠。国力有限，因而推迟了兴工时间。

六是全面兴工，改建大都。永乐十四年（1416）十一月，明成祖认为营建条件已经具备，可以即时兴工。但为了做到“仿古制、徇兴情”走走形式，十一月十五日，召集廷臣复议营建北京事。

群臣深知，明成祖性格刚毅，好大喜功，自信心极强，既然迁都是他早已确定的问题，何况又经过十几年的充分准备，在“万事俱备，只欠东风”的形势下，谁还不识时务，敢于往“钉子”上碰？于是，在一片赞扬附和声中，被顺利通过了：“伏乞早赐圣断，敕所司择日兴工，以成国家悠久之计，以副臣民之所望。”

营建工作由泰宁侯陈瑄掌营缮事，安远侯柳升，成山侯王通副之。具体事宜由大臣吴忠和太监阮安规划设计。

由于西宫兴工的时间比较早，到了永乐十三年（1417）四月“西宫成。其制：中为奉天殿。殿之侧为左右二殿。奉天殿之南为奉天门，左右为东西角门。奉天门之南为午门。之南为承天门。殿之北有后殿、凉殿、暖殿及仁寿、景福、仁和、万春、永春、长春等宫，凡为屋千六百三十余楹”。这里所说的西宫，是指朱棣在北京的行宫，不是当今的紫禁城宫殿。其址大约在现在的中南海一带。

终明一代，对北京的改造营建前后共分三个阶段。

第一阶段，向南移建北京北边城垣。元大都城垣周长60里，共开11座门。其北有二：西为健德，东为安贞。东部城门有三：北为光熙，中为崇智（今为东直门）南为齐化（今朝阳门）。西部城门亦三：北为肃清，中为和义（今西直门），南为平则（今阜成门）。南部城门亦三，中门为丽正，西为顺承，东为文明。洪武元年（1368）八月，大将军徐达攻克元大都（北京）之后，以其周城空旷不易防守为由，遂于洪武二年将北部城墙废掉，在其以南的五里之处另筑新墙。新墙仍开二门，即德胜、安定。自此以后，原来的健德、安贞、肃清、光熙四门不复存在。但其遗址（俗称土城）目前还仍然清晰可辨。

第二阶段：即永乐年间大规模营建。永乐十五年（1417）六月，其宫殿、城池、门阙、坛庙等数十项工程同时开工。整个城市的布局是：外城包围着皇城，皇城包围着紫禁城。每城的四周，都挖一道护城河，形成对紫禁城的层层拱卫。紫禁城处于全城正中的南北中轴线上，其他建筑则对称分布在中轴线两侧。

为了使新建的紫禁城前面有广阔的场地，在改建过程中又将元大都的南部城墙，由现在的天安门一线向南推移到现在的前门一线。

紫禁城是北京建筑的核心，周长六里。开有四门：南为午门，东为东华门，西为西华门，北为玄武门（清朝改为神武门）。进入午门之后依次为：奉天门、奉天殿、华盖殿、谨身殿、乾清门、乾清宫、坤宁宫、御花园、玄武门。其他建筑，则按左右对称的原则建于中轴线的两侧。

紫禁城以外为皇城，周长为十八里，开有六门。南面右方之门称大明门（清改为大清门，辛亥革命后改称中华门）。中门为承天门（清改称天安门）。其内为端门。东面为东安门，西面为西安门，北面为北安门（清改称地安门）。

经过近四年的紧张施工，到了永乐十八年（1420）十二月，主体工程基本竣工。各组建筑雄伟壮丽金碧辉煌，远远超过南京，“初营建北京，凡庙社、郊祀、坛场、宫殿、门阙、规制悉如南京。而广敞壮丽过之”。与此同时，还在皇城东南建皇太孙宫。东安门外，又建十王宫邸，总计“为屋八千三百五十楹”。

为了与皇宫的布局相协调，对于街巷的安排采取了南北、东西方向方正平直的布局。即以宽24步的大街和宽12步的小街按适当距离做南北和东西交叉排列，将城区分割成棋盘形状。街与街之间再用胡同或小巷连接。这样，使整个城市布局重点突出，宽敞大方，交通方便。

第三阶段：嘉靖年间，重建坛庙和增筑重城。从嘉靖九年（1530）月开始，重建天、地、日、月、先农、先蚕诸坛。嘉靖十四年（1535）三月又重建太庙。嘉靖三十二年（1543）闰三月，开始增筑北京南城（即前门以南的外城），于同年十月竣工。嘉靖四十三年（1564）再增筑永定、左安、右安、广渠、广宁（清改为广安门）和东西便门瓮城。

终明一代，所重建的北京，虽然在明亡之后又成了清朝的国都，但其大体布局并未变动，这和布局一直保持到解放之初。

永乐十八年（1420）十二月，北京宫殿建成。朱棣于十一月初四日，以“仿古制，徇兴情”，“上绍皇考太祖高皇帝之先志，下贻子孙万世之弘规”为说词，拟以永乐十九年（1421）正月初一日正式迁都。从此以后，北京正式升为京师，南京降为陪都。朱棣多年的夙愿，终于变成了现实。

可“上天”偏不做美。就在朱棣御奉天殿接受文武百官朝贺以后的第97天，即永乐十九年四月初八日，一场雷火将奉天、华盖、谨身三座主体宫殿化为灰烬。对于这次火灾的发生，当时暗中反对迁都并有迷信思想的人们，都认为这是上天对明成祖本人及朝政阙失的严厉惩戒。而明成祖本人也受到很大刺激。他怀着惶惧、沉痛和惋惜的心情，下诏令文武百官直言。诏书特别强调：“尔文武群臣，受朕委托，休戚是同。朕所为果有不当，宜条陈无隐，庶图悛改，以回天意。”

朱棣虽然这样说，但在诏书中却暗中限定了群臣直言的范围。什么敬天事神有怠，法祖有戾，政务有乖，小人得志，贤人受压，刑狱有冤，言路不通，横征暴敛，贪污掊尅，租税过重，徭役不均，妄费资财……都可以“条陈无隐”。但惟独不肯承认迁都有失。而有些刚直的大臣，却偏偏着力于抨击“迁都非便”。最典型的人物有翰林院侍读李时勉，侍讲邹缉和主事萧仪。而萧仪不仅极力反对迁都，且还言辞“尤峻切”。这一陈奏，立即触怒了朱棣。盛怒之下，朱棣为自己辩解说，迁都之事“吾与大臣密议数月，岂复不便哉”命将萧仪磔于市。

朱棣怒杀萧仪的目的，一是借此发泄胸中的怒气，二是想借此杀一儆百，以此钳住众臣反对迁都之口。但是，一些刚直不阿的大臣和科道官们却全无惧色。只是巧妙地避开迁都不谈，转而又弹劾参与密议的几位重臣。

在群臣激愤，兴情沸腾的形势下，朱棣无奈，只得令双方跪在午门之前质辩，在双方唇枪舌剑争执不下，直至发展到互相对骂的情况下，为了平息事态，稳定政局，户部尚书夏原吉主动站出来承担责任。他说，御史、给事，均是言官，出于职责，他们有权上言。同时又是应诏奏事，不应怪罪他们。“而臣等备员，不能协赞，是臣等罪”，经过夏原吉的调和排解，相互都给了“台阶”，总算把事态平息下来。

对于朱棣迁都的是非与利弊，是个长期争论不已的问题，首先，明成祖的儿子——明仁宗朱高炽就对迁都北京持反对态度。他虽然没有公开讲反对的话，但在他称帝以后的果断行动，就完全证明了这点。洪熙元年（1425）三月，他巧借户部尚书夏原吉以减轻江南人民漕运负担的奏请为理由，立即将北京降为陪都，并决定在来年春天还都南京。不想两个月后，他突然离世。假如他不早亡，还都南京那是肯定无疑的。

仁宗死后，由其子朱瞻基继帝位，他就是宣德皇帝。朱瞻基自幼聪明好学，能文善武，与明成祖有许多相类之处，因而很受明成祖的喜爱与栽培。早在永乐九年（1411）十一月，就被立为皇太孙。既然祖孙关系如此密切，朱瞻基自然很能了解明成祖的心态，赞成他迁都。但这样一做，又违背了自己父亲的遗志。在两难之间，他采取了事持两端、左右顾及的办法进行调和。即：形式上称南京为京师北京为陪都（各衙门依然加“行在”二字），但却长期驻御北京不返南京。南京只是徒冒京师之虚名。

到了英宗正统四年（1439）十二月，明英宗命工部尚书吴中督工重建奉天、华盖、谨身三殿及乾清、坤宁二宫。正统六年（1441）九月，三殿二富告成。十一月初一日，诏告中外，宣布北京为京师，南京为陪都。这样，从洪武至正统，历经六帝75年，迁都问题总算有了结论。以后，在嘉靖、崇祯年间，虽然又有不少人提出南迁之议，但都因朝廷方面比较坚定，因而未起大的波澜。

朱棣迁都的目的虽然出于自己的政治需要，在兴工过程中，也确实劳民伤财加重了人民的负担。但是从人类文明史的积累与发展，客观地、长效益地看，朱棣迁都却符合历史发展的客观规律。它对于促进北方经济繁荣，文化发展以及民族融和都具有重大意义。从以后几百年的历史发展看，确实是“下贻子孙，万世之弘规”的宏图大举。概括起来有以下四点：

一是朱棣迁都符合中国古代都城由西向东，由南向北的变化规律。

《五经要义》中说：“立都必居中土，所以总天地之和，据阴阳之正。均统万方，旁列万国。”这种仅从地理位置居中来考虑定都的说法（即“择中论”）自然还不够全面。在特定的历史条件下，影响定都的主要因素除了考虑历史发展、文化积累、地理位置、政治军事、气候交通等因素之外，其经济发展与民族矛盾往往是定都的主要因素。

纵观中国都城的变迁史，从周至唐，在长达两千多年的时间内，历朝都城的城址，均在长安、洛阳、开封等城做东西摆动，并逐渐向东发展。而自北宋以后，直到明清，其都城又做南北摆动。这就是中国都城变迁的“大十字”规律。

宋書目錄

宋書卷一
梁 沈約 撰
本紀第一
武帝上
高祖武皇帝諱裕字德輿小名寄奴彭城縣綏里人漢
高帝弟楚元王交之後也交生紅懿侯富富生宗正辟
彊辟彊生陽城繆侯德德生陽城節侯安民安民生陽
城釐侯慶忌慶忌生陽城肅侯岑岑生宗正平平生東
武城令某某生東萊太守景景生明經洽洽生博士弘
弘生瑯邪都尉悝悝生魏定襄太守某某生邪城令亮
乾隆四年校刊

《宋书》书影

自周至唐其都城做东西摆动，并逐步向东发展的主要原因，是东部经济逐渐繁荣，经济重心逐渐东移的结果。秦朝雄踞关西八百里平原，土地沃，民众多，经济比较繁荣。而江南则空旷未垦。例如，湖南南部有个重镇名叫郴州。秦朝时，这里还是杂草丛生，森林茂密的烟瘴之地。公元前214年，秦始皇发“罪人”50万戍守五岭。郴州位于骑田岭以北60里处，这些“罪人”在北湖（位于郴州市内）四周建起营房，后来逐渐发展成为市镇。因此“郴”字在秦朝时写做“梽”形，为林中之城的意思。由此可以看出，当时江南大片地域尚未开发。因而“王畿侯甸，皆在西北”。

汉晋以后，直至唐宋，江南日渐富庶。而相对来讲，江北则逐渐凋敝。对此，韩愈曾经说：“当今赋出于天下，江南居十九”。《宋书》卷54中也载：江南“地广野丰，民勤本业，一岁获稔，则数郡忘饥”。“鱼盐杞梓之利，充仞八方，丝棉布帛之饶，覆衣天下”。《宋史·食货志》亦说：“东南地产之饶，足以裕国”。在经济重心已经逐渐东移，而仰给于东南财富的运输漕渠，又不时或水浅淤塞，或被洪水冲毁。在这种形势下，向东迁都自然是顺理成章的事情。因此，相对来讲，都城由西向东迁移的原因，经济因素是最主要的。

自宋至明，以及后起的满清，都城做南北变动的主要原因则是军事因素。

周、秦、汉、唐期间的民族矛盾及其频繁袭扰，主要来自于西北。而在辽、金、元、明期间，北部、西北及东北部的契丹，女真和蒙古等部族相继崛起。待这些部族在北部中国称帝建都之后，他们必然垂涎南方的肥田沃土和美女财帛。一旦得手，其都城位置必然随之南移（如辽、金、元、清）。在这种形势下，衰弱的汉族政权，就只得节节败退，被迫将都城向南迁移。

随着历史的演变，一旦在中原地区出现强大的汉族政权，为了抗御来自北方的袭扰，也必然尽力向北抗进。如果出现气魄宏大，有军事谋略的统治者，为了进击之便利，自然也会将都城的位置向北推进。朱棣迁都，不管他的政治目的如何，也不管他是否意识到这个规律与否，但在客观上却仍然顺应了这个变化规律。

二是朱棣迁都有利于中国疆土的巩固和统一，有利于融和、同化北方民族。明朝的疆域，南至南海的南部、北至库页岛，北京略居中土。南部疆域虽然有安南叛乱，东南沿海又时有倭寇袭掠，但在当时来看，对明朝疆土均构不成威胁。主要威胁则来自于北方的蒙古和后来的女真等部族。这些矛盾，自然是中国内部的民族矛盾，并不是国与国之间的侵略与吞并。明成祖迁都北京就将明朝的政治、军事中心向北推移了近三千里。

朱棣迁都不仅在当时有利于抗御北方蒙古民族的袭掠，更主要的是，对后来保持中国领土完整和统一，有其深远的历史意义。如果明成祖只在南京做个“守城之君”，都城远在南部中国，一旦这些北部民族崛起向南扩张，其双方对抗的焦点必然发生在长江流域。如果双方长期对峙下去，说不定将会形成永远隔江而治的两个国家。明成祖向北迁都，通过施加政治、军事、经济和文化诸多方面的直接、间接影响，可使中华民族的传统文化，不断向极北地区辐射伸延。通过这些影响，不仅缩小了双方的差距，反过来又促进了这些民族的开化和发展。这种做法，虽然是有些“作茧自缚”，“自掘坟墓”，培养取代自己的对立面，但这是不可避免的，也是当时不可能意识到的。

当这些北方民族兴旺膨胀到相当程度的时候，也必然出现像努尔哈赤这样伟大的政治家和军事家。而这些具有伟大胸怀的杰出人物，自然不会以长期固守在寒冷、荒漠、贫穷、落后的北部疆土而满足。他们必然会频频向南扩张和发展，最终合二而一取而代之。总之，不论是汉族政权向北伸延，还是少数民族政权向南扩张，客观上均保证了中国疆域的完整和统一。

三是朱棣迁都，促进了北京地区的经济繁荣和发展。在迁都之前，朱棣即从移民、屯田、“开中”、赈灾、蠲租、疏浚运河、兴修水利、鼓励农桑、繁殖农畜等方面，全方位地复苏北京经济。在各项优惠政策的鼓励下，农业和园艺技术首先得到了恢复和发展。来自全国各省的移民，带来了各种作物和园艺种植的栽培技术。除了种植大麦、小麦、高粱、谷子、水稻和其他杂粮之外，还开始种植棉花等经济作物。

由于都城在此，王公、贵族、官吏、军民、商贾、贡使，便大量拥向北京。因而对蔬菜、水果、木柴、煤炭等生活用品的需要量也随之增加。因而在北京近郊一带，很快就出现了以种菜、种花为业的菜农和花匠。《菽园杂记》卷6中就记载：当时的北京“南方蔬菜无一不有”。对于花卉的栽培，大都集中在丰台的草桥一带。除了实行嫁接法之外，还采用了“穴地温火”的暖房种植方法。

随着水果的大量需求，在西部、北部和东北部山区，各类果树也随之

栽培和发展。由于这些水果产在上述山区，因而在德胜门内便形成了以水果为主要内容的集散地（俗称果子市）。

在兴建北京和天寿山陵的过程中，来自全国各地的能工巧匠（包括从安南掳来的各类工匠），普通夫役和军人也都大量汇集于北京。迁都之后，王公贵族，部府司道，八方贡使，也随之云集于此。由于人口急骤增加，也必然会促进手工业、商业和其他行业的繁荣和发展。永乐二十一年（1423），山东巡抚陈济来到北京。他看到北京的繁荣景象后说："今都北平，百货倍往时"。到了万历年间有一个人名叫蒋一葵，他先在广西灵川做官，后迁往京师，任西城指挥使。由于对北京的情况极为熟悉，他专门写了一本书名叫《长安客话》。在《皇都杂记》一节中，对北京的经济繁荣和商业的发展做了十分生动的描述："天下士民工贾，各以牒至，云集于斯。扇摩毂击，竟日喧嚣。"这种繁荣景象，自然是明成祖当初迁都的结果。

国子监

四是朱棣迁都使北京成为全国的文化中心。北京既然已经升为国都，成了政治、军事指挥中心，自然也就成了文化中心。

早在永乐元年（1403）二月，朱棣就在北京，建立全国最高学府——国子监。这是北京成为全国文化中心的开端。国子监的学生，除来自全国各地及少数民族地区之外，还有来自朝鲜、琉球、安南、占城、菲律宾等国的留学生。国子监的学生，一般保持在五千人左右。到了宣德年间，竟高至一万人以上。待这些学生学成之后，必然将中华民族的灿烂文化传播到全国各地和其他派遣之国。

继国子监成立之后，又在太医院、钦天监、四夷馆，附设培训班，专门培养医学、天文、翻译等方面的专用人才。

科举会试是最重要的取士之途，每隔三年举行一次。从永乐十三年（1415）二月开始，会试正式改在北京进行（取进士351人）。直到崇祯十六年（1643），先后在北京共举行会试78科，累计取士22967人。每科会试之后，还要将成绩优秀者，选为庶吉士，送翰林院继续深造。

会试之前，来自全国各地的数以千计的儒士举子汇集于北京。在北京滞留期间，他们自觉不自觉地将地方文化带到京师。试毕以后，又将京师文化分播到全国各地。

僧道羽流历来为皇家所推崇。朱棣因受到道衍和尚的影响和统治需要，对宗教，尤其是佛门格外重视，因而佛教文化在北京特别兴盛。除了兴建众多寺庙之外，最典型的就是永乐大钟的铸造。

永乐大钟通高6.75米，直径3.3米，钟唇厚18.5厘米，重达46.5吨。大钟内外共铸汉文经咒16种，梵文咒语100多种，共23万多字。其中，还将明成祖在永乐十五年（1417）御制的《诸佛世尊如来菩萨尊者神僧名经》的前20卷全文钟铸在大钟之上（多是佛、菩萨、尊者、神僧的名号）。这些经文、咒语，不仅可以作为佛学辞典供后人查阅，且字体工整隽秀，是当时馆阁体的代表之作。

永乐大钟，由当时的京师铸钟厂承造。敲击之后，声音圆润，深沉，余音可延续三分钟以上。整个北京都城都能听到它的悠扬悦耳之声。

永乐大钟集冶炼、铸造、声学、力学、书法于一体的伟大艺术精品，是北京成为全国文化中心的实物见证。

在朱棣迁都北京之后，经过多年的文化积累，在哲学、文学、戏剧、民间艺术和科学技术等诸多方面，也处于全国乃至世界的领先地位。因而在明代涌现出了像李贽、汤显祖、李时珍、徐光启等伟大的哲学家、剧作家、医学家和科学家。

朱棣迁都，主要是想到他的“龙兴”之地去做一个开创新局，重写历史，成为百世不迁之主的创业皇帝。这种思想和行动，在当时来看，无疑是对朱棣朱元璋的最大不孝和背叛。

子功超过父业，后世超过先祖，完全符合事物的发展规律。即使朱元璋当时活在世上，看到他的儿子创造前无古人的事功，他也定会为之大悦，绝不可能对其指摘否定。但关键的问题是，朱棣迁都竟有抬高自己之野心，这就为封建社会的纲常礼教所不容。

事物总有其两面性，迁都北京，也确实存在一些严重问题。最主要的问题是临虏太近，给后世无能皇帝留下了不少遗患。但从对中华民族的统一、疆域的巩固以及文化宝库的建设积累来看，从客观的、历史的、长效益的观点来看，他却给我们中华子孙留下了一座制度严格、建筑宏伟，最完备、最典型的中国封建社会晚期的帝王都会。因之，能够使北京成为当今世界上最负盛名的文化古都。仅此一点，永乐迁都不管他的动机正确与否，但从客观效果上看还是功不可没的。

第五章　扩土开疆奠盛世

朱棣的最高理想是做一个超迈千古的盛世名王，要达到这一理想，只有国内的安定康富还不够，还要有无限广阔的疆土，四海咸宾的局面。可以说，朱棣自即帝位后，为此倾注了毕生的精力，而首当其冲者是解决蒙古问题。解剖了朱棣的蒙古政策，也就可以大致了解他的整个民族政策的利弊得失。

明代元而有中国。其初，“顺帝北出渔阳，旋与大漠，整复故都，不失旧物，元亡而实未始亡”。元顺帝的继承人爱猷识理达腊、脱古斯帖木儿先后改元宣光、天元年号，仍以大元帝国自命，历史上习称之为“北元”。从此，在相当长时期内有一个明朝与蒙古部族政权对峙的局面，洪武年间为解决蒙古问题花费了巨大的精力。朱元璋曾先后派徐达、李文忠、冯胜、蓝玉等名将以及秦、晋、燕诸亲王出塞北征，虽有挫折但多所胜利。与这种武力打击同时，朱元璋还采取了一整套的防守与怀柔政策。在北部边塞，从东到西他安置了辽、宁、燕、谷、代、晋、秦、韩、安、庆、岷、肃诸王，节制诸军镇守边防，并用优厚的待遇吸引故元势力归附。朱元璋的这些措施是极有效的，再加上北元内部的分裂与纷争，明帝国对蒙元的斗争取得了主动。

朱棣即位后，继承了朱元璋的政策而又有所发展，同样取得了显著效果。但是朱元璋、朱棣的蒙古政策包孕着缺陷，这不仅使洪永朝未能从根本上解决蒙古问题，而且他们的政策模式留给后世，也酿成了一系列问题。所以，《明史》兵志说“终明之世边防甚重”，其中“北虏”一直是北方的重要威胁。

像历代中原统治者一样，明朝皇帝对周边民族采取了怀柔政策。

明初从洪武到建文、永乐年间，北元由于明朝的打击和内部的纷争，势力逐渐衰弱，并且分裂为三个大的部分，即西部的瓦剌、中部的鞑靼和东部的兀良哈，但明朝人又将所有蒙古人习称为“鞑靼”。

如何对待鞑靼和瓦剌的归附者，是明朝政府怀柔抚绥政策的重要内容。

朱元璋在夺取全国政权的过程中，一方面称言：“北逐群虏，拯生民于涂炭，复汉官之威仪”，以民族革命相号召；另一方面，却又承认元朝正统，称蒙古人做皇帝是“帝命真人于沙漠人中国为天下主”。“元虽夷狄，然君主中国且将百年，朕与卿等父母皆赖其生养”。并说：“朕取天下于群雄之手，不在元氏之手”。这显然是为了讨好元朝君臣，争取他们不战而降。他明确指出，如果元君能敬顺天道来归降的话，“朕当效古先王之礼，俾作宾我朝。其旧从元君仓卒逃避者，审识天命倾心来归，不分等类，验才委任。其宗伯王驸马部落臣民能率职来朝，朕当给换信印，还其旧职，仍居所部之地，民复旧业，羊马孳畜从便牧养”。“联既为天下主，华夷无间。姓氏虽异，抚字如一”。“残元领兵头目”，“有能率众来归，一体量材擢用”。“朔方百姓及蒙古色目诸人”，“自归附之后，各安生理，趁时耕作，所有羊马孳畜从便牧养，有司常加存恤”。他还批评元朝的民族歧视政策，说：“元朝出于沙漠，惟任一己之私，不明先王之道。所在官司辄以蒙古人色目人为之长，但欲私其族类，羁縻其民而已，非公天下爱民图治之心也……勿徇其弊也”。又说：“州郡官吏不得其人，儒者不立，流于纵弛，强者急遽，发为暴横，又皆以胡为之长，不惟尸位而已，实为奸吏愚弄假威窃权，以生乱阶”。在强大的和平攻势面前，北元官员将领纷纷归附明朝。朱元璋践守前约，量材录用，厚给官职爵禄。如洪武六年三月癸卯朔，“侍御史商暠招集王保保河南旧将士，得元参政副枢等580余人，军士1660余人至京师，简其壮勇者为驾前先锋”。洪武八年三月，以故元国公卜颜帖木儿为察罕脑儿卫指挥佥事，其镇抚千户，百户57人，俱以元平章知院等官为之。

朱棣继承了朱元璋这一政策，标榜任人唯贤，“不分华夷”，对于降附者的优礼厚遇，视洪武时期往往有加。

永乐十年十一月癸卯，洮州卫所镇抚陈恭上言：“侍卫防禁宜严，外夷异类之人，不宜寘左右。玄宗几丧唐室，徽钦几绝宋祚，夷狄之患，可为明鉴”。上览毕以示群臣曰：“所言禁卫宜严甚是，但天生之才何地无之？为君用人但当明其贤否，何必分别彼此？其人果贤则任之，非贤，虽至亲亦不可用。汉武帝用金日䃅，唐太宗用阿史那社尔，盖知其人之贤也。若玄宗宠任安禄山，致播迁之祸，政是不明知人。宋徽宗自是宠任小人，荒纵无度，以致夷狄之祸。岂因用夷狄之人致败？春秋之法，夷而入于中国则中国之。朕为天下主，覆载之内，但有贤才，用之不弃。近世胡元分别彼此，柄用蒙古鞑靼，而外汉人、南人，以至灭亡，岂非明鉴！”

这一段话议论得十分透彻，全面地表述了朱棣对鞑靼、瓦剌归附者的政策。在这里，不仅显示了朱棣豁恢宏度量，而且表明这项政策的提出是总结了历史经验，经过深思熟虑的。他把元朝“柄用蒙古鞑靼，而外汉人、南人”视为其灭亡的直接原因，在这一点上超过了朱元璋，是很有见识的。

同洪武时期一样，朱棣对漠南北归附者，“官其长为都督、都指挥、指挥、千百户、镇抚等官，赐以敕书印记，设都司卫所”。这就是所谓“羁縻卫所”。对于腹里的归附者，或是归附后迁入内地者，或授以官职，或给以爵禄，或令充军伍，这就是所谓“鞑官”和“鞑军”。永乐时期，鞑官和鞑军的数字空前地扩大了。

朱棣与鞑靼人的关系，渊源甚深。早在为燕王时，他的军队中就有很多“鞑卒”。建文帝曾指责他私纳智谋壮勇之士图谋不轨，朱棣辩解说：“盖臣府中有鞑军百余人，悉是洪武间归附。朝廷处于北平，皇考命于护卫岁给衣粮，以备御虏防边之用”。其实，燕府中的鞑军当不止百人。“靖难之役”中，朱棣还与蒙古私相往还。建文二年二月，“鞑靼可汗坤帖木儿，瓦剌王猛哥帖木儿款北平……鞑靼国公赵脱列干，司徒刘哈利帖木儿等自沙漠率众至北平助，燕王大加赏赍”。建文三年十一月，“北虏通燕，寇铁岭卫，杀百户彭城”。这些鞑靼将士英勇善战，在战斗中“胡骑军官最近左右”，“每简其精锐使从征伐，得其死力”。朱棣夺取皇权，得鞑靼将士之力甚多。

朱棣即位之后，出于政治需要，更加强了对鞑靼人的笼络。对归附者，除根据原有地位授予官爵，赐予布钞袭衣外，有时还给予牛羊孳畜。如：永乐三年六月，朱棣命令甘肃总兵官左都督宋晟说：“前归附鞑官阿

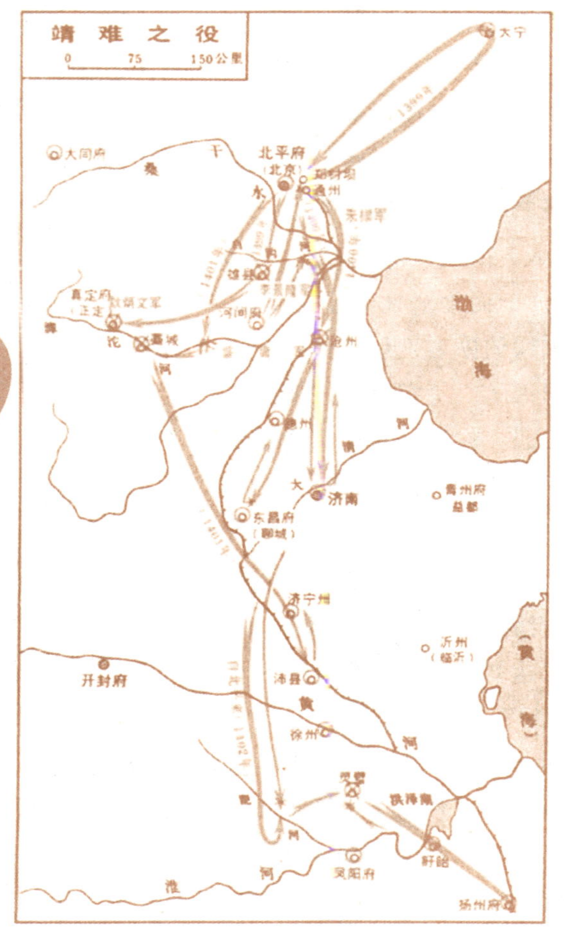

靖难之役

卜都罕等八人，鞑民十九人，令尔给予畜产，官牛十，羊五十；民牛六，羊二十”。在普遍给赏时，对鞑靼人的赐予要比汉人多。永乐九年十二月，礼部尚书吕震言：“京卫官军俱赐棉花棉布为冬衣，各卫寄居鞑靼官军宜准此例赐之”。朱棣说：“待远人当厚，命赐都督、都指挥、指挥，皆织金纻丝衣，千百户卫所镇抚纻丝绫衣，舍人头目细绢衣，旗军人等胖袄裤鞋”。但大部分鞑官在平时没有实际工作，只是在战时让他们从征。比如，永乐元年十月，朱棣对兵部尚书刘俊说：“武臣中有鞑靼人，多不识字，难委以政，故只令食禄，遇有警急，则用以征伐”。又如永乐三年九月，“陛陕西都指挥赵忠脱列干为后军都督佥事。脱列干食禄不视事”。，“陛散骑舍人朱秃儿为锦衣卫指挥佥事，赐金带，食禄不视事”。由于鞑官的待遇优厚，而又悠游无事，因而有的汉人反“冒鞑靼名以避政事”，致使皇帝不得不下令兵部“晓谕其改政，不改政者罪之”。对于边外归附的鞑宫，为了便于控制，明廷鼓励他们进入内地居住，或居住京师。永乐七年九月，“鞑靼虎力罕等率家属来归，奏愿居京师，赐钞币衣服，布绢鞍马牛羊米薪居第，及日月什器皆给之。自是有来归愿居京师者，赐赍准此例。若元之故官，则第高下授之职，食其禄而不任事”。永乐十年二月乙丑，朱棣命令甘肃总兵官宋琥说：“其诸虏及新附者，尔与丰城侯李彬熟计之，悉送京师，预法提备，毋致逊窜”。除归附的鞑军外，也有垛集鞑靼百姓为军的情况。永乐三年六月，宁夏总兵官左都督何福奏：“灵州鞑靼宜垛集为兵，以足边备”。朱棣命之“斟酌人情，可行则行”。

吴允诚和金忠是鞑官中的突出例子。

吴允诚原名把都帖木儿，是鞑靼平章。于永乐三年七月自塔滩率部属五千余人，驼马三万余匹诣甘肃归附。总兵官左都督宋晟留其家属于甘肃，遣人送到京师。为了表示对归附少数民族人员的宠异.朱棣往往要赐以姓名。朱棣赐把都帖木儿名吴允诚，授右军都督佥事，赐赉甚厚，令其仍率部属居凉州，谕兵部榜谕缘边将士毋有侵扰，并给牛羊孳牧。都督牛二十，羊一百五十；都指挥牛十四，羊七十；指挥牛十二，羊六十；千百户卫所镇抚牛十，羊五十；其随来军民每户牛六羊二十，家属给衣鞋布钞有差。朱棣命宋晟加意抚绥，候吴允诚等居住既定，选其中壮勇或二百三百五百，参以官军三倍，于塞外巡逻，侦察。“非但耀威，亦以招徕来附者”。朱棣厚待吴允诚的目的是非常明确的，吴允诚受朝廷厚恩，因而对明朝颇为忠诚。永乐六年二月，吴允诚领军队从征卜哈思之地，以“捕虏”功升右都督。九年四月升左都督，与中官王安追“叛虏”火脱赤至把力河，获“虏”人口马驼牛羊而回。十年正月封恭顺伯。十二年从征沙漠。永乐八年吴允诚从征沙漠，其时，凉州鞑官千户虎保等叛，并协允诚所部同叛。允诚妻与其子管者及所部都指挥保住卜颜不花等不从，遂率众擒获叛者。朱棣赐敕褒奖说：“以妇人而秉丈夫之节，忠以报国，智以

帖木儿

脱患”。陞其子管者，并厚赏赍之。永乐十五年吴允诚卒。其子孙亦多有功，封侯伯，赐美谥。吴允诚归附之后“降附者益众”，“边境日安，由允诚始”。永乐七年七月，鞑靼丞相咎卜王亦儿忽秃典住哥及平章都连脱儿赤及司徒、国公、同佥等“各率所部来归”，其众“三万”，“牛羊驼马十余万”。这说明，朱棣对鞑靼的抚绥政策很成功。

金忠，原名也先土干，因在漠北受忌于阿鲁台，于永乐二十一年（1423）朱棣北征途中归附。朱棣说：“鸟兽穷则依人，黠虏亦然。彼既来归，我须之以恩”。“宜厚意抚绥其家及部属。其资财孳畜一毫勿有侵损，庶不孤远人来归之心”。又对也先土干说：“尔以诚心归朕，朕以诚心待尔。君臣相与，周享太平之福于悠久”。然而，当时也先土干的归附，并非尽为“慕义”，不过是想借用明朝的力量对阿鲁台进行报复。朱棣北征不见敌人踪迹，得也先土干如获至宝，大加宠异，超乎常格。他对也先土干说：“华夷本一家。朕奉天命为天子，天之所覆，地之所载，皆吾赤子，岂有彼此？”于是，赐也先土干名金忠，封忠勇王，与铁券金印，玉带绮衣金币，时时侍从。赐宴时，坐于侯之下，伯之上。“御前珍羞悉辍以赐之”。行军时“上乘马，金忠一骑后随”。金忠部下的官属，都被授为都指挥、指挥、千百户镇抚。在朱棣的感召下，也先土干等皆叩头呼“万岁”，且曰：“大明皇帝真吾主也。”

优待鞑官，甚至对其归而复叛亦不甚罪之。如永乐八年十一月，凉州鞑官千户虎保亦令真巴等叛，朱棣“以其惑于流言，非其本心，挈家远遁，遣指挥哈剌那海等赍敕往宥其罪，使皆复业。在感召之下，虎保亦令真巴等率妻子万二千余来归罪，“上悉赦之”。九年九月，甘肃“土鞑”官军叛而复归。朱棣说：“土鞑官军比因人言鼓惑，惊惧逃叛，盖非得已。今既复回，罪亦可恕，亦善加抚绥。待之如前。”可以说是来去自由，至为宽大了。

但是，由于鞑靼、瓦剌对中原时有侵扰，明廷也对鞑靼、瓦剌时有征伐，因此，作为封建统治者，不管朱元璋还是朱棣，对其归附者不得不有所戒备。

朱元璋说：“吾虑其难处，或昼遇敌，或夜遇盗，将变生不测，非我之利。盖此辈初绌于势力，未必尽得其心，不如遣之使来，处我宦属之间，日相亲近，然后用之，方可无患”。

永乐二年冬十月，朱棣对镇守大同江阴侯吴高说：“鞑靼率多来归者，虑有诈谋。古云受降如受敌。其悉调山西都司、行都司，并太原三护卫骑士赴大同操备”。永乐三年八月，敕甘肃总兵官左都督宋晟曰：“比闻鞑官伯克帖木儿率众来归，可遣人慰抚，导之入境，然须密察其意。若有诈谋，易为制驭。语云，受降如受敌，不可不慎”。永乐十年五月己丑，敕镇守兴和都指挥王唤等曰：“今指挥岳山自虏中还言，鞑贼有为阿鲁台划计者，欲缘边副掠，宜谨守城池。或有以进马以归附来者，须详查其实，勿遽纳之”。

对于鞑官则不授以重权。丘浚说：“仰惟我祖宗朝，凡诸归正而建功者，往往赐之以封爵，膺之以显任。惟于五府诸卫之长诸边总戍之任，则有此限制，而不得以专。盖有合于唐人不用番将为正将之意。夫于任用之中，而寓制驭之意”。王世贞说：“祖宗时番将有功，虽累封至侯伯，不得五府都司卫所印及总兵镇守，或入奉朝请，或于各镇住牧。惟有征行，则遴所部精骑以从，或别将则副大帅耳”。朱棣对鞑靼、瓦剌人的优厚礼遇，是建立在他们承认明朝的宗主权、臣服于明皇朝这一基础之上的。既然这样，他们受到的待遇，就不可能完全与汉人平等。

一些大臣也担心，在辇毂近甸安置大批的鞑靼人会带来不安定因素，要求朝廷给予限制。自洪武时期起，为了消除元朝的影响。促进蒙古族人和汉人的同化，明朝采取了一系列强制性措施，以使蒙古人忘掉自己的民族传统，做明朝驯服的臣民。洪武元年禁胡语胡姓，洪武四年禁胡礼，洪武五年再申民间妇女服饰之制；同年，又令蒙古色目人不许与本类嫁娶，违者治罪。朱棣即位后，继承了这一政策。无疑这种强制性的同化措施，是包含着对蒙古等少数民族的歧视的。这与前述的对鞑官的不尽信任，是不利于对他们的怀柔和争取的。致使有的鞑官与明朝貌合神离，“犷悍如故”，一遇变故“甚至乃有为虏乡导者”，“有因事欲北徙者”。

然而总的说，朱棣对鞑靼、瓦剌的怀柔政策是成功的，取得了很好的效果。不论是边外羁縻卫所的首领军士，还是腹里的鞑官鞑军，大都忠于明朝，并为之效力。他们对明朝授予的封号官爵十分重视，把它看作是极高的荣誉和统辖本部属的依据。他们将朝廷颁发的玺印诰命辗转相传，世世宝之。直到清乾隆三十六年（1771）蒙古土尔扈特部挣脱俄国的羁绊重归祖国时，仍保有“伊祖所受明永乐八年汉篆敕封玉印一颗”，并将其献给清政府。永乐时期北部边境的大体安静，这种怀柔政策发挥了重要作用。

当然，大批的鞑靼人入居内地也带来一些新的问题，如给鞑官的俸禄过高，以致供鞑官一人之禄可赡京官十七员半。因而正统时有“以有限之粮，而资无限之费，欲百姓富庶，而仓廪充实，未之有也”的感叹。但这与制驭鞑靼、瓦剌的大略宏图相比，毕竟是次要的。

蒙古人退居塞外后，比成吉思汗时期以前处于更孤立的状态，蒙古与明朝以及其他国家地区的贸易几乎完全停顿了。由于游牧生活，从前工匠和农民的住地都成了草地。但是，他们对于粮食、纺织品和铁器等金属制品的需要是不可一日或缺的。尽管他们的生活方式大大倒退，但由于蒙古入主中原达百年之久，中原地区的影响并不能马上消失，长期形成的生活习惯也不能马上改变。比如他们吃的是“食兼黍谷”，并非全是肉乳；他们穿的是“衣杂缣布”，“富者至被缇绣”，“食最喜

成吉思汗

甘，衣最善锦”，其首酋愈以“衣锦服绣”为荣。但这些物品皆非草原所产，为了生活，不得不向中原或其它地区求得。其手段不外乎“以掠或易得之”。甚至在与明朝处于交战状态时，蒙古人也悄悄与守边士卒进行交易：“以斧得裘，铁得羊肘，钿耳坠得马尾火石”。

明朝当然了解这种情况，对同蒙古等少数民族的贸易一向控制甚严。它一方面利用贸易作为控制蒙古和其他少数民族的手段，同时也用贸易对其示以怀柔；另一方面，明朝为了边防，需要大量马匹，这使得与蒙古等地区的贸易势在必行。

洪武时期，对于边地的贸易有很细致的规定。马文升说：“我太祖高皇帝平定天下，抚治四夷，示之以威，怀之以德，彼皆顺服，岁时进贡。其所食茶、铁锅、铜器、罗缎等物，奏奉明文方才给予，及许令各该番人四时前来各边交易买卖，委官管领。当时法度严明”。一切不经朝廷许可的私人贸易都严格禁止。《大明律例》中上述禁令的条文繁复重叠，反映出明廷对这一问题重视的程度。明人认为，这些规定是为控制战略物资的出口，亦为了减少因贸易引起的纠纷，一切蒙古人所需之物均在朝廷掌握，则可以“操纵机宜”。

朱棣即位之初，为显示宽仁大度，对北部边疆各族的贸易似乎稍有放宽。洪武三十五年十一月，朱棣遣使赍敕谕兀良哈、鞑靼、野人诸部曰：“朕今继承天位，天下一家，溥海内外，俱效职贡。近边将言尔诸部酋长，咸有归向之诚，朕用嘉之。特令百户裴牙失里赍敕谕尔，其各居边境，永安生业。商买贸易，一从所便。欲来朝贡者，与使臣偕至”。同时，由于“靖难之役”，天下马匹损耗甚多，全国仅有马二万三千七百余匹。为巩固政权和边防，朱棣十分注意马政，一方面“严督所司，用心孳牧”，同时开民间养马之禁；另一方面就是加强与产马地区的贸易，大量买马。

一种交易是不定地点，价格由官方规定。

这年九月，“陕西行都司奏，回回可古思于宁夏市马，请官市之，以资边用。上从之。命有司偿其直。上马：每匹给绢四匹、布六匹；中马：绢三匹、布五匹；下马：绢二匹、布四匹；驹：绢一匹、布三匹。军民私市者禁之”。

永乐七年七月，“敕镇守宁夏宁阳伯陈懋：官帑有绮帛布钞，可与新附鞑靼易马。良马勿吝直，次者亦酌量增直易之”。

大量的贸易以朝贡的形式出现。蒙古和其他民族的使节或商人，赴边境或进京贡马及方物，朝廷以赏赐的形式给予报酬，或直接给予货值。马和方物都有定价，赏赐有定额，如果赐赉不足额，进贡者则会不满。这种进贡，实际上是各族首领或商人与明廷之间在做买卖。在这种贸易当中，朱棣的方针是“怀柔远人，宁厚无薄”。不仅给货值，还要给予丰厚的赏赐。蒙古和其它各族来朝贡马及方物的记载，不绝于史书。

在东北和西域，明朝同样与当地少数民族建立了市易朝贡关系。这是明朝控制东西双方以钳制鞑靼和瓦剌的手段之一。”辽边西壁近虏，境外多物产，如貂皮人参材木鱼鲜之类”。但洪武时期，对辽东的贸易管理甚严，以至“凡公差人员，不许捎带松榛等物进口渡海，违者一二斤、三五两俱分尸，号令所过，官司纵容，一体治罪”。女直、兀良哈头目经常赴内地贡马。永乐时期，在辽东开原广宁设立了三处固定的马市，定期开市贸易；又规定女直部落一年一贡、每贡一千人，兀良哈三卫一年二贡，每贡三百人，计每年赴内地朝贡者1600人，而实际不止此数。朝廷给予来贡“夷人”的赏赐也有定额。另外，朝廷还花费大量经费用以晏赏、迎驿。这些措施加强了同东北各民族间的联系。巩固了东北边疆，也削弱并牵制了鞑靼侵扰势力。

西北方面，永乐初明朝就与当地诸民族建立了通贡关系，抚之甚厚。

永乐四年八月，敕甘肃总兵官宋晟曰：“西北番国及诸部落之人，有来互市者，多则遣十余人，少则二三人入朝，朕亲抚谕之，使其归国宣布恩命”。

以贸易关系为手段来争取少数民族的意图是很明显的。

与西番的茶马贸易是明朝与少数民族贸易的重要部分。河州一带是西域门户，控制河州，才能使通往西域的道路畅通无阻。

朝廷茶马之禁甚严，“虽勋戚而不宥”。洪武三十年，驸马都尉欧阳伦坐犯私茶，竟然赐死。布政使司官不言，并伦赐死，家人等皆坐诛，茶货没入官。朱元璋说："巡禁私茶之出境者，朕岂为利哉！制驭夷狄不得不然也"。永乐时期，仍与西番保持了茶马贸易关系。

永乐三年二月，朱棣谈到禁夹带私茶布帛青纸出关时曾说："边关立互市，所以资国用，来远人也，其听之"。但看其永乐六年等令谕，其禁令之严或踰于洪武时期，大概也是"制驭夷狄不得不然吧"？

永乐五年十月壬辰，敕甘肃总兵官左都督何福曰：旧禁军器出境。近闻有鬻于外夷者，此边将失于关防之过，且今须严禁约。

六年二月戊子，何福奏凉州诸卫士军多私出外境市马，请按其罪……从之。

六月丙申，敕甘肃总兵官左都督何福曰：旧禁纻丝绫罗与外夷交易。比闻军民裁制衣服与回回易马，贪利违法，尔更申明其令。

同年，令谕各关把关头目军士，务设法巡捕，不许透露缎匹布绢私茶青纸出境，若有仍前私贩，拿获到官，将犯人与把关头目，各凌迟处死，家迁化外，货物入官。有能自首免罪。

永乐十五年再次申谕：国家兵器以御外侮，近有小人贪图货利，私鬻出境，反以资寇，宜严禁止，犯者虽勋戚不宥。

所谓"商贾贸易，一从所便"云云，是在朝廷的严格控制下进行的。

明天顺中，曾以右副都御史巡抚陕西的马文升说："四夷来贡，慕化之诚；朝廷优待者，柔远之道。此前代所行者，亦我朝廷之故事也……太宗文皇帝神武雄略，威振沙漠，四夷八蛮，罔不来贡，赐以彩缎衣服，待以下程筵宴，十分丰厚，使之餍饫，所以畏威感恩蛮夷悦服"。朝贡和市易，在一定程度上满足了少数民族的生活需要，也有利于加强各民族间的联系和边疆地区的稳定。朝廷也因而得到了大量的马匹。

但是，通贡也带来了许多新问题。以西域贡使言之：

> 西域使客，多是贾胡，假进贡之名，藉有司之力以营其私，其中又有贫无依者，往往投为从人，或货他人马来贡，即名贡使，得给驿传。所贡之物，劳人运至，自甘肃抵京师，每驿所给酒食刍豆之费不少。比至京师又给赏及予物直，其获利数倍。以此，胡人慕利，往来道路，贡无虚月。缘途军民递送，一里不下

明成祖永乐

三四十人，俟候于官，累月经时，妨废农务，莫斯为甚。比其使回，悉以所得贸易货物以归。缘途有司，出车载运，多者至百余辆。男丁不足役及女。归所至之处，势如风火。叱辱驿官，鞭挞民夫。官民以为朝廷方招怀远人，无敢与较。其为骚扰，不可胜言。

东北方面的贡使，也有类似的问题。

在朝廷把“四夷来朝”看作归顺或向化；而“四夷”未始不把朝廷的赏赐看作是软弱纳款。永乐以后，政治腐败，国力日衰，兀良哈、鞑靼甚至借武力邀贡、添贡。贡市非惟不能抚怀边外，反成了肇祸之源。正统成化以后，纷扰不已。张萱在《西园闻见录》中引用明人张涛说：“今日缺贡，明月补贡，今日革赏，明日补赏。塞上血未口乾，胡马之嘶风踵至”。兵部员外郎杨继盛甚至痛切地说：“是我不能以羁縻乎彼，彼反得以愚弄乎我矣”。

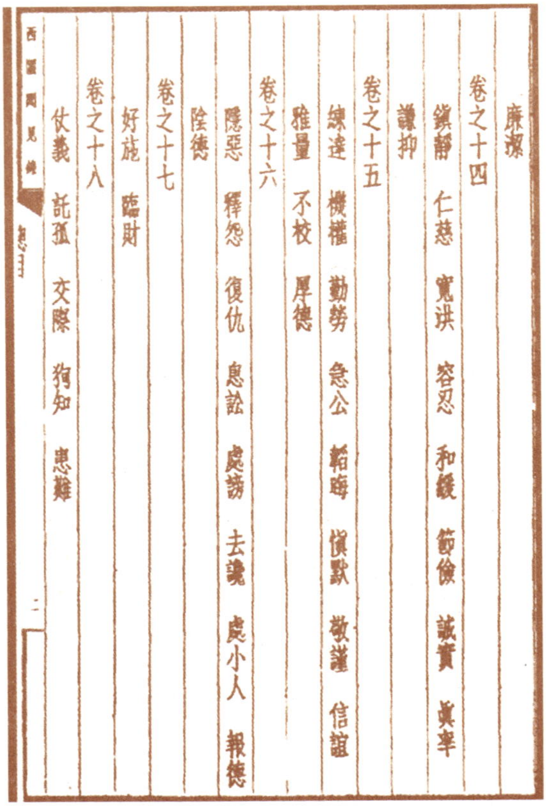
廉潔

卷之十四

鎮靜 仁慈 寬洪 容忍 和緩 節儉 誠實 真率

謙抑

卷之十五

練達 機權 勤勞 急公 韜晦 慎默 敬謹 信誼

雅量 不校 厚德

卷之十六

隱惡 釋怨 復仇 息訟 處謗 去讒 處小人 報德

陰德

卷之十七

好施 臨財

卷之十八

仗義 託孤 交際 狥知 患難

西園聞見錄 二

《西园闻见录》书影

元朝建国“北踰阴山，西极流沙，东尽辽左，南越海表”其疆域是很大的。元顺帝退出塞外后，仍然在东西广大地区内有着相当的影响，并企图借其力量以图中原。明朝如据有东北和西域，不仅可以削弱故元的势力，而且可对其收包围钳制之效。反之，明朝则处于蒙古势力的包围之中，不仅难于制驭蒙古，而且会影响到明政权的巩固。因此，控制东北和西域，是明初对付故元蒙古势力的要务。这里先说朱棣对东北地区的经营。

洪武初，元将纳哈出拥兵辽东，东北地区的女直族、高丽族等仍然处于其控制之下。朝鲜，时称高丽，还保持着与北元的臣属关系。北元君臣曾多次企图借助朝鲜的力量恢复中原。因此，明朝必须控制东北地区，切断北元与朝鲜的联系。嘉靖时兵部右侍郎王之诰说："辽北拒诸胡，南扼朝鲜，东控夫馀真番之境，负山阻海，地险而要。中国得之则足以制胡，胡得之，亦足以抗中国。故其离合，实关乎中国之盛衰焉"。这段话，准确表述了明朝与北元争夺东北的重要性。

洪武元年十二月，朱元璋派符宝郎契斯奉玺书赐高丽国王王颛。第二年，再派契斯赴高丽封其王，"凡仪制服用，许从本俗"，"式遵典礼"、"作镇边陲"。高丽于洪武二年五月辛丑停元至正年号，洪武三年七月始行洪武年号，奉明朝正朔，纳元所降金印。然此时高丽仍首鼠两端，与北元使节往来不断。

与此同时，朱元璋一方面不断遣使招谕东北地区官民归附，另一方面派兵从山东渡海，向辽东进军。洪武四年元月辽阳行省平章刘益降。同年，在辽东设立定辽都卫，八年改为辽东都指挥使司，辖25卫，138所、二州一盟。北元大批将领、女直头目相继归附明朝。朱元璋陆续将辽王、宁王、韩王，封于广宁、大宁、开原等地，以扼制辽东。洪武二十年，明军进攻金山，纳哈出降。二十二年，朱元璋在东北西部广大地区直朵颜、泰宁、福余等三卫，以处纳哈出降人，明朝在东北的势力范围大大扩展了。二十年十二月明廷咨高丽国王，以鸭绿江为界，"不得复有侵越"。洪武二十五年，高丽更名称朝鲜，几经周折，明朝终于和朝鲜建立了友好关系并将其列为"不征之国"以戒子孙。朝鲜和北元的联系被切断了，北元借朝鲜之力恢复中原的希望也落了空。明朝进一步巩固了在东北的地盘，洪武时期，明朝势力已达松花江、牡丹江及牙兰河一带。

永乐时期，国力强盛，朱棣锐意征服鞑靼、瓦剌，又因为明朝政治中心北移，所以更加强了对东北地区的经营。曾以右副都御史巡抚辽东的李承勋说："国朝建都于燕，亲以九鼎之重，扼胡人之吭，而拊其背。辽在侯甸间，与宣大错峙为三雄镇，以藩屏京师。天下无事则并力以抗胡，有事精兵数十万，指麾可集，而天下固以服其强矣。”

辽东地近鞑靼，兀良哈三卫时与串通，造成边患，因而在军事上仍以防备鞑靼的寇掠为重点。仅建文四年八月至永乐元年十二月，辽东都司就连续向朝廷报告军情：“缘边胡寇窃发不时”，“近虏寇盘山驿，虏掠人畜”，“虏寇懿德塞三昼夜，破寨栅，官军与战不利”。朱棣则不断下令：“严固边备”，“谨守疆场”。

朱棣也十分关心女直的情况，曾亲自讯问女直地方的风土山川。永乐元年，朱棣派行人邢枢偕知县张斌庄谕奴儿干，“至吉列迷诸部落招抚之”。永乐二年又派辽东千户王可仁前往辽东安抚女直之地，拟设建州卫，“给与印信，自相统属，打围放牧，各安生业，经商买卖，从便往来”。于是，“东北至奴儿干，涉海有吉列迷诸种部落，东邻建州、海

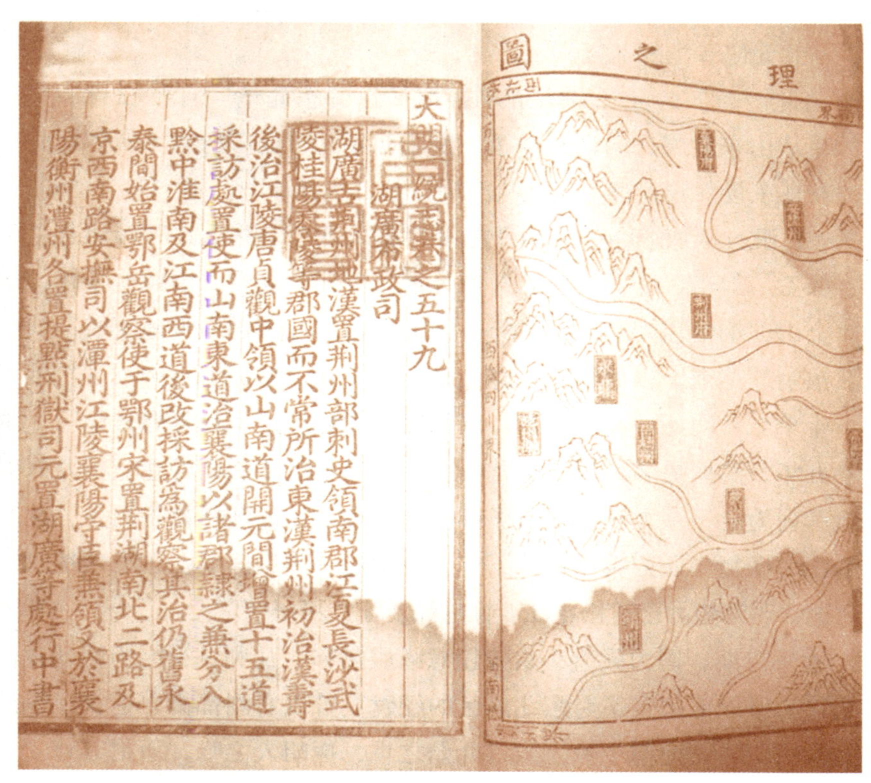
大明一統志卷之五十九
湖廣布政司
湖廣古荆州地漢置荆州部刺史領南郡江夏長沙武
陵桂陽零陵等郡國而不常所治東漢荆州初治漢壽
後治江陵唐貞觀中領以山南道開元間增置十五道
採訪處置使而山南東道治襄陽以諸郡隸之兼分入
黔中淮南及江南西道後改採訪爲觀察其治仍舊永
泰間始置鄂岳觀察使于鄂州宋置荆湖南北二路及
京西南路安撫司以潭州江陵襄陽守臣兼領又於襄
陽衡州澧州各置提點刑獄司元置湖廣等處行中書

《大明一统志》书影

西、野人女直……永乐初相率来归。明朝“因其地分设卫所”，“选其酋长授以指挥千百户等官俾仍旧俗，各统其属，以时朝贡”。

奴儿干都司的设立是朱棣巩固开发东北边疆，控制鞑靼的重大措施。“奴儿干都司先名远三万户府，前代无考，元为东征元帅府”。洪武时期拟招抚远方女直，以路远未达奴儿干。永乐二年二月，“忽剌温等处女直野人头目把剌答哈来朝，置奴儿干卫。以把剌答哈、阿剌孙等四人为指挥同知，古驴等为千户所镇抚，赐诰印冠带袭衣及钞币有差”。永乐七年闰四月，奴儿干卫头目忽剌冬奴等来朝，“复奏其地冲要，宜立元帅府，故置都司。以东宁卫指挥康旺为都指挥同知，千户王肇舟等为都指挥佥事，统属其众。岁贡海青等物，仍设狗站递运。永乐九年内官亦失哈率兵千余人，巨舰二十五艘至其地，正式开设奴儿干都司。关于奴儿干问题，有两点是值得注意的：

（1）从理论上说奴儿干所统卫所东起库页岛上的囊哈儿卫，西至鄂嫩河的斡难河卫，南到浑河一带的建州卫，北达兴安岭的古里河卫。但这些卫所，奴儿干都司并不能实际统属之。《大明一统志》：“我文皇帝神谋睿算，销患于未萌，悉分而散之，使之力足以自立，势足以相抗，各授以官职而不相统属，各自通贡而不相纠合。是以百年以来无东北之患。”考之《明实录》，各卫所入朝入贡，均直接地、独立地与朝廷发生关系，朝廷有所宣谕也直达各该卫所，各卫所不相统属，亦并不受都司统属。

（2）女直各卫所多属羁縻性质，以原有头目世袭指挥镇抚，朝廷给诰印，定期朝贡京师，而奴儿干都司却以流官长之。担任奴儿干都司都指挥同知的康旺，原为东宁卫指挥，东宁卫属辽东都司，距黑龙江数千里之遥，必非奴儿干土著。另外，奴儿干都司是拥有军队的，至少是少量的军队、而且是朝廷控制的官军。永乐十二年闰九月壬子，朱棣命辽东都司以兵三百往奴儿干都司护印。“先尝与兵二百，至是，都指挥同知康旺请益，故有是命，且敕旺逾二年遣还。”依文意言之，逾二年所当遣还者，似应为后益之三百兵。至于除护印之外是否还有其他军队，不得而知。这一事实说明明朝对奴儿干都司控制的程度，超过了其他羁縻卫所。另外，朝廷命使不断到奴儿干都司，从永乐到宣德中，仅中官亦失哈就曾到奴儿干之地达七次之多，这些都说明奴儿干曾长期处于明朝的有力控制之下。

东北各卫女直人，常常到内地朝贡或朝觐，为了表示优抚，朝廷要对其给予赏赐，封予官爵。朱棣称此曰：“捐小费以弭重患，亦不得不然”。

由于经济上的原因，女直需要与内地进行贸易，或以入贡形式进行，或于边境开市，永乐三年三月癸卯，朱棣命“就广宁开原择水草便处立市”。四年三月，“设辽东开原广宁马市二所。初，外夷以马鬻于边，命有司善价易之。至是来者众，故设二市。命千户答纳失里等主之”。这是开设马市之始。永乐时辽东马市共有三处，“其一在开原城南关，以待海西女直，其一在城东五里，其一在广宁城，皆以待朵颜三卫夷人”。市马有官价，贡物“悉厚直酬之”。不论鞑靼或女直，“来朝及互市者，悉听其便，但禁戢士卒，勿扰之”。谈到辽东马市，宣德皇帝曾说：“朝廷非无马牛，而与之为市，盖其服用之物皆赖中国，若绝之，彼必有怨心。皇祖许其互市，亦是怀远之仁”。女直固然需要内地的服用之物，而他们也给中原送来了土产：马匹、貂皮、人参、材木、鱼鲜等等。中原输出的则有铧、铲、耕牛、种子以及米盐绢布缎匹衣服等。开市的意义远远超乎经济之外。“开市有期，防市有禁，定市有价，抽市则立法，至详且善矣”，朝廷委专员进行管理。“抽分”是政府的一项收入，但它也标志着政府有效的管理权和边民对政府所尽之义务，显示了朝廷的影响力。

永乐时，大批的女直人纷纷归附明朝。要求靠近内地居住或到水草丰盛处放牧者，都需得到朝廷的批准。朝廷或为他们择地筑城，或以水草丰盛处许之。有愿居京师者，也受到鼓励，“赐袭衣彩币及牛羊薪米居宅”。永乐六年四月，朱棣对兵部臣说：

> 朕即位以来，东北诸胡来朝者多愿留居京师。以南方炎热，特命于开原置快活、自在二城居之。俾部落自相统属，各安生聚。近闻有思乡土，及欲省亲戚者，尔即以朕意榜示之，有欲去者，令明言于镇守官员，勿阻之。

既与方便，又不强使居之，来去自由，政策很开明。后来，由于移居者日多，为了便于安抚，置自在、安乐州于二城，州置知州、吏目、同知、判官各一员以管理之。其它如东宁卫、三万卫、开原、建州、喜温河卫等，也多有女直人等申请去居住，不仅得到批准，而且“赐钞，币袭衣鞍马，其居室什器薪米牛羊，所在官司给之”。为了便于当地居民的生活和经济开发，朱棣还主动派人筑城管理。永乐十二年九月，他听说弗提斤六城之地肥饶，使命指挥塔失往治弗提卫城池。“令居民咸居城中，畋猎孳牧从其便，各处商贾欲来居者亦听，仍命行在兵部榜谕之”。辽东地区民族杂居，亦有不少鞑靼人居住，永乐十年四月庚午，“命筑辽东开原西门土城，以处鞑靼之归附者”。

对于边地居民的贫寒者，朝廷则往往给予赈济。朱棣说：“薄海内外，皆吾赤子。远人归化，尤宜存恤。其即遣人发粟赈之，毋令失所。”当地居民及部落首领的生活用粮，朝廷还常常给予接济：“稍给盐米布，赡诸酋豪，使保塞不为边寇盗。永乐十二年秋七月巫凯奏：“开原三万辽海三卫岁收屯粮，仅给本卫官军及给安乐、自在二州之人。近奉命运给各卫调兵行粮，并接济毛怜、建州诸卫鞑靼，道路既远，供给不敷，宜将所给建州毛怜者，就沈阳各卫与之。”

通过以上各项措施，不仅巩固了东北边疆，而且在政治和军事上使北元势力陷入空前孤立的地位，这对明朝是非常有利的。明人说：辽东“历代以来地皆郡县，我朝尽改置卫，而独于辽阳开原设安乐、自在二州，以处内附夷人。其外附者，东北则建州、毛怜、女直等卫，西北则朵颜、福余、泰宁三卫。分地世官，互市通贡。事虽羁縻，势成藩蔽。是以疆场无迤北之患”。不仅如此，许多女直、高丽、鞑靼头目与朝廷的关系甚好。比如，永乐十六年正月己未，毛怜卫指挥猛哥不花奏：“本卫千百户哈答等二十余人，每有调发，能效勤劳，今来朝，请量升之，以劝将来。遂各升职有差，仍赐敕状谕赍之遣还。”同年二月庚戌，建州卫都指挥李显忠奏，其卫指挥千户镇抚头目哈剌忽等，擒捕叛亡，累著劳绩，请升职以示劝。遂升……俱赐敕褒谕且优赍之”。甚至朱棣出塞亲征，也征用当地兵士随行。永乐十九年六月，“敕辽东总兵官都督朱荣及辽东都指挥巫凯、刘青：于所属卫分并鞑靼、女直、高丽寄住安乐自在州官军内选精锐五千，以七月率至北京”。永乐二十年北征，毛怜卫指挥猛哥不花等亦率子弟部属从征。

明成祖永乐

另外，“辽东肥沃之地，一年耕有收，足数年之用。数年有收，海运可省”。朱棣很注意辽东的屯田：“减戍卒而增屯夫，数至十有其八。力穑者众，岁有羡余。数千里内阡陌相连，屯堡相望”。东北地区出现了繁荣发展的局面。

同时，永乐一朝，明朝与朝鲜关系甚好，北元无以乘其间，鞑靼向东的扩展更失去了可能。在明朝制驭鞑靼、瓦剌的一盘棋上，对东北的经营，是一招胜算。

“元太祖荡平西域，尽以诸王，驸马为之君长，易前代国名以蒙古语”。元朝灭亡后，故元势力仍然对西域有广泛的影响力。为了最后消除故元在西域的势力，限制后来的鞑靼、瓦剌在这一地区的发展，朱元璋父子在努力经营东北的同时，对西域的经营也采取了非常积极的态度。明人称此为“西控西域，南隔羌戎，北遮胡虏”。并将其比作汉武帝的“断匈奴之右臂”。

成化、弘治名臣马文升说：“我太祖高皇帝应天眷命，扫逐胡元，统一寰宇，凡四夷来贡者不拒，未来者不强。其于西域也亦然。真得古帝王驭夷狄之道矣。迨我太宗文皇帝。继承大统，开拓疆宇，始招来四夷，而西域入贡者尤盛。”

西遊錄注

元耶律楚材撰　盛如梓刪略　順德李文田注

中書令國初時扈從西征。行五六萬里。留西域六七年。有西遊錄述其事。人所罕見。因節錄此。

公戊寅春三月

元太祖十三年也。

出雲中。

湛然居士集有過雲中贈李尚書詩。

抵天山。

漢書西域傳。卑陸國王治天山東乾當國。晉灼武帝紀注曰。天山近蒲類國。去長安八千餘里。師古曰。天山即祁連山。郝太史韻士西陲要略曰。哈密之山即天山。山之北三百餘里爲巴里坤。柳谷水在城東北。源出天山。耕資灌田焉。

涉大磧。

宋程大昌北邊備對曰。大漠言沙磧廣莫。望之漠漠然。漢以後史家變稱爲磧。磧者。沙積也。其義一也。大唐西域記。龜茲西行六百里。經小磧至跋祿伽國。

西遊錄注

《使西域记》书影

明朝不断派出使节往西域诸部，兵科给事中傅安、郭骥，北平按察使陈德文，太监王安、鸿胪寺丞刘帖木儿，吏部员外郎陈诚、中官把泰、李达、郭敬，都曾先后出使西域。陈诚于永乐十一年出使，于永乐十三年回还，所历哈烈、撒马儿罕、别失八里、俺都准、八答黑商、迭里迷、沙鹿海牙、赛蓝、渴石、养夷、火州、柳城、土鲁番、盐泽、哈密、达失干、卜花儿凡十七地，著有《使西域记》，备言其山川风俗物产，使明朝对西域有了新的认识。

朱棣对西域各部族采取了种种怀柔抚绥的政策，争取他们对明朝的归附，至少是保持和平的通使通贡、来去自由的关系。永乐元年朱棣就对礼部臣说过："自今诸番国人愿入中国者听"。永乐二年十一月庚戌，朱棣于奉天门"视朝，西北诸胡来贡"。礼部尚书李至刚说："西北诸胡，陛下抚绥，皆以向化，边境已宁。"朱棣说："人恒言，以不治治夷狄。夫好善恶恶，人情所同，岂间于华夷？抚之有道，未必不来。虎至暴，抚之能使驯帖，况虏亦饥食渴饮具人心者，何不可驯哉！但有来者，惟推诚待之耳。"对于来经商者，朱棣主张"宁厚无薄"，"远人慕义而来，当加厚抚纳，庶见朝廷怀柔之意"。

西域的土官、头目，故元官属则纷纷归附明朝，不断来内地通使通贡。朝廷则给以王爵或令其为都指挥、指挥千百户、镇抚，给诰印冠带以为臣属。西域商人也纷来内地经商。西域所贡所市之物有玉璞、硼砂、硇砂、文豹、狮子、骆驼、名马，马匹是大量的。朝廷给来贡者以宴赏，赐以布匹、绵帛、衣服、瓷器、金银、钞币，所贡之马按等给直。

为了西域的经济发展，如同内地一样，朝廷还为其提供种子、农具，帮助其兴修水利，使其安居乐业。

哈密是明朝经营西域的重点。明初，故元肃王忽纳失里尚居哈密。洪武十三年，都督濮英练兵西凉，"出师略地通商旅"，忽纳失里惧，"遣使纳款"。洪武十四年，哈密回回阿老丁来朝贡，朱元璋遣其往畏吾儿之地招谕诸番。洪武二十四年，宋晟充总兵官与都督佥事刘真讨哈密，斩豳王别儿怯帖木儿、国公省阿桑儿只等1400人，擒其王子别列怯部属1730人。"番戎慑服，兵威极于西域"。

永乐初，朱棣遣使臣亦卜拉金等赍敕往哈密抚谕，且许以马入中国市场。哈密安克帖木儿遣人贡马，朱棣命“分别等第”，“计直给赏”，以“厚往薄来”怀柔远人。“凡进贡回回有马欲卖者，听于陕西从便市易”，并“约束军民勿侵扰之”。

永乐二年六月，封安克帖木儿为忠顺王。安克帖木儿乃元肃王忽纳失里之弟，忽纳失里卒，嗣为肃王。安克帖木儿遣使来朝请赐爵。朱棣说：“前代王爵不足再论，但今取其能归心朝廷而改封之。使守其地，绥抚其民可也”。遂遣指挥使霍阿鲁秃等赍敕封为忠顺王。这样，哈密改变了故元藩王的名号，正式进入明朝版图。这是直接与北元争夺哈密的斗争。安克贴木儿被封不足一年，就被“迤北可汗鬼力赤毒死之”。可见鞑靼势力仍在向西域渗透。朱棣命脱脱嗣位。脱脱为安克帖木儿儿子，于洪武二十四年宋晟讨哈密时俘人中国。朱棣即位“求得之”，“抚养甚至”，永乐元年送还故地。脱脱嗣立，使哈密与朝廷的关系更密切了。脱脱曾为其祖母所逐，朱棣以脱脱为“朝廷所立”，降敕切责其“不顾礼法”，“不知有朝廷”。哈密显然受到朝廷的管辖。

永乐四年三月，设立哈密卫，以其头目为指挥、千百户、镇抚等官，给印章，并设王府官。忠顺王府设经历、长史、纪善等官，以汉人庶僚周安。刘行、辜思诚等充任。王府官之设在夷姓诸王中是很特殊的，其制几同于朱姓诸王。另外，给忠顺王以金印，为其筑王城，都与其他羁縻卫所不同。这既说明朝廷对哈密的重视，又说明其实际控制、管理的程度。哈密卫官员的设置也由朝廷掌握。永乐五年十二月，朱棣敕何福曰：“得奏哈密指挥法都刺欲设把总官一员，以理政务。尔须度其可否，及当委用何人……宜审思熟计，具可否以闻。朝廷的法令、诏书都要在哈密颁行，几同内地郡属。脱脱死后，永乐九年封免力帖木儿为忠义王。终永乐之世，哈密贡使频繁往来。

嘉靖时兵部尚书胡世宁说：“昔者太宗文皇帝之立哈密也，因胡元遗孽力能自立而遂立之。借之以虚名，而我享实利者也”。虽非尽借“虚名”，而明实享其利。明人称哈密为“诸番领袖”。其所处地理位置十分重要，“当西域咽喉”，“天方等三十八国入贡，必取道哈密。”明朝因而利用哈密“译上诸番贡表，侦察向背”，“译文具闻乃发”。另外，哈密东距肃州、西距土鲁番各千五百里，“瓦剌达子在其北百里”，明朝控制哈密，“一以断北狄右臂，二以破西戎交党；外以联络戎夷，察其逆顺而抚驭之，内以藩屏甘肃，而卫我边郡”，对经营西域，进而对遏制瓦剌都发挥着重要作用。

对西番罕东、毕里诸卫，洪武十年六月，朱元璋曾颁《谕西番罕东毕里等诏》：

奉天承运的皇帝，教说与西番地面里应有的土官每知道者，俺将一切强歹的人都拿了，俺大位子里坐地。有为诸般上头，诸处里人都来我行拜，见了俺，与了赏赐名分，教他依旧本地面里快活去了。似这般呵，已自十年了也。止有西番罕东毕里巴一撒他每这火人，为什么不将差发来，又不与俺马匹牛羊？今便差人将俺的言语去，开与西番每知道，若将合纳的差发认了，送将来时，便不征他。若不差人将差发来呵，俺著人马往那里行也者……有俺如今，掌管着眼前的祸福俚！

作为一个封建皇帝，朱元璋柔武兼施，只要他们承认了明朝的统辖权，便“赏赐名分”，“依旧本地里快活”，否则便出兵征讨。

洪武年间、在撒里维吾儿之地设立了还先后安定、阿端、曲先、罕东诸卫。亦曾一度据有赤斤蒙古，并与沙州通好。

永乐中，对该地区的控制大大加强了。恢复了曲先卫（三年）、阿端卫（四年），新立了沙州卫、赤斤蒙古卫（二年置千户所，八年置卫）。

别失八里、哈烈、柳城、火州、土鲁番、撒马儿罕诸部，这些部族都与明朝保持了通使通贡的关系。洪武三十五年十二月，朱棣“遣使赍诏谕哈烈、撒马儿罕等处，并赐酋长织金文绮。遣使赍诏谕别失八里王黑的儿火者，并赐之彩币。黑的儿火者，元氏之苗裔也”。着眼于争取“元氏苗裔”，以固边陲。

撒马儿罕在诸部之西，即当时帖木儿大帝国主帐所在。以其主帖木儿为元朝驸马，明人称之为驸马帖木儿。当时帖木儿已定中亚，威德正隆，“受群臣尊号曰成吉思可汗”，其志不在小。明朝派给事中傅安以威胁利诱说降天山南北，到撒马儿罕为其所拘。帖木儿令人导傅安遍历诸国数万里山川以夸耀其国之广大。帖木儿勾结故元宗室完者秃（本雅失里）欲图东进。朱元璋怕元朝所留于凉州的大量回回与其串通生事，一次就遣归撒马儿罕1200人。永乐三年帖木儿与完者秃合谋率20万大军东征。朱棣闻讯令甘肃总兵官宋晟“练士马，谨斥堠，计粮储，预为之备”。第二年，帖木儿死于东征途中，一场大战才得以避免。帖木儿帝国陷入分裂之中，力量迅速衰落。其孙哈烈嗣王，与明朝通好。朱棣遣使往祭故王，赐新王及部落银币。其后“或比年或间一岁或三岁辄入贡”。这实际上又是一次与故元残余势力的斗争。

明朝永乐时期对西域有着有效的管辖权和广泛的影响力。部族头目对朝廷很忠诚。永乐八年五月，肃州卫寄居回回哈剌马牙叛，杀守御都指挥刘秉谦等，据城，遣人结赤斤沙州哈密为应援。赤斤蒙古塔力尼说：“尔受大明皇帝厚恩，而忍为不义！我辈得安居，农具种子皆官给，又为之疏水道溉田，我食其利。恩德如此，我不能报，而从尔为逆耶！今伺尔出城，必邀杀尔以报国家。”永乐三年，哈密忠顺王为鞑靼可汗鬼力赤毒死，别失八里则讨鬼力赤之罪。对于各部族之间的纠纷，朝廷也往往出面干涉。永乐五年，沙迷查干使节来言：“撒马儿罕本其先世故地，请以兵复之。”朱棣劝他“宜审度而举事，慎勿轻动以取危辱。”永乐十四年三月，别失八里与哈烈有隙，各蓄争斗之志，朱棣赐玺书谕纳黑失只罕并哈烈，“俾各释怨睦邻，保其民人，以享太平之福”。因而，“西域惮天子威灵，咸修职贡，不敢擅相攻”。

洪武时期，故元势力尚残留于西域，诸土酋每有叛掠。朱元璋往往施之以兵威。永乐时期故元在西域的残余势力不多了，朱棣主要使用劝说、安抚的办法平息西域的叛乱，不轻易用兵。永乐十一年，老的罕叛入赤斤蒙古，且为边患。朱棣命杨荣赴陕西与丰城侯李彬议进兵方略。杨荣还言：“出嘉峪关，千里险厄，乏水草，饷道弗能通，又冱寒，士马疲瘠，不可辄用兵罢中国。彼小丑当自来归。”朱棣从其言。这个决定是明智的。

在与西域的和平往还中，朱棣也有较其父高明之处。朱元璋曾遣使谕别失八里曰：“受天命为天下大君者，上奉天道，一视同仁，使巨细诸国，殊方异类之民，咸跻乎仁寿。而友邦远国，顺天事大，以保国安民……王其益坚事大之诚，通好往来，使命不绝，岂不保封国于悠久乎？”

朱元璋认为：“西方回回商人入中国互市，边吏未尝阻绝”，“由是尔诸国商人获厚利，疆场无忧。是我中国有大惠于尔诸国也”。这种片面的傲慢的态度，远不如朱棣的“以不治治夷狄”，“但有来者，推诚待之”。朱元璋听说西域产一马甚异，就派使者索取。其酋长靳惜，不得已，乃阴伤其足来献。图小利以失人心，不足效法。朱棣则强调“怀柔远人，厚往薄来”，优给赏赐，隆礼过之，虽然浪费不赀，但颇收笼络人心之效。永乐四年十月，回回结牙思进玉碗。朱棣不受，命礼部赐钞遣回，还告诉尚书郑赐说：“此物今府库有之，但朕自不用。”“虏贪而谲，朕受之，必应厚赉之。将有奇异于此者，继踵而至矣，何益国事哉！”朱棣并非轻视玉碗，也不是吝惜赏赐。他能从国家利益着眼，是值得赞许的。

然而，“自庄浪而南三百余里为西宁，古湟中也。自凉州西北二百余里为镇番，古姑臧也。夫以一线之路，孤悬几二千里，西控西域，南隔羌戎，北遮胡虏，经制长策，自古为难”。为了保持明朝与西域的正常通道，必须把守好镇番、西宁这个门户。

西宁、河州、洮州、岷州等地，众“番族”“聚族”聚居，明人之为“称西番”。洪武四年设河州卫，同年置洮州、岷州军民千户所，十一年立岷州卫，十二年立洮州卫。洪武六年立西宁卫。朱元璋说：“洮州西番门户，筑城戍守，扼其咽喉”。“西控番戎、东蔽湟、陇，汉唐以来备边要地”，“弃之不守”，“岂良策哉！”明代西番，还包括西藏地区。

在政治招谕和军事征服之外，朱元璋父子还利用贸易和宗教作为手段进行拢络。明朝法律对僧道限制甚严，民间不准私行剃度为僧，僧人需进行通经考试。但对于番僧优礼隆厚，实欲借其力以稳定“番族”。洪武二十六年三月，立西宁僧纲司，以僧三剌为都纲。河州卫汉僧纲司，以故元国师魏失剌监藏为都纲。河州卫番僧纲司，以僧月监藏为都纲。“盖西番崇尚浮屠，故立之，俾主其教以绥来远人”，“阴助王化”。

朱棣即位后，曾派司礼少监侯显僧智光赴西藏，番僧哈立麻也来到京师朝贡，朱棣派驸马都尉前往迎接。朱棣对番僧的优礼，无以复加。“诸卫僧戒行精勤者，多授喇嘛、禅师、灌顶国师之号。有加大国师、西天佛子者，悉给以印诰，许之世袭，且令岁一朝贡。由是诸僧及诸卫土官辐京师”。朱棣甚至称昆泽思巴、哈立麻为“尚师”，即“上师”，给以极高的荣誉，赐予甚厚，所费不惜。陆容说：“盖西番之俗，一有叛乱仇杀，一时未能遥制，彼以其法戒谕之，则磨金铦剑，顶经说誓，守信惟谨。盖以驭夷之机在此，故供给虽云过侈，然不烦兵甲刍粮之费，而阴屈群丑，所得多矣。”其策略是成功的，虽非创建，却开有清一代利用宗教笼络少数民族的先河。

同时，西番诸族不论大小皆许入贡，“西番之势益分，其力益弱，西陲之患亦益寡”。

这样，朱元璋父子用军事征讨、宗教拢络、入贡给赏等各种手段控制了西宁地区，从而保护了河西走廊并防止了蒙古势力南下西藏。明朝在整个西域的控制加强和巩固了，不仅阻止了鞑靼、瓦剌向西域渗透的可能，明朝反得以西域之地扼制之。比如，帖木儿汗勾结元裔完者秃图谋东进时，朝廷便得以及时了解，并有所准备。

经营东北、经营西域的活动，贯穿了朱棣的后半生。如果从更宏观的角度，便可以看出朱棣对东北、西北地区的开发控制，不仅仅是以之形成对蒙古势力的包围，而且是为明朝的势力在更大范围内得到巩固，其实，它是朱棣整个宏图大业的一部分。

北元政权以及后来的鞑靼、瓦剌，经常对明朝进行侵扰。明朝在对其怀柔抚绥的同时，不能不加紧防御。“选任名将，总率兵马，修饬边备以待之。自辽海至于两鄙，要害之处，皆有其人焉”，所谓“列镇控制四夷”。号称“九边”的北方重镇，永乐时辽东、宣府、大同、宁夏、甘肃皆已驻有重兵。总兵官领兵戍守，营堡墩台，分其缓急量设兵马，平时走阵、哨探、守瞭、焚荒，皆其职。敌“即不欲犯我境土，非以贪戾而务广大也。卫边地而死民死”，“日戒修军政”。其时“边政严明”，诸官军“无敢惰”，“稍违制辄按军法”。

朱元璋很注意北部地区的军事工事的建设，洪武时关隘烽堠遍布边境，“自辽以西，数千里声势联络”，用以“限隔内外”，“詟服胡虏，

北元官印

抚辑边氓”。

永乐以后，由于大宁都司的内迁，宣府等地成为冲要，后来迁都北京，靠近边境，朱棣更重视北部边防工事的建设。其主要设施有屯堡、壕堑、墩台。

据《译语》说：“虏好野掠，不攻城（以攻城旷日费力也），间攻堡寨。人果死守，则亦弃去”。“尝有畏死退缩者，贼入则无唯类”。因此，屯堡的坚固，对保护沿边军民不遭侵扰有相当作用。

宣府以外，宁夏、甘肃、大同、辽东等沿边要地都有屯堡设置。永乐十二年朱棣曾命行在兵部、都察院遣官按视各处屯堡建设的情况。朱棣还规定了屯堡的规制：

> 上命边将置屯堡为守备计。每小屯五七所或四五所，择近便地筑一大堡，环以土城，高七八尺或一二丈，城八门。周以壕堑，阔一丈或四五尺，深与阔等聚各屯粮刍于内。其小屯量存逐日所用粮食，有警即人畜尽入大堡，并力固守。

沿边还修筑了许多城池、石垣、壕堑。永乐七年六月，朱棣对后军都督同知曹隆等说："国家置边军镇守，所恃城池为固。须高城深池，日夜警备，若城池坚定，巡逻不怠，猝有缓急，可以战守随宜"。永乐十年八月，又命边将在长安岭、野胡岭及兴和迤西至洗马林"凡关外险要之地，皆崇石垣，深壕堑，以防虏寇"。永乐十三年三月，大同镇守左都督朱荣言："边卫城池，当边境冲要。其忙牛岭、兔毛河、赤山、榆杨口、东胜诸处城垣低薄、无壕堑，宜急修筑。从之"。永乐十一年二月，敕镇守辽东都督刘江曰："前尝令边将于诸屯择一屯多有水草处，深作壕堑，开井积水，凡邻近各屯行李刍粮孳畜皆置于内。有警则诸屯相与协力拒守。尔独不遵。尔别有良策否？即有缓急，不致误事否？宜深计之，毋贻后悔"。

朱棣曾多次下令各处建筑烟墩。这样城堡、墩台、壕堑，遍布北方边境，东起辽东，经宣府、大同、宁夏、甘肃，直至嘉峪关，各种军事设施连绵不绝。正德年间，礼部郎中都穆西出使宁夏，尚得见永乐初何福所筑城，甚至河州、洮州、岷州诸卫，也有边墙隘门等设施。

从宣化往西，过柴沟堡，沿洋河西岸，冈峦起伏。冈脊之上，烟墩相望，延绵不绝。偶尔在河岸也可以见到城堡。如柴沟堡西有一废弃的古城堡，城墙大体完好，呈正方形，每边约一百米，夯土筑成，访于当地居民，有说是城，有说是堡，当为明朝边军屯驻所用。这种墩台城堡的布置，一直绵延至大同，仍然比比皆是。如大同往西的十里河两岸。往北的御河两岸，往东北方向的南洋河两岸，都是这样。盖河床平旷，沿河是蒙古人入口的天然通道，当然也便是防边嘹敌的冲要之地。以御河两岸为例，从德胜口、宏赐堡往南，河东岸是一道土筑边墙，残存墙高一米或不足一米，阔三、四米，每相隔五六百米有一墩台，随山蜿蜒。河西岸峰峦起伏，每峰峦的至高点都有墩台，弥望无际。

在大同市西十里河北岸观音台东侧，有这样一座墩台。台为黄土夯筑，台基为正方形，每边约七米，台高残存约十米顶部亦呈正方形，每边约五米。台东北角有土筑阶梯从地面通往台顶。台外四周围以土墙，正方形，每边约20米。当地居民说，台西还有石砌房子的墙基，房子附近还有石磨，可能是守堡士卒居住生活之用，今皆荡然无存。

当然，这些烟墩城堡并不一定都建于明初，但我们还是可以从中看出明朝对北部边防的重视和经营的苦心。

对于通往鞑靼、瓦刺的关口道路则“补其缺，塞其罅”，驻以严兵，“以为外寇之防”。比如，古北、喜峰二口，是鞑靼瓦刺入寇的必经之路，军事要地。永乐八年正月，塞古北口小关口及大关外门，仅通一人一马。

明朝对关口的管理，十分严格。出入关口者须凭勘合，检验无伪方许放行。永乐七年四月，命编置紫荆、居庸、古北、喜峰、董家、山海六关口出关勘合，以防诈伪。每关一百道，以礼乐射御书数六字为号。北京留守行后军都督府、行在兵部皆用印钤记，而各置底簿。以兵部底薄并勘合送内府，都督府底簿付各关口。公差出关者，必得内府勘合为验乃出。无者，从守关官执奏。

为了防止诈伪，守边军队的调动也以勘合为凭。永乐七年五月辛卯，置边城调军勘合。“上以边戍调遣，止凭敕书，虑或有诈。乃以，勇敢、锋锐、神奇、精壮、强毅、克胜、英雄、威猛，16字编为勘合，共百号。底簿比号簿各一。底簿及勘合留内府，比号簿付边将掌之。遇有制敕调遣军马，须凭勘合比号相同，方许奏行。如有制敕，而无勘合，有勘合而比号不同者，皆为诈伪。于是给甘肃总兵官左都督何福、大同江阴侯吴高、宁夏宁阳伯陈懋、宣府武城侯王聪比对勘合簿各一”。永乐十一年九月，“敕镇守辽东都督刘江等曰，立边防以严内外，先王之制不可不谨。自今非有御宝文书不许出塞。虽传朕言，而无御宝文书者，皆不许。其境内商旅及公干有验者听。”

明朝禁止军民官员与外人私相往来，所谓“人臣无外交”，虽宗室亲王封疆大吏也不例外。既为防止“人臣”造成内患，更防止其勾结敌人泄漏军务引起外患。永乐五年四月，“敕甘肃总兵官西宁侯宋晟曰：‘朝廷禁约下人私通外夷，不为不严。比年回回来经商者，凉州诸处军士多潜送出境，又有留居别失八里、哈剌火州等处，泄漏边务者。此边将之不严也。已别遣监察御史覈治，自今宜严禁约’”。同年八月庚戌，“敕陕西行都司都指挥陈敬及巡按监察御史曰：‘人臣无外交，古有名戒。我太祖高皇帝申明此禁，最为严切。如胡惟庸私通日本，祸及身家天下后世，晓然知也。今边境犹有玩法嗜利之人，往往潜住卜笼吉儿、沙迷查干诸处，诡称朝使，索取宝物，或于道途窃盗外夷所贡善马，或为商贩图利，此皆边将不谨致然。都指挥为朝廷镇守边境，御史为国家耳目之臣，皆坐视不理，可乎？其悉心廉问防闲，不可纵弛’”。

对于边将与“外夷”的交往，防禁更严。永乐四年八月庚子，“以辽东镇守保定侯孟善所为非法，降敕切责之曰：‘将之御寇，犹犬之防盗，犬与盗狎，将何用焉，况复坏朝廷之法！姑贷尔罪。如不改过，悔将无及’”。永乐八年十二月，敕甘肃总兵官西宁侯宋琥曰：“尔前奏曲先卫头目有久居沙州令至甘肃者，既至，则当即送朝廷，乃留之不遣何也？礼，臣子无外交。虽为边将，非为警急及受命权宜行事，宜谨守常法，不宜轻易遣人出境……昔中山王守北京十余年，未尝轻遣一人出塞外。当时边圉无事。中山王亦享富贵令名无穷。尔能遵朕训，则边境可安，尔之富贵永远矣。”

朝廷常常命令边将派人出境巡逻侦察。比如永乐二年正月，“命宣府备御武城侯王聪、同安侯火真率骑兵五千人，马千五百匹巡逻迤北。永乐三年二月，“敕武城侯王聪、同安侯火真率骑兵三千人哨瞭迤北”。同年六月，“遣中官山寿等率骑兵由枪杆岭出云州北行，与武城侯王聪等会兵觇虏兵。各赍一月粮，每三十里置马五匹，以备驰报”。永乐四年六月，敕宁夏总兵官左都督何福曰：“漠北归人郭大都等至京言，虏俟冬欲南来圆山孳牧，尔宜严固边防。待九月尽，令郭大都为乡导，遣精骑出塞觇之。”

沿边驻军，除保护边内人民正常耕作生活外，本身还负担着屯田的任务。足食足兵，是中国传统的军事思想。明朝尚未建国时，朱元璋就重视屯田。后来，朱元璋曾对冯胜、傅友德说；“屯田守边，今之良法。与其养兵以困民，孰若使民力耕而自卫？”永乐时期，屯田有了新的发展。永乐三年朱棣敕谕说：

> 朕即位之初，便思量安养的道理，只要使平民丰衣足食，共享太平，常想着太祖高皇帝时，都着他耕种自食，又积赞起余粮防备水旱。百姓免得转输，军士并无饥窘，这个办法甚是两

使……因此上著恁每官军，依着定的分数下屯，专委官管领，定立赏罚则例，年终赴京比较。每一都司拨旗军十一名种样田，只是教恁每勤耕力种，攒下粮食，官府起盖仓廪替恁收藏起来。

明代边关耕战图

朱棣称此为“且耕且战”。永乐四年二月，敕山西等都指挥司：“方春时和，边民皆务耕种，虏或乘时侵掠，民不得尽力畎亩，宜严兵以备。寇至则捕击，无事则归屯，慎守疆场，训练士卒，且耕且战，尔其慎之！”永乐九年三月，“镇守大同江阴侯吴高言：‘山西行都司属卫军士，今或全卫，或什之七八屯种，故操练者少。请留其半操练，以备不虞’。上谕兵部臣曰：‘守备固不可单弱。若兵食不足，亦难兴守。宜视其地险夷，制多寡之数。阳和留什之四，天城、朔州留什之三，蔚州留什之二，余悉令屯种。且耕且守，以为定制’”。屯田的发展，在一定程度上保证了军粮供给。减轻了军民馈运的负担。

杨荣诗句：“关塞有兵严号令，屯营无事乐耕耘”，“猛士防边严警柝，行人驻马听泉声”。正是永乐时期边关情况的真实写照。

内迁边境蒙汉居民，是明初防止北元侵扰的重要措施。洪武初，明军北上，长城内外蒙汉居民大批降附。其时故元政权退居塞外，时窥中原，如何处置边境降民，关系到明政权的巩固。洪武四年，中书右丞相魏国公徐达奏："山后顺宁等州之民，密迩虏境，虽已招集来归，未见安土乐生。恐其久而离散，已令都指挥使潘敬、左传、高显徙顺宁、宜兴州沿边之民，皆入北平州县屯戍，仍以其旧部将校抚绥安辑之"。明人尹耕说："元主虽奔，遗孽数出没，且斥堠未立，保聚为难"，因而"部徙吏民于内郡"。明军初定天下，无力控制边外之民，又要防止其为北元所乘，徙民亦是不得已之举。从洪武四年起，陆续将边地居民大量迁往内地。四年六月，"徒北京后之民"，又徙"沙漠移民"；六年八月徙朔州之民；九月徙山西弘州、蔚州、定安、武、朔、天城、白登、东腾、豆州、云内等州县民；十一月徙绥德、庆阳之民。

起初，朱元璋主张对归附的蒙汉等人民就地安置，他说："凡治胡虏当顺其性。胡人所居习于苦寒，今迁之内地，必驱而南，去寒凉而即炎热，失其本性反易为乱。不若顺而抚之，使其就归边地，择水草孳牧。彼得遂其生，自然安矣。然而，"遗胡残虏遍郊原，已去而复来，既离复合"，归附者与未附者错综居住，朱元璋很快就改变了主意，多次下令"塞外夷民，皆令迁入内地"对逆命者，用兵剿除，"勿容再聚"，"地方人十分要打荡得乾净"。

朱棣承认了边民内徙的现状，有鞑靼归附者也往往迁之而南。比如，永乐七年九月，他命令甘肃总兵官何福说："鞑靼伯克帖木儿等部属至甘肃，且勿给田土，俱令来北京扈从，渐渐移之南行，散处于便宜畜牧之处"。

元人北撤和边民内徙，在长城附近造成了大片的空旷地区，长城以北更甚。同时，由于当地居民罕少，宣府、辽东、甘肃等地不设郡县，而是"遣将择兵镇之"，"捍外卫内"，统以卫所。所谓"旧郡邑守宰尽罢，其戍居兵卒，武吏驭之"，以数百万军民付之武弁，无人"抚循其疾苦，保护其妻孥"。这对于北方边境的开发和巩固是不利的。明人认为，边地诸镇不设宰守"亦一时权宜"，"文皇乘三驾馀威，图复郡邑旧制，而鼎成之亟，渊虑未纾"。从洪武末年就已考虑在边地充实民户了。洪武二十六年，置宣府前左右卫、万全右卫、怀安卫，"民户不足，调山西诸处馀丁实之"。永乐十二年，礼部尚书赵羾来宣府辑迁民，"羾至，披荆斩棘，布约束，分田立市，甚劳悴云”。永乐二年立保安州，十二年立隆庆州（今延庆），“至是始迁民实之”。但这种工作做得太少了，永乐时期新立者唯保安、隆庆二州，开平一卫而已。远不能弥补以前大规模迁徙造成的空旷。以当时的国力而言，恢复迁地郡邑建制并移民实之是完全可以办得到的，然而朱棣所重的是虚华的武功，于此未甚用力。相反，由于大宁都司及各卫所的内徙，万全都司、山西行都司部分卫所的内徙，以及兴和的废弃，反倒加重了长城以北地区的空旷荒凉的局面。终永乐之世以及后来这种局面并未改变甚至有所发展。曾任兵部职方郎中的陆容说：“居庸关以外抵宣，驿递皆百户为之，陕西环县以北抵宁夏亦然，盖其地无府州县故也。”朱元璋的内徙是为了御外，朱棣的内徙是为了防内，尽管都满足了一时的形势需要，但却留下了长久的遗患，其不利于北方地区的开发和边疆的巩固是显然的。

为了防止为北元——鞑靼侵扰者所乘，明朝还限制军民到边界之外去耕牧：“故事，边界封界之外，军民不得擅出耕牧”。这样，许多耕地草场，只好荒废。不仅如此，自永乐时期起，边外野草也不容其生长，每值秋冬，出塞烧荒，使鞑靼人不得近边放牧，以减少引起事端的机会。“太宗皇帝建都北京，镇压北虏，乘冬遣将出塞烧荒了哨。”

永乐五年十二月，敕镇守大同江阴侯吴高曰：“尔奏缘边草盛，欲焚之，最当。第虑旁近未知，或生疑怪，且巡徼军马，仓卒难避，屯堡房舍，将有所损。须预报之使备。”

这当是烧荒之始。后来，则逐渐形成定制：

> 焚荒，每年冬十月初间，以草枯为始，本镇统领官军出境焚烧野草，使鞑贼不能南牧。
>
> 每岁冬，镇守总兵会同赞理军务都御史，奉敕移文各路副总参游守备备御提调守堡等，尊照会行日期，各统所部军马出境，量地广狭，或分三路五路，首尾相应而行，预定夜不收分投哨探，放火烧沿边野草尽绝……近年兵马出境烧荒，俱至二百里外，顺风举火，草莽烧焚尽绝。贼闻兵马出境皆远遁，绝无踪迹。

明成祖永乐

本来，蒙古族建立了大元帝国之后，经过近百年的经营，长城以外广大草原地区曾经一度出现了经济繁荣的局面，所谓“屯田连络，监牧相属，宫室相望”。但是因明朝与北元政权之间的长期战争，由于蒙古族居民的北撤，靠近长城地区居民的南徙，以及限制缘边耕牧，秋冬烧荒等等措施，使这些地区变得一片荒凉：

永乐八年北征，次凌霄峰，登绝顶，望漠北，（朱棣）顾学士胡广等曰：“元盛时，此皆民居，今万里萧条，惟见风埃沙草耳”。

开平，旧有元之斡耳朵，犹华言宫殿也。今则荒台断础，零落于凄风澹月之间。

沙漠旷荡，马力未穷，惟近塞则多山川林木，及荒城废寺。如沿河十八屯者，其兵墟尚历历可数。极北则地平如掌，黄沙白草，弥望无垠。

出得胜口……过抚州，惟荒城然。北入昌州，居民仅百家。

迁民、烧荒、限制耕牧，使蒙古人不得近边放牧，可能减少了一些事端。但大片的沃土草滩任其荒废，是对生产力的一种破坏，不利于边境地区的经济开发，固然不能资敌，但也不能资己之军国之用。从长远观点看，这种做法是失策的。另外，当明军出塞征讨时，既无耳目向导，也无居民协助。大军粮饷，徒靠内地人民驮角馈运，行动是很不方便的。洪武二十三年，燕王临塞谕诸将曰：“吾与诸将军受命提丘沙漠，扫清胡虏。今虏无城廓居止，其地空旷。千里行军，必有耳目，不得其所，难以成功。”朱棣即位后，数次北征，迄无成功，与此不无关系。

另外，由于蒙族人民与中原经济联系的切断，他们失掉了许多生活用品的生产手段和来源；又由于与明朝处于对立地位，贸易关系不能正常地发展，为了满足物质生活的需要，他们不得不南下抢掠。如果说永乐以前蒙古人尚有恢复中原的能力和企图的话，那么永乐以后，他们的南下主要是为了满足其经济需要，定期的抢掠成了他们经济生活的一部分。因而明朝的防守，也带上了季节性的规律。每当“首春气和，坚冰渐薄，塞草将萌，胡马瘦而弓驰”，蒙古族人多在草原经营牧畜，明军则得以喘息：“解甲以候熏风，整鞴鞍以待秋至”。秋天到来，百草结籽，马肥弓劲，正是蒙古入掠之时，此时明军则“控弦执矢，观衅而动”。这就是所谓“防秋”。秋天正值内地收获，蒙古人多于此时南下因粮，但这时“农人收获，壁不可坚；禾稼棲亩，野不可清。虏或因粮于我遂深入，而秋高马肥，恒凭强以逞”。因而“防秋之兵，远地调集，主客相参，步军受障，马军列营，视四时独加严焉”。朱棣，以及后来的君臣，在北部边防问题上尽管处心积虑，但似乎没找到问题的根源。问题在于，只要上述经济形势不改变，明朝的所谓“边患”就不能解除。朱棣的频年征讨，更加重了草原地区与中原的隔绝局面，想要制驭蒙古几乎完全不可能了。

虽然，在朱元璋的怀柔政策下，有不少蒙古官民归顺了明朝，甚至在官僚队伍中有鞑官，军队中有鞑军；虽然由于明军的打击，由于蒙古内部的纷争，蒙古势力有所削弱，但从整体上说，蒙古鞑靼、瓦剌、兀良哈三部并未正式置于明朝的统治之下。明人说：“成祖以武定天下，欲威制万方”。对于不肯归顺的蒙古势力是不会置之不问的。但是，朱棣即位之初，百废待举，而处于纷争中的蒙古各部，一时也还难以给明朝构成威胁，因而，朱棣对蒙古的政策在永乐初期是以怀柔为主，以防守为主，即所谓“来者不拒，去则不追”。凡来归附的，均以礼接纳，不愿归或归而复叛者，也不强求。

洪武三十五年十二月，“有边地降虏叛去者，宁夏总兵官左都督何福“请举兵追之”。朱棣说：“但今朝廷大体，当以诚待之。春秋驭夷之道，来者不拒，去则不追。盖彼之来，既无益于我，则其去也亦何足置意！况其同类颇众，其间必有相与为亲戚者，今若以兵讨叛，其未叛者亦将置疑。不若姑听其去，但严兵备、固疆圉，养威观衅，顺天行事。如造次轻举，后悔无及。”

对于边外用兵，朱棣还举汉武帝以为戒。他说：“汉武帝穷兵黩武以事夷狄，汉家全盛之力遂至凋耗。当时虽得善马，岂足偿中国万一之费？朕今休息天下，惟望时和岁丰，百姓安宁。至于外夷，但思有以备之，必不肯自我扰之以罢弊生民。”

可见，这时朱棣对于边外用兵十分谨慎，这种决策显然受到实力的制约。

既然一时还不能臣服鞑靼、瓦剌，那么，只有先求与之通好。朱棣一即位，便遣使赴和林敕谕诸部酋长。永乐元年（1403），蒙古诸部推奉鬼力赤为可汗。朱棣又遣使致意，谕之曰："比闻北地推奉可汗正位，特差指挥朵儿只恍惚等赍织金文绮四端，往致朕意。今天下大定，薄海内外皆来朝贡。可汗能遣使往来通好，同为一家，使边城万里烽堠无警，彼此熙然，共享太平之福，岂不美哉！"

这位鬼力赤可汗，对于已经分裂的蒙古，并不能做到实际的控制，特别是无法控制西部蒙古的瓦剌部。朱棣承认鬼力赤在全蒙古的统治权，也是限于力量无法向北伸延。但朱棣并不是不想对蒙古进行控制，他在永乐二年便向瓦剌等地派出使节，争取不战而屈之。其谕瓦剌头目马哈木、太平、把秃孛罗和和林等处头目说："朕承天命，主宰生民，惟体天心为治，海内海外，一视同仁。今天下底定，四方万国无不来廷，皆已厚加抚绥，劝忻感戴。惟迤北诸部犹观望进退，出没边境，未有归诚。今遣指挥完者先那海、百户亦刺思等往谕朕意。夫天下一统，华夷一家，何有彼此之间？尔其遣人往来相好，朕即授以官赏，今还本地射猎畜牧，安生乐业，永享太平之福。"

对比永乐元年和二年的两通敕书，便会发现其中的矛盾。朱棣既然承认鬼力赤为蒙古可汗，要求通好，便不该再遣使瓦剌头目及和林等处头目，望其归诚；反之，要求瓦剌头目及和林等处头目归诚明廷，便是对其可汗的不友好。朱棣推行如此矛盾的政策，正反映了他的尴尬处境与矛盾心态。他希望统治全蒙古，做个主宰华夷的君主，但没有力量；他遣使蒙古可汗鬼力赤要求通好，但不真诚，因为他有臣服蒙古之心。这种矛盾的政策使他无法处理好与鬼力赤的关系，鬼力赤等人对朱棣的心计看得一清二楚。另外，可以断定，朱棣一旦认为自己的力量强大到足以臣服蒙古，便会抛弃这种矛盾的政策。

朱棣一再遣使鬼力赤，但鬼力赤非但无所表示，反而一再传言鬼力赤有寇边的意图。朱棣对此十分警觉。永乐三年五月，鞑靼头目察罕达鲁花遣人归附明朝，使人言，鬼力赤见在卜鲁屯之地。朱棣联想到不久前山西地方曾报告说云内及天城小尖山有火，因而料定"此必鬼力赤遣人觇我边也”。他敕谕迤北巡哨武城侯王聪、同安侯火真曰：“尔等可遣精骄密侦其动静，若来寇开平，即设伏出奇击之。”朱棣一再通过各种途径了解蒙古的动静，并令缘边兵马加紧备御。永乐四年二月，朱棣以书谕赵王朱高燧：“小旗孙成自虏中逸归，见鬼力赤阿鲁台也孙台向东南行。其来寇掠边境，亦未可知。尔速遣人驰报武安侯郑亨等，令坚壁清野以待。自黑峪、车坊至鱼台领隘口，可塞者塞之，不可塞则凿深壕以断其路，仍督兵屯田，且守且耕，寇来则相机用事。尔居守北京，一切边务皆当究心。”他同时还谕武城侯王聪、同安侯火真率将士往兴和同武安侯郑亨备御，敕谕甘肃总兵官西宁侯宋晟“训练士马，坚固城池以俟，无为虏所乘”。

这年三月，朱棣派遣指挥哈先，千户火儿忽答恍惚儿阿忽来赍书再谕鞑靼可汗鬼力赤，其口气已较前大为强硬。

永乐五年十月，朱棣再次致书谕鬼力赤：“前遣使致书可汗，本朝通好，共享太平乃拘留信臣不报，今再遣百户早花等审求其故。祸福之机，天有显道，惟可汗省之。”然此次致书仍不获报。

这时，蒙古鞑靼、瓦剌之间攻杀不已。可汗鬼力赤实际在鞑靼头目阿鲁台的控制之下，被当作号召蒙古各部的工具。但因鬼力赤“非元种”，“其臣不肯下”。

与此同时，元裔本雅失里的势力却在兴起。本雅失里，又名完者秃，流亡于帖木儿帝国，居撒马儿罕之地。蒙古兀良哈部来朝者向明廷报告说本雅失里欲率其卒合别失八里之众南掠。虽然别失八里远在西北，且据说本雅失里部属不过百人，但以其元裔的身份，必有相当的号召力，朱棣绝不能掉以轻心 。又有消息说蒙古将遣人“迎立之”。于是，他于永乐六年正月甲子派遣太监王安往别失八里，潜察其所向，同时敕令甘肃总兵官何福等遣人往哈密以买马为名而觇本雅失里动静。 三月，朱棣又遣使赍书谕本雅失里，劝其勿做非份之想。

朱棣的一纸诏书，自然没能阻止本雅失里东来，权位的诱惑力是至为强大的。但有一点则被朱棣说中了，鬼力赤必与本雅失里势不两立，而首先受害的竟是鬼力赤。永乐六年十二月，传来蒙古迎立本雅失里戕杀鬼力赤的消息。鬼力赤的被戕杀，也许不都因为他“非元种”，有传说“鬼力赤欲归附而未决”是否与其被戕杀有关，亦未可知。

本雅失里雄心勃勃，甚至要恢复大元帝国。朱棣被迫接受了本雅失里被立为可汗这一现实。永乐七年三月，朱棣派都指挥金塔卜歹和给事中郭骥出使鞑靼，郭骥曾出使帖木儿汗国很可能与本雅失里相识。朱棣在信中说：

边将得尔部下完者帖木儿等二十二人来，其言众已推立尔为可汗，尔欲遣使南来通好，朕心甚喜。今遣都指挥金塔卜歹、给事中郭骥等赍书谕意。可汗诚能上顺天心，下察人事，使命往来，相与和好，朕主中国，可汗主沙漠，彼此永远相安于无事。

朱棣在诏书中表示无意臣服本雅失里，愿意与其平起平坐。他送还了边将所得之22人，对其臣阿鲁台等也都有赐赉，真可以说是至为诚恳了。

然而，事实并不像朱棣信中说的这样简单、美好。朱棣在争取通好本雅失里的同时，仍然在与蒙古瓦剌部频繁联络，朱棣于永乐六年十月接待了瓦剌马哈木等的使节，第二处还封瓦剌马哈木为特进金紫光禄大夫顺宁王，太平为贤义王，把秃孛罗为安乐王，并给赐印诰。既然称本雅失里为可汗，又相约“可汗主沙漠”，为什么又封其臣马哈本等为王？且本雅失里既为元裔，自以乃祖乃兄继承者自居，其志焉得囿于沙漠？本雅失里心中十分清楚朱棣的诚意有多大，他是绝不会接受朱棣为他划定的范围的。而且，迎立本雅失里的主要是鞑靼头目，瓦剌与之势不两立，朱棣封瓦剌头目为王，只能会给鞑靼头目带来反感。果然，本雅失里等拒绝了朱棣的要求，永乐七年六月，百户李咬住及鞑靼伯兰等从漠北带来了给事中郭骥被杀的消息。其时，本雅失里阿鲁台为瓦剌所败，居于胪朐河，“欲驱败散之卒，掩袭兀良哈诸卫，遂袭边境”。朱棣无法忍受如此的侮辱，怒曰：“联以至诚待之，遣使还其部属，乃执杀使臣，欲肆剽掠，敢肆志如是耶？逆命者必歼除之耳！”他决心用武力产除逆命之寇。

朱棣对蒙古的政策从此发生一大变化，从“去则不追”变为“逆命必杀”。从此，他为歼除“逆命”之寇耗尽了精力，一直到死于北征蒙古的归途。

从表面看来，朱棣是在一再忍让，求和不成才怒而决定用武的，实际上，朱棣对蒙古政策的变化还有更深刻的内在原因。首先，明朝国内的形势已远非朱棣即位时可比了，政治反抗已经大体平息，社会秩序已经稳定；另外，安南的战争从永乐四年开始至永乐五年告一段落，明廷在安南设置了郡县，篡杀逆命的黎季犁、黎苍等已献俘京师。朱棣已经可以腾出力量把目光投向北方。朱棣说："逆命者必歼除之"的话是在永乐七年六月，而在这一年的三月朱棣已经从南京来到北京。难道朱棣此次北行只是为了巡幸他的龙飞之地吗？他是否对在北边用兵早有成算呢？从朱棣的北巡、营山陵、封瓦剌马哈木等为王，以及赦免曾助其靖难的将士及北京人民之罪这些事来看，朱棣确已用更多的精力注意北边的工作，可以说，朱棣用兵蒙古从而使之臣服也是久有酝酿的。

永乐七年七月，朱棣以淇国公丘福为征虏大将军，率军十万征鞑靼。八月，丘福败绩胪朐河，全军覆没。明军失败的根本原因，在于朱棣的轻敌。在郭骥被杀以后仅一个月，朱棣便命十万之师仓卒远征，准备不足是显然的。当时海内大定，经济已经得到恢复，明军又在安南取得新胜，朱棣方在志得意满之时，又过低估计了鞑靼"残虏"的力量。他的这种情绪，很可能也传染了丘福。清初史学家谈迁说："本雅失里之初，众心未附，降胡接踵。谓垂败之虏，尺组可缚。故淇公挥剑无前，灭此朝食。迨警尘沸天，捐十万之甲以填胪朐，犹未塞也。嗟呼，蜂虿有毒，况冒顿之馀腥乎，上（朱棣）在潜邸，数出塞北，自后阴山断牧者十余年。兵有时而变，不得以前事为准也。"朱棣错误地估计了形势，对这次失败是要负责任的。

朱棣志得意满，方欲用"四夷来朝"、"天下一家"来夸耀于国人，然而遣使被杀，命将败绩，"逆命者"仍然遥遥漠北。高傲的大明皇帝无法忍受如此巨大的耻辱，绝不能让潜在的政治反对派在暗中窥笑。为了保住尊严，只有一种选择，亲征，而且必须取胜！

永乐八年二月，朱棣率50万大军，深入漠北，破本雅失里於斡难河畔，本雅失里仅以七骑西逃。明军复东向击破阿鲁台于兴安岭。阿鲁台部众溃散，以其家属远遁，明军胜利了。

同年十二月，鞑靼太师阿鲁台遣平章脱忽歹等向明廷表示归诚，且贡马匹。朱棣并不以其曾经"逆命"便拒之。他命"宴劳之"，且赐彩币袭衣。施又向阿鲁台声称："朕奉天命，为天下君，惟欲万方之人咸得其所，凡有来者，皆厚抚之，初无远近彼此之间。"只要不再"逆命"，朱棣仍然乐于接受。然而此次阿鲁台的遣使"来朝"，另有他自己的目的。他向朱棣告愬，本雅失里西走瓦剌，并带走了传国玉玺。本雅失里既然号称可汗，传国玉玺又是全蒙古统治权力的象征，本雅失里西去，使得阿鲁台再难于"挟天子以令诸侯"了。相反，瓦剌的势力则会由于本雅失里和传国玉玺得到加强，鞑靼阿鲁台所争的，正是统治全蒙古的宗主权。阿鲁台企图借朱棣之手为他复仇。他甚至声称"元代子孙已绝"，否定本雅失里"元裔"的身份。其意蒙古已无合法的最高统治者了，无论本雅失里还是马哈木等，都无权号令蒙古各部，他又中伤瓦剌说："瓦剌之人非有诚心归附，彼如诚心归附，当遂献传国之宝矣。"朱棣虽说："朕未尝重此宝也。"但对本雅失里和瓦剌的"逆命"必然不能置之不顾，阿鲁台用各种方法向朱棣表示亲近。永乐九年六月，他又遣国公忽鲁秃来贡马，十二月遣彻里帖木儿等来贡马。朱棣自然不会亏待，他不仅厚赐来使，给予马值，而且将洪武中俘入中原的阿鲁台的同产兄阿力台及妹送归。

这时，瓦剌的首领，也并非坐视鞑靼与明朝的关系向密切发展，他们同样希望借明廷之手打败自己的仇敌。永乐八年，鞑靼被明军打败，瓦剌不禁有点幸灾乐祸。他们希望明军能将鞑靼势力彻底消灭。永乐九年二月，瓦剌顺宁王马哈木等遣使马哈麻等向明廷贡方物，借机挑拨明廷与鞑靼的关系。马哈麻说："本雅失里阿鲁台败走，此天亡之也。然此寇桀骜，使复得志，则为害边境。而西北诸国之使不敢南向，愿早图之。"必欲置本雅失里阿鲁台于死地而后快。为了达到目的，瓦剌尽量向明廷表示恭顺，不断遣使入朝。朱棣自然是来者不拒，一律给予优礼厚赐。

但是，鞑靼被明军打败，瓦剌的势力却发展起来。永乐十年，马哈木攻杀了本雅失里，立其子答里巴为可汗，从而夺得了"正统"的名号。不过，瓦剌要称霸蒙古还必须除掉鞑靼这一障碍。永乐十年五月，瓦剌马哈木等遣其知院答海儿等随指挥观保来到明廷。他们声称"既灭本雅失里，得其传国玉玺，欲遣使进献"，但是"虑为阿鲁所要，请天兵除之"。来使还恃强向明廷提出了一些要求："脱脱不花之子，今在中国，请还之。”瓦剌部属伯颜阿吉失里等“多效劳力，请加赏赉。”瓦剌同样想用传国玉玺打动朱棣的心，诱使他成为其复仇的工具。虽然朱棣说过“朕未尝重此宝”，但由于玉玺毕竟是故元皇室所系，是与明廷对抗的象征，朱棣也不能有所考虑。朱棣说：“此虏骄矣，狐鼠辈不足与较”，但心中的不快是显然的。永乐十一年正月，瓦剌顺宁王马哈木等又遣歹都孛罗台等来明廷贡马。这次更是“表词悖慢”，“多所请索”，向明廷提出“甘肃宁夏归附鞑靼多其所亲，请给部属”等许多要求。当时，明廷派赴瓦剌的敕使舍黑撒答等都在马哈木处留而不还，朱棣对瓦剌的骄傲大为不满，“遣其使者归”，并“还让中官海童赍敕条责其罪，声称：“能悔过谢罪，待尔如初，不然，必举兵讨罪。”

与瓦剌相对应的是，鞑靼竭力对明廷表示恭顺。他们指出，瓦剌的骄横无理实欲与明廷抗衡。永乐十一年五月，阿鲁台遣撒答失里等向明廷奏报：“马哈木等弑其主，收传国玺，又擅立答里巴为主。请发兵讨之，愿率所部为前锋。”六月，漠北卜颜不花等来朝，又说：“瓦剌马哈木自弑主之后，骄傲无礼，欲与中国抗衡，其遣人来朝，皆非实意，尽所利金帛财物耳。比屡率兵往来塞下，邀遏贡使，致使漠北道阻，宜以兵除之。”明廷文武群臣听到卜颜不花等的奏报后，“皆言马哈木等背恩负德，当举兵诛。”朱棣则说：“人言夷狄豺狼，信不虚矣。伐之固宜，但勤兵于远，非可易言，姑待之。如今秋不遣使谢罪，来春以兵讨之未晚。”纵观上述瓦剌的表现与鞑靼来人的奏报，虽可看出瓦剌马哈木等的骄态，可知瓦剌恃强弑主，但对明廷其实没有冒犯，完全看不出非与诛讨的理由。实录所以如此写，实为朱棣以后的轻举兴兵委婉开脱，“今秋若不遣使谢罪，来春以兵讨之”颇带有制造口实的雕凿意味。退一步，即使不是为出兵制造口实，也是中了鞑靼挑拨的伎俩。

朱棣对于恭顺的臣服者是“来者不拒”的。阿鲁台不仅一再遣使贡马，而且还向明廷纳上元朝中书省所授的印信。朱棣于永乐十一年七月封阿鲁台为和宁王。诏书中说：“朕恭膺天命，奄有寰区，日照月临之地，罔不顺服。尔阿鲁台，元之遗臣，能顺天道，幡然来归，奉表纳印，愿同内属，爰加恩数，用锡褒扬。特封尔为特进光禄大夫太师和宁王，统为本处军民，世守厥土。其永钦承用光宠命”。不久，和宁王阿鲁台谢恩，又奏举所部头目2962人，列其第，请授职事。朱棣分别授予都督、都指挥、指挥、千百户、镇抚之职。鞑靼阿鲁台在与瓦剌马哈木等人的争斗中，急欲找到一个靠山，希望借助明廷之力打败对手。朱棣接待鞑靼的来朝，封其为王，则可满足他的虚荣心。鞑靼的最终目的是诱使明廷出兵攻打瓦剌。他的目的终于达到了。永乐十二年阿鲁台遣人奏“瓦剌将奥鲁已渡饮马河，至哈剌莽来，扬言袭己，因而欲窥开平兴和大同”。朱棣决意亲征。

关于朱棣对鞑靼、瓦剌的政策，论者多以为他采用了“以夷制夷”的妙策，说他认识到鞑靼、瓦剌“分则易制，合则难图”的道理。但是，从上述朱棣对鞑靼、瓦剌的关系处理上看，朱棣实无甚么“以夷制夷”的妙策。如果说有什么既定方针的话，则可以“来者不拒，逆命必歼”一言蔽之。鞑靼、瓦剌间的仇杀，正是明廷可以利用之机，既使是置之不理，任其纷争，明廷也可以收渔人之利。相反，朱棣不仅没有利用这一机会，却极不明智地介入了鞑靼、瓦剌之间的冲突，时而打鞑靼，时而打瓦剌，反倒成了鞑靼、瓦剌利用的对象。

对于“外夷”，朱棣一向是以宗主、保护人自居的。于是，他封马剌马哈木等为王，又封鞑靼阿鲁台为王。别失八里欲袭瓦剌，朱棣则谕令别失八里“敦睦四邻”；在鞑靼声称将要受到瓦剌袭击时，朱棣也从不坐视，甚至决定出兵。如果说，朱棣出兵是为了明朝自身的利益，那么，他对形势的判断也是不准确的。瓦剌所争的，首先当在于控制鞑靼，称霸蒙古，还难于“与中国抗衡”,很难既攻击鞑靼又侵掠明朝。从地理上看，饮马河与开平、兴和、大同相去甚远。阿鲁台说“扬言袭己，因而欲窥开平、兴和、大同”，不过要挑拨明朝与瓦剌的关系，诱使朱棣出兵，代己当敌。阿鲁台说“愿率所部为先锋”，也不过是虚晃一招。事实上，后来朱棣出兵瓦剌，阿鲁台按兵不动，并未助战，甚至朱棣率明军旋师，路过阿鲁台的家门，阿鲁台竟然称疾不朝，可见阿鲁台的傲慢与狡诈。阿鲁台并未把大明天子放在眼里，在他看来，朱棣不过是一个可以利用的对象。阿鲁台不来朝见，朱棣无可奈何，为了自己下台，反倒向阿鲁台致以慰问。朱棣岂不知阿鲁台阳顺阴逆？只是不便说破罢了。朱棣封阿鲁台为和宁王，随之出兵瓦剌，自以为很高明，实则上了当，替阿鲁台做了前驱。在这场政治游戏中，鞑靼、瓦剌各有自己的小算盘。他们各从自己的利益出发，要和则和，要打则打，不为朱棣的政策所左右。反观朱棣，貌似宽厚洞察，却往往棋下一招。

谈迁在评论这段历史时说：

夷狄相残，中国之利。本雅失里戕我使臣。至于王略。今瓦剌马哈木等乘其弱灭之，是代我泄愤也。鞑靼阿鲁台请复仇，仇不在我。马哈木等又请征阿鲁台，两置之，听其争长。败则重困，胜亦力疲，因势图功，此卞庄子刺虎之奇也。乃封阿鲁台，贾怨瓦剌，轻万乘以先之！后阿鲁之叵测，适足嗤于瓦剌也。

朱棣不仅未能“以夷制夷”，反而使自己处于被动地位。明人的一些著作，同样批评朱棣说：“瓦剌马哈木等闻朝廷封阿鲁台为王，皆怨，朝贡不至。”他们认为，瓦剌的逆命完全是由朱棣政策所造成的。朱棣封瓦剌马哈木等为王，引起本雅失里、阿鲁台的不满。此时瓦剌立答里巴，也是以全蒙古可汗自居的。

然而，朱棣亲征瓦剌，固亦有其利益所在。一个强大而逆命的瓦剌，是朱棣所不愿看到的。朱棣能够躬擐甲矢，不避霜露，深入漠北，击走瓦剌，无疑要自示勇武无敌，以树立个人威望，但它同时也可以使明朝北边获得安定，因而这次北征也有一定积极意义，值得肯定。

永乐十二年六月到八月，朱棣率领明军与瓦剌经过一番激战。永乐十三年正月，瓦剌马哈木等遣人谢罪。自此后数年中，鞑靼、瓦剌与明朝之间的关系进入一个相对平静的时期。他们都与明廷保持了通使、通贡，称臣的关系。鞑靼、瓦剌之间的仇杀则如故。只要他们对朝廷不“逆命”，朱棣一概置之不问。这时，明廷在三者之间实处于居高临下的超然地位。瓦剌欲袭鞑靼，先通报于朝廷。鞑靼战败瓦剌，也向朝廷献所俘人马，朝廷则陛赏征战有功者。鞑靼被瓦剌战败，朝廷则加意抚绥“鞑靼来归者”。瓦剌为鞑靼所败，朝廷亦遣使慰问。鞑靼朝贡有横行于市者，朝廷则送阿鲁台自治。这期间朱棣对鞑靼、瓦剌的政策，真有“以不治治夷狄”之意，以逸待劳，坐收渔利，这种政策是较为成功的。

永乐十九年正月，阿鲁台遣都督脱木儿等贡马。脱木儿等至边境“要劫商旅”，“虏自是骄蹇，朝贡不至”。鞑靼再次与明朝闹翻，于是，又有朱棣接下来三年的亲征。关于这次亲征的原因，明人郑文彬认为是：“永乐十五年，马哈木死，封其子脱欢为顺宁王。阿鲁台恚，遂叛，人寇兴和。”阿鲁台的背明，是由明廷引起的：“封阿鲁台则瓦剌叛，封脱欢则阿鲁台叛，亦其势然也。”完全归咎于明廷的措置失当。

朱棣欲做一位超迈千古，君主华夷的雄王。他对边外臣民是“来者不拒”的，同时又是“逆命必歼”的。“来者不拒”、“逆命必歼”，可以概括朱棣对鞑靼、瓦剌的全部政策。朱棣并未试图分治蒙古，“以夷治夷”，也并没有什么别的妙算，“来者不拒”“逆命必歼”，如此而已。“逆命必歼除之”，成为朱棣顽固坚持的信条。他执拗地要让一切“逆命”者就范，而不问这要花多大代价，是否有必要。仅以阿鲁台的“骄蹇”、“携贰”、“所部侵略边境”便一再劳师远征，实为大可不必之举。再永乐二十一年、二十二年两次出塞，均未遇敌，更可以看出此举的无妄和偏执。

对于朱棣的政策，谈迁评论说：

文皇始征虏，不寝处阿鲁台不置也。亡何，封阿鲁台则征瓦剌；又亡何，信瓦剌则征阿鲁台。十年之间乍臣乍叛，乍赏乍谴，在虎狼之虏不足责，而庙算互异，非所以昭威信于万里之外也。若曰阿鲁台侵掠，则瓦剌之侵掠亦见告矣。且逋在阿鲁台，迁其罚于兀良哈，曰彼当逆也……盖骛远略，慕奇策，不欲虚其羁靮也。

永乐九年闰十二月，阿鲁台派人向明朝要求将吐蕃、女直作为自己的部属：“请女直、吐蕃诸部属其约束”朱棣以问左右，多请许之。右春坊大学士黄淮独不可，曰：“此属分则易制，合则难图矣。”上顾左右曰：“黄淮如立高冈，无远不见。诸人如处平地，所见惟目前耳。”乃不许阿鲁台请。另外，鞑靼、瓦剌的分裂、攻杀，由来已久，且并非朱棣政策所致，其目的在于争夺蒙古之霸主地位也。

朱棣北征

那么，北征的战绩，又是怎样的呢？

明人称颂朱棣北征的功业，极尽赞美之词，所谓“五出漠北，三犁虏庭”，所谓“北清沙漠，南定交阯，其威德所加，不远过汉高哉。”嘉靖时曾任兵部主事的袁衮化说：“文皇帝躬擐甲胄，张皇师徒，穷追遐讨，深入漠北，以靖胡虏。妖氛残孽，荡焉廓清，几无孑遗。乘舆所至，盖汉武唐宗所不到者。”他们都把朱棣北征的武功看做超过了汉唐，曾经随驾参赞北征的杨荣等人，对北征的赞颂更是无以复加了：

皇上以神武之资，继志述事，旄钺一麾，而龙沙万里之外，罔有遗患，以为圣子神孙万年无疆之业。其于古昔因循不究以蹈后艰者，霄壤不侔矣。圣德神功，巍然焕然，直与天地准。夫岂浅见薄识，所能形容万一哉！然臣荣猥以非才，叨职翰墨，备员扈从于戎马之间，亲睹皇上，躬御戎衣，以临六军，神谟庙算，

房山姚广孝墓塔

机敏睿发，出奇料敌，变化若神。天戈所至，罔不披靡，是以扫除胡孽，易若拾芥，此至此万世不拔之功业也。

永乐北征的武功到底怎样？是否由于朱棣北征给子孙留下了“万年无疆之业”？

天子亲征，举国企望，朱棣更欲以此留美名于后世，一出塞便急于勒铭刻石。如果朱棣北征战果可观，一定会详述以夸示天下。不幸的是，北征战果寥寥。模棱的数字，茫然的记载，显系史官有意掩饰之。谈迁说：“上不胜丘福之忿，慷慨临戎，出塞千里。观其走可汗，败太师，所俘斩史不著其数，则卤获亦甚微矣。异时冯胜，蓝玉之功，于卫、霍有加焉。文皇躬秉黄钺，未曾当其百一，故屡驾而未已也。”

还有，在获得这种掳获甚微的胜利之后，明军班师途中曾两次受到鞑靼人的追击，这也说明鞑靼所遭的挫折并不严重，还有还手之力。

明军此次的胜利，说来也有几分侥幸。明军北出，正值鞑靼内部分裂，相互厮杀之后。《实录》载：“本雅失里闻大军出塞，甚恐，欲同阿鲁台西走。阿鲁台不从，众遂乱，互相贼杀。本雅失里已西奔，阿鲁台东奔，余部落亦离散。”与之相对照，明朝北征的军队则有50万之多，大阅时，军阵东西绵亘数十里，师徒甚盛。戈甲旗旄，辉耀蔽日，铁骑腾跃，钲鼓锵震。”双方形势如此，更加暗淡了明军胜利的光彩。

再有，此役并未将鞑靼阿鲁台制服。永乐九年十二月，阿鲁台确实“遣使来款”了。但是：

陈仁锡

阿鲁台遣使纳款，且请得部署女直吐蕃诸部。

阿鲁台归款，请得役属吐番诸部，求朝廷刻金作誓词，磨其金酒中，饮诸酋长以盟。

这些记载虽然说是“纳款”是“乞”、“请”，但乞请的内容却不一般。当时，女直、吐蕃诸部均向明朝称臣，其官员亦为朝廷所任命。阿鲁台要求部署女直、吐蕃诸部，对明朝无异于蛮横要挟。明朝虽未答应他的要求，但对阿鲁台的无理态度亦无可奈何。另外，朱棣北征瓦剌路经鞑靼境内，作为接受朝廷封号的和宁王阿鲁台，竟然称疾不朝见朱棣。这些都说明明廷的武力并未使阿鲁台诚心臣服，阿鲁台有恃无恐。

第二次北征，永乐十二月征瓦剌。

这一仗，明军以“五十万众”征讨“扫境”不过“可三万余人”的瓦剌，其势相悬。然而明军打得十分艰苦，双方“杀伤相当”，如果不是“班师之令”“急下”，其胜负将不知何如。但是，明军的班师诏却恬然曰：“兵刃才交，如摧枯朽。”李时勉所上之《平胡颂》更是张皇其词：“师至撒里却儿之地，虏来迎战，追至土剌河。虏酋悉众来拒，我师奋击，又大败之。狼奔豕骇，错莫失措。弃弓捐矢，号呼奔窜。”但涉及到具体战果，也只得含糊其词：“遂杀其名王以下数十人，斩馘甚众，余虏遁去。”明军于八月初一日还师至北京，闰九月就有“马哈木欲掠甘肃”的消息，亦可证瓦剌的实力并未受到多少损失，也并未因此役而敛戈。这次征瓦剌与上次征鞑靼同样未能达到预期目的。

不仅如此，这两次北征还使明朝“军马储蓄十丧八九”，“内外俱疲”，损失是巨大的。

第三次北征，永乐二十年征鞑靼。

《实录》等几种记载，多含混夸张之词，但总之都说这次出征的主要目的并未达到。阿鲁台远遁，明军未能与之交锋，回师击兀良哈，亦仅俘其老弱。本为伏虎，却以擒兔搪塞，总算不枉出塞一场，也算给朱棣挣了点面子。王世贞说“是举最为得志”，接着又说“阿鲁台竟遁去，未伏诛”。是得志呢？还是不得志呢？王世贞的“微言大义”是很清楚的。

以上就是所谓“三犁虏庭”了。

至于以后两次北征，均是“无功而还”。《明史·复原吉传》说：“已，复连岁出塞，皆不见敌。”

第四次北征，永乐二十一年征鞑靼：“六师深入，寇已远遁。帝方耻无功，见其（也先土干）来归，大喜。赐姓名，封忠勇王。”也先土干之归，使出师而不遇敌的朱棣喜出望外，此事可聊掩朱棣劳师无功之耻，因此朱棣礼遇也先土干甚隆。然而，也先土干的归附并无补于对阿鲁台的控制。

第五次北征，永乐二十二年征鞑靼，仍不见敌。“车驾次天马峰，复行数十里，宁阳侯陈懋等遣人奏：臣等已至答兰纳木儿河，弥望荒鹿野草，虏只影不见，车辙马迹皆漫灭，疑其遁已久。”“英国公张辅等分索山谷周回三百余里，无一人一骑之迹。”

这时，朱棣本人也感到北征没有什么希望了。五月甲申，大军在开平，朱棣召杨荣、金幼孜至幄中，谕之曰：“朕昨夜三鼓梦有若世所书之神人者，告朕曰‘上帝好生’，如是者再。此何祥也？岂天属意此寇部属乎？”朱棣简直以为是有上帝在暗中保护鞑靼人。

这年六月甲子，朱棣死在班师途中的榆木川。“五出漠北”就这样结束了。

朱棣好大喜功，欲效古名王标榜于后世，第一次出塞尚未遇敌，就忙于勒石刻铭以夸示天下。玄石坡铭曰：“维日月明，维天地寿，元石勒铭，与之悠久”。擒胡山勒铭曰：“瀚海为镡，天山为锷，一扫胡尘，永清沙漠。”广武镇勒铭曰：“于铄六师，用歼丑虏，山高水清，永彰我武。”气势何等雄壮！但是，朱棣殚尽毕生精力，其志竟未得伸。王世贞感叹朱棣北征是“远慕雄略而近遗庙算。”说他“披坚驰轻，冒犯霜露，以媒叵测。北望而抱遗弓之痛，至今犹若新矣。”真是千古遗恨。朱棣麾数十万大军，竭全天下之人力，频年出师，“竟不能贻数年之安”。朱棣远远没能解决蒙古问题。不仅在永乐以后明朝仍然受到鞑靼、瓦剌的骚扰，就是在永乐时期，这种骚扰也未能完全解除。

史称朱棣“善战”，实也有可议之处。第一，朱棣为燕王时，曾与秦王、晋王同时出塞，其时燕王虽有功，但秦、晋二王亦非败北，而是未遇敌。只是在秦、晋二王死后，燕王始得脱颖而出。第二，《太祖实录》经过永乐朝两度重修，其用意之一便是贬抑诸王而抬高朱棣，凡记燕王之事多夸饰之词。而野史如《吾学编》、方志如《雍大记》，则皆言秦王“严毅英武”，晋王“聪明英锐”，于其事功亦有记述。第三，靖难之役时，朝廷元戎宿将早被朱元璋收拾干净，朱棣久驻塞上，拥有重兵，又有长期的统兵经验，而三年所得唯北平三府，其间围济南久不下，东昌之役、白沟河之役几溃不成军，后以中官为内奸武臣多临阵叛降才轻易取胜。第四，朱棣即位后，数次麾师出塞，既不顾远离根据地，又不考虑馈运之艰难，而每出师又对敌情茫然不知，进入敌境才想起侦察。永乐二十二年出塞，“获虏谍者”，方知“虏去秋闻朝廷出兵，挟其属以遁，及冬大雪丈余，孳畜多死，部曲离散。比闻大军且至，复遁往答兰纳木儿河，趋荒漠以避”。决策既不高明，指挥亦欠周详。第五，朱棣刚愎自用，左右唯承命

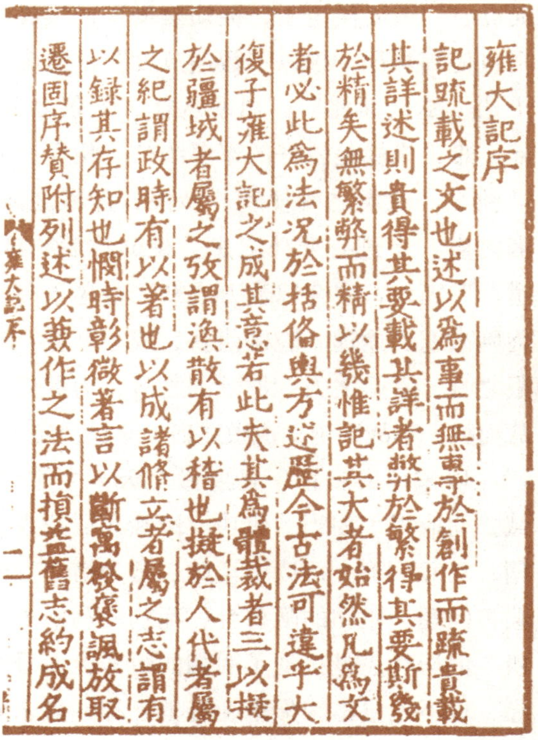
雍大記序
記疏載之文也述以爲事而無[illegible]於創作而疏貴載
其詳述則貴得其要載其詳者[illegible]於繁得其要斯幾
於精矣無繁蕪而精以幾惟記其大者始然凡爲文
者必此爲法况於括俗與方述歷今古法可違乎大
復子雍大記之成其意若此夫其爲體裁者三以擬
於疆域者屬之攷謂渙散有以稽也擬於人代者屬
之紀謂政時有以著也以成諸條立者屬之志謂有
以錄其存知也憫時彰微著言以斷寓發褒諷放取
遷固序贊附列述以蓺作之法而損益舊志約成名
雍大記序　二

《雍大记》书影

而已，“诸元侯锐士，徒知凛畏”，谋议畜朒。朱棣又不愿诸将分其功，宿将何福从征，仅以“数违节度”，遭嫌自轻。“功冠交南”的张辅，被朱棣“亟借而北”，出塞从征，但仅令其“俾之督运”而不预军政。因而，难说朱棣是位好的军事统帅。相反，朱棣所征之敌又具有许多优势：“驰突，北虏之所便宜。沙漠，斥堠之所不及。”内地军士“夏往有暑渴之虞，冬进有寒仆之患，樵苏称后，或虞于粮，逻堠暂弛，每至于失道。”因而，“今以数万之众，逡巡于泻卤不毛之地，始则求战之无期，终则入塞之途远。隐柳伏获，戒心日警，鸣笳铿镝，车变不常。而欲以有限之食，垂竭之力，群既困之敌，为尽歼之举乎？”蒙人逐水草而居，能战而战，不战则走，成败之数，早已决定了。

以朱棣的胸怀，是要做全天下之主的。他的征交阯，下西洋，出西域，均取得了相当的成功。惟独北征蒙古，为之留下了终生遗憾。垒土九仞，功亏一篑。每读史至此，常为惜之。朱棣殚毕生精力，始终未能解决蒙古问题。鞑靼的阿鲁台、瓦剌的马哈木、太平、把秃孛罗，尽管乍臣乍叛，但毕竟还是接受了明朝的封号，而号称蒙古正统的可汗，不论是鬼力赤，也不论是本雅失里、答里巴却一直未向明廷表示臣服，与明廷处于对抗姿态。扎奇斯钦的文章已经指出这一点。既然是这样，不管御用文人怎样吹嘘朱棣北征“廓清妖氛”，“几无孑遗”，朱棣都十分清楚蒙古的不臣之心。什么和宁王、顺宁王，名义虽好听，实际并不可靠。永乐二十年，朱棣北征经过李陵城，发现了一通元朝留下的李陵台驿令谢某德政碑。碑阴刻有达鲁花赤等名氏。朱棣深以此为虑。他说：“碑有蒙古名，异日且以为己地，启争端。”命随行的侍读王英往击碎之。这说明朱棣完全清楚蒙古人并未诚心臣服，而且，对其将来能否臣服也心中无数。他似乎已预感到蒙古将会成为子孙之患。

朱棣为什么没能解决蒙古问题？曰不善战，固然。还应该说，不善谋。

永乐北征，对蒙汉双方的破坏是巨大的，它使蒙古地区的社会经济生活无法正常进行。数十万大军深入漠北，势必使其老幼男妇无不投入战争。明军每入其境，不但“斩其名王”，而且“虏其男妇”。如前所举，永乐八年北征，明军至长秀川，鞑靼“弃辎重牛羊杂畜满山谷及河之两旁，连延百余里”，“辎重弥望”，“弃牛羊狗马满山谷”，明军则“收其牛羊杂畜，焚其辎重”。又如永乐二十二年北征，鞑靼“去秋闻朝廷出兵，挟其属以遁。及冬大雪丈余，部曲离散，比闻大军且至……复趋荒漠以避”。

北征给明朝造成的最大问题，是“财力”“大窘”。第一次北征时，就遇到粮饷不足。清远侯王友率军运饷不至，“军士乏食，多饿死者”，朱棣不得不“久素食”，“命以所获牛羊悉分诸将给军食”，甚至“供具减半”。第五次北征，“士卒饥冻，馈运不济，死亡十二三”，杨荣“请以供御之余给军，而令军中有余者得相贷，入塞官为倍偿”，才勉强渡过难关。

永乐北征，第一、二两次用兵均达50万，第四次30万，其他两次亦在数十万之数。为了供给这样庞大的军队，几乎需要动员全国的力量。以永乐二十二年北征为例，为供军饷，天下府库，搜索殆遍，“查勘两京及天下库府藏递年出纳之数”，“点勘南京并直隶卫府州系食粮逆年出纳之数”，令督山西、山东、河南三布政司，直隶、应天、镇江、庐州、淮安、顺天、保定、顺德、广平、真定、大名、永平、河间十三府，滁、和、徐三州有司造车，丁壮挽运。共用驴34万头，车117573辆，挽车民丁235146人，运粮凡37万石。永乐二十一年北征，命河南山东、山西民丁随军供馈饷，“郡邑各遣官率之，惮行者往往为规避计”。由于道路险远，地冻天寒，不少民夫在运粮中冻伤手足或疾病而死。

朱棣好大喜功，征安南，下西洋，营建北京宫殿陵墓，再加上一再出塞亲征，国家早已被弄得入不敷出，疲惫不堪了。因此洪熙、宣德以后不断有人对永乐弊政提出批评。范济诣阙上书，希望“毋以征讨夷狄为意，毋以忿忿不平为念。弃沙漠不毛之地，悯华夏礼义之民。俾妇不霜，老不独，尽力于田蚕，贡赋于上国。边塞无伤痍之苦，闾里绝呻吟之声”。朱棣一死，他们把压在心底的话一下抖了出来。

民间对朱棣的黩武，也表现出种种不满。明朝政府是奖励生育的。丁多可以打仗，可以服役，可以供赋。因而明廷对“一产三男”之家给予格外优待。但在永乐时期，由于兵役不止，劳作不休，民间甚至不希望多生男子：“京师愚民有厌多男子，生则弃之不育者。”这是多么悲惨的现象。唐人哀叹："信是生男恶，反是生女好。生女犹得嫁比邻，生男埋没随百草。"殆与之同心。和御用文人歌颂朱棣武功相反，一些边塞诗反映出民间厌恶战争的情绪："曾逐嫖姚出汉关，故乡宁负老来还！到家莫恨无金印，数亩青山梦亦闲。""无家亦归去，胜作异乡尘。""多少还家梦，中原有弟兄。"

明朝军队总数，洪武时期为150~170万人，到永乐时期膨胀到310万人之多。洪武时王淑英上疏，已哀叹兵过多，造成"赋敛之难平"，"储蓄之未丰"，永乐时军费负担可想而知。庞大的军事开支和无止境的挥霍，都来源于军民的血汗。以屯军而论，宣德初年龚翊上言说："官军屯田，子粒繁重"，田土所出"除工费及本力外，抵官数常恐不足，已周岁月粮，夫复何望？忽遇欠岁，尤更狼狈，是以冻馁交迫。强者取于触法为非，弱者甘为沟瘠以死"。以民间而论，永乐二十年八月户部尚书郭资言："天下郡县所上永乐十七至十九年实征之数，分豁本色折色……率未完。"洪熙元年四川双流知县孔凉言，"贡赋应纳税粮外，复有买办、采办等事"，"致有吏曹交通揽纳，巧立辨验折耗之名，科取数倍，奸弊百端，重为民害"。百姓由于军费而造成的沉重负担是极为严重的。因而，朱棣的一再北征如前文所述遭到了众多大臣如方宾、夏原吉的激烈反对。另外，朱棣的频年出师也遭到了邻邦的批评和耻笑。比如，第一次北征的消息传到朝鲜，其君臣有如下这样一段对话：

廷显启于上曰："帝欲以二月十五日亲征鞑靼，抄诸路军，诸路城子，男无余丁，老弱妇女亦不得出于城外。禁兵侍卫而立食，外卒牵车而转输。"

上问："达达先来侵欤？帝欲先往征乎？"

廷显言："达达之来侵，臣等未之闻也。但闻沂国公率禁兵见败于贼，故帝欲雪其耻，将往征之。"

上曰："彼来侵我，不得已而应之可也。若我先劳民而往征于穷荒之地，可乎？不胜则为天下笑矣。"

朱棣夺取皇位对明朝政治的影响是深刻的，它同时也给明朝的北部边防留下隐患。为了夺取和巩固皇权，朱棣借助边防力量，使之调头向南，塞王的内迁，北京的经营都是为着巩固统治和对付国内的反对势力。朱棣的地位巩固了，北部边防却空虚了。随着国内秩序的稳定，朱棣把重点转移到控制四夷的宏伟事业上来，为的是做一个超迈千古的盖世雄王。然而，他的蒙古政策，不论是在政治上还是在军事上都失败了，北部边防的空虚，困扰了明朝近二百年。

弘治年间的兵部尚书马文升说：

> 太祖高皇帝平一四海之后，以西北边境与胡虏密迩，虑为边患，故于甘州设立陕西行都司，宁夏设立五卫所，大同设立山西行都司，宣府设立万全都司，古营州设立大宁都司，于辽东古襄平设立辽东都司，各统属卫如臂指之相使，气脉之相属，以捍卫夷虏，又分封肃、庆、代、谷、宁、辽六王于甘州、宁夏、大同、宣府、大宁、辽东，凡百军马俱听节制，以藩屏王室。若有寇贼侵犯，就命各王挂印充总兵征剿，各边初无总兵镇守巡抚官之设，彼时胡虏远遁，边方宁谧。

朱棣的即位，打破了北部边防的这一格局。

朱棣以一隅之兵争天下，必须先安定后方，巩固地盘，并需要扩大自己的力量。安定后方，有两点十分重要，一是号称‘善谋’、实力仅次于燕王的宁王朱权不要做梗；二是鞑靼诸部不要乘机捣乱，如果能争取他们加入自己的营垒则更好。《明史》说：

> 成祖从燕王起靖难，患宁王蹑其后，自永平攻大宁，入之。谋胁宁王，因厚赂三卫，说之来，成祖行，宁王饯诸郊，三卫从，一呼皆起，遂拥宁王西入关。成祖复选其三千人为奇兵作战。天下既定，徙宁王南昌，徙行都司于保定，遂尽割大宁地界三卫，以偿前劳。

这里讲燕王“靖难”之后做了三件事，徙宁王南昌，徙行都司保定，割大宁之地。朱棣不惜削弱北部边防以夺取和巩固皇位，这样的代价实在是太沉重。

关于“尽割大宁之地界三卫”，明人的记载是很多的。然而《实录》、《会典》等官书并无记载。明末清初学者顾炎武说：“靖难兵之起，三卫夷人从战有功，故畀之（大宁之地），国史不书，莫可考焉。”

此外，还有相当多的文章奏议均同此说。在蒙古方面，记载此事的则有《蒙古黄金史纲》。书中说：

永乐皇帝统帅自己少数护卫与山阳之六千兀者人，水滨之三万女真人又黑城的汉人整兵来伐洪武皇帝之子建文皇帝，捺银印于颈而废逐之。于是……永乐皇帝为君……号曰永乐。大明。以拥立之功而赐与六千兀者人以三百大都。

这段话虽未确指以大宁地畀兀良哈之事，但却有力地证明靖难时朱棣与兀良哈之间有过一笔政治交易。

日本和田清先生对以大宁畀三卫的说法表示怀疑。他认为，此说是由于人们对建文帝的同情而将事实演义了。他说“三卫远在北方的根据地，它既没有被成祖收买的可能，也没有胁从宁王的可能”。“成祖不但没有得到三卫的援助，反而曾为制驭三卫费尽心机”。而且成祖还说过“今灭此残虏，惟守开平、兴和、宁夏、甘肃、大宁、辽东，则边境可以永远无事矣”这样的话。成祖弃大宁，有“徐图他策”的打算。只因为他的死，重置大宁的志愿才未得实现。

类似的说法在明朝时便已出现，或为和田清之说所本。陈仁锡在《皇明世法录》中说：

论曰：三卫地界宣、辽，为蓟门之肩背，自大宁失而宣辽隔绝，昔人有血脉雍滞，肩背拘挛之恨，岂不信哉！世多以文皇畀虏为口实．爰考永乐、宣德有剿捕之诏，有宣捷之敕，除恶务本，曷尝不廑门庭之诫乎？且文皇帝尝语大学士金幼孜曰：今守开平、兴和、大宁，边境可幸无事。当日无弃大宁之意甚明。大宁弃斯关平难守，关平弃斯古北可虑，胡马云扰，谁阶之厉？初以三卫侦虏，亦略仿汉倚乌桓伺匈奴。或谓喜处之可因以为间，虽藩离失而耳目在，计非全拙。乃市赏无艺，至为东西虏攘臂挂藉，譬养鹰而绦绁去手，又如之奈何！

尽管陈仁锡做了这样一番辩护，但仍不能否认大宁失于朱棣之手：“兀良哈从征有功，文庙嘉其绩，秩以都督，宠以三卫，于是徙镇人于蓟南，而界其地。”即以“养鹰而绦继去手”而喻之，其中也不无批评之意，至少得以“不慎”、“决策失误”归咎之吧！劳堪则将大宁的丢失，归于朱棣等过分相信兀良哈的“诚款”所致，“永乐宣德之间，但知兀良哈之诚款，开平之艰远，丰胜之丁口不立，甘心弃土，略不顾惜，非往事之恨乎？”明朝灭亡后，顾炎武曾到北京一带考察山川利病，他同样认为大宁是由于靖难而放弃。

不管怎样，朱棣无法逃脱丢弃大宁的责任。

朱棣以塞王起家，对拥兵守塞的诸王的力量有深刻的认识，因而对之十分戒备。除燕王外，塞上之王以宁王朱权的势力最大。同燕王一样，宁王也有争夺皇位的野心。朱棣做了皇帝，宁王就成了最危险的人物。宁王要求徙封内地，正中朱棣下怀。但宁王请苏州、钱塘皆不获准，终于徙封南昌。

第六章　下西洋大国宣威

明太祖朱元璋经过近20年的艰苦征战，终于以一个布衣之士做了皇帝。称帝之后，他联系历朝以来的兴衰和他自身的经历，深感政权来之不易和进一步巩固政权的必要性。因此，为了防止内乱和外患，对内他制典章，定制度，极力强化中央集权制。对外，则实行严格的闭关自守政策。除严令民人不许和国外人通商之外，还划定了对日本、朝鲜、安南、占城、琉球等十几个国家为不征之国，其目的是想集中精力专心于内治。

明成祖朱棣虽然用篡弑手段夺取了帝位达到了政治目的，但在儒家纲常名教面前却输了理，因而在思想上长期被心虚、不安、多疑、仇恨等复杂心理所折磨。久而久之，便在内心郁结成块垒。这个块垒压得他无因动火，烦躁不安，几乎透不过气来。但他又是一个高傲自负、好大喜功、自我意识极强的人。因此，他必须想方设法尽快摆脱在政治上和舆论上的被动局面。采取的办法，一是刑杀立威、广布特务、无情打击不附己的建文遗臣；二是大力宣扬奉天、法祖、尊孔、任贤爱民，进一步安定、收买人心；三是举大措、兴大工力争创造伟大事功。除此之外，就是另辟蹊径，打开国门积极开展朝贡外交。期望以“万国来朝”，“四夷宾服”来烘托“永乐盛世”。以此转移官民之视线，洗刷篡弑之恶名，让广大臣民从思想上承认永乐改权的合法化。为了达到这个目的，他不得不冲破明太祖有关闭关自守的禁令，积极开展外交活动。永乐元年（1403）十月辛亥，他对礼部所说的一段话最能反映当时的开放思想：“帝王居中抚驭万国，当如天地之大，无不覆载。远人来归，悉抚绥之，俾各遂所欲。”“远夷知尊中国，亦可嘉也！”“自今诸番国人愿入中国者，听！”

为了做到既能吸引“万国”前来朝贡通好，又能避免承担破坏太祖定制（闭关自守）的罪名，明成祖特别引用明太祖朱元璋于洪武五年（1372）优待锁里国使臣所说的一句话“……厚往薄来，怀柔远人”，来作为他开展朝贡外交的依据和原则。这种做法，看来也是富于心计，十分巧妙。

所谓“厚往”，主要有两方面的内容。一是由朝廷派往国外的使臣，都要携带贵重礼品，用以赏赐彼国国王或酋长，目的是让他们感恩慕义吸引他们前来朝贡；二是对前来朝贡的国王、使臣、甚至以朝贡名义前来经商的商人，除了给以衣食住行诸便之外，还要视其身份高低，分别给以赏赐。所谓“薄来”，就是对番国一律不强索贡品，只要尊重中国，承认该国是明朝的属国，承认明成祖是他们的皇帝，所带贡品不居多寡听其自便。

朱棣在吸引“万国来朝”的问题上，始终做得诚恳、热情、认真，尽量表现出大国的文明富强和自己高大神圣的形象。主要表现有以下几个方面：

一是遣使出国主动通好。建文四年（1402）九月，也就是朱棣即位仅三个月的时间，即派使臣诏谕安南、暹罗、爪哇、琉球、日本、苏门答腊、占城等国。永乐元年（1403）八月，复遣行人吕让、邱智、按察副使闻良辅等12人，分别赴安南、爪哇、暹罗、占城、真腊、琉球、朝鲜、日本、苏门答腊诸国，并赐“诸番国王绒线、织金文绮、纱罗等有差。”派遣朝廷命官出使，朱棣还有些不放心，又于九月和十月遣心腹太监马彬、尹庆、李兴等人再赴各国，专门重赏各国的国王。自此以后，派遣出国的使臣终年不断，络绎不绝。其中尤以太监郑和的六次出使规模最大、影响最深、收获最丰。具体情况待后详述。

二是“待之以诚，广示无外”。为了最大限度地吸引“万国”来朝，朱棣屡下谕旨，尽量给各国来使提供各种方便条件。同时，还表现出了特有的宽容和海量。建文四年九月，朱棣谕旨礼部说：“太祖高皇帝时，诸番国使臣来朝，一皆待之以诚。其以土物来市者，悉听其便。或有不知避忌而误干宪条，皆有之，以怀远人。今四海一家，正当广示无外，诸国有输诚来贡者，听其输之，使明知朕意！”

这番讲话，不仅再次搬出明太祖当初对待外番来使“皆待之以诚”的事例，且又特别强调让诸番国“使明朕意”。这种做法自然十分高明。既表现出这是按太祖定制行事，让广大臣民无懈可击，又尽量使开放的广度、深度远远超过太祖时期。

北京城

在“四海一家、广示无外”的谕令下，便出现了许多生动有趣的故事。

永乐初年，朝廷曾颁布禁令，禁止民间用金银交易。但在永乐二年（1404）五月，恰有琉球国南山王遣使来朝贡方物。在回国途中，用朝廷赏给他们的白银购买中国磁器。显然，这样做，不仅违反了朝廷禁令，同时也是对中国皇帝的大大不敬。为此，礼部尚书李志刚奏请逮问该国使臣。明成祖览奏以后说：“远方之人，知求利而已，安知禁令？朝廷于远人当怀之，此不足罪。”令免之。

永乐四年四月，锦衣卫向明成祖密奏，说有中国人与国外使臣交通者，已将有关的中国人逮捕下狱，陈请逮外国使臣重治其罪。明成祖览奏之后，担心将事情弄大造成不良影响，于是立即召锦衣卫官亲自过问。查问结果，原来是中国普通市民用毡衫与外国使臣做易货贸易。明成祖谕令立即释放被逮之人。对外国使臣“勿问，任其交易”。锦衣卫官自觉丢了面子，便强词夺理说：“毡衫于物虽微，交通于法难宥”。明成祖听后大为不悦说：“立法以禁奸，过轻则民慢。用法在体情，过重则民急。彼小人治生，富则以钱易物，贫则以物易钱，交易价值岂一言可决？彼何知国法？”谕令照原旨执行。

永乐二年九月，福建布政司上奏，说有番国船只被风浪漂泊至福建海岸。经过盘问，原来是暹罗国派往琉球国的货运船只。布政司奏请是否将船内货物籍没充公？明成祖览奏以后立即敕礼部尚书李志刚说：“暹罗与琉球修好，是番邦美事。不幸船为风漂至此，正宜嘉恤，岂可利其物而籍之？”

大约在永乐元年九月，有中官奉命出使真腊。入境之后，在随从军士中竟有三人失踪，经四处搜寻终不得其人。国王参烈婆毘牙十分着急，无奈只得以彼国三人充补。回国时，中官将其三人带回京师。礼部即时引三人谒见明成祖。明成祖见后十分不悦，谕旨礼部说：“中国人自遁，何预彼事而责偿？且得其三人，语言不通、风俗不谐、吾为之用？况其皆自有家，宁乐此处？尔礼部给之衣服与道里费，遣还真腊。”但是礼部尚书李志刚却认为三个中国人到彼国去，他们没有任何熟人，决非自逃，定是被彼国所匿。为了做人质，不应当放还此三人。明成祖不以为然，他说：“不用逆诈，为君但推天地之心，待人可也！”

永乐五年，爪哇国内的西王与东王相互残杀。结果，东王被西王所灭。在残杀正酣之际，恰好郑和率领的船队在东王的领地靠岸。因为郑和率领的官军不知陆上发生的事情，便从容上岸与土民交易。结果，被西王的军队误杀170余人。待将事情弄清以后，西王都马板恐惧万分，立即遣使亚烈加恩来朝谢罪。初时，明成祖对西王的作为十分震怒，令其“输黄金六万两偿死者之命，且续尔罪！”最后还恫吓说：“不然问罪之师，终不可止，安南之事可鉴！”所谓“安南之事”，即此时明朝正在用兵征讨安南叛臣黎季犛。意思是说，如果不奉命，即要向爪哇发兵。

到了永乐六年（1408年）十二月，爪哇西王都马板果然遣使亚烈加恩来朝谢罪。但所献黄金仅有一万两，尚欠五万之数。为此，礼部以所献黄金不及六万之额，请治使臣之罪。明成祖览奏之后，表现出特有的宽宏大量。他说：“朕于远人，欲其畏罪而已，岂利其金耶！今既能知过，所负金悉免之。”除此之外，还谕令派遣使臣前去诏谕“宽宏之意”并赐与钞币。

郑和第三次下西洋返回锡兰山时，被国王亚烈苦奈儿劫杀。幸亏郑和临机变应，趁着锡兰山军队倾巢而出，袭击郑和船队，城内空虚之机，利用夜幕作掩护，暗派三千人顺利攻入城内，反将国王亚烈苦奈儿及其家属全部俘获。永乐九年（1411）六月，郑和返回南京，献上战俘。因为亚烈苦奈儿不仅经常与邻国构兵侵略别国土地，且时常邀劫各国到中国朝贡的使臣，可谓罪恶昭彰。因此，廷臣一致奏请立将亚烈苦奈儿杀掉。但明成祖从他的外交大局权衡考虑，他担心将亚烈苦奈儿杀掉会在周边番国之间造成恐惧心理，影响他的外交政策。于是，他对群臣说："蛮夷禽兽耳！不足深诛。"命将亚烈苦奈儿及其家属全部放归。

三是关照外籍国子生。中国礼仪周备，文化渊远，已为世界各国所仰慕。唐朝时期，即有新罗、百济、日本、朝鲜等国派遣留学生到中国来留学。朱元璋建明以后，继续接纳各国留学生。对于这些外国学生，当时朝廷只供给廪膳，其他补助皆无。朱棣继位以后，出于外交政策的考虑，对各国的留学生照顾得非常周备。

永乐五年（1407）五月，此时天气已经炎热，朱棣在日理万机之中，还特别谕旨礼部，赐给琉球等国的国子生石达鲁等人夏季服装。永乐八年十一月，此时已进入寒冬，朱棣又及时谕令礼部赐给外籍学生李傑等及各自的仆人冬衣和棉鞋、棉袜。夏季赐单（衣）冬季赐棉（衣），想得十分周备。不仅如此，明成祖还经常在群臣当中言及此事。礼部尚书李震自然知晓明成祖的心态。于是逢迎说，唐太宗兴学校，当时对外籍学生仅闻给廪膳。"未若今日赉与周备也"，接下又说，"陛下圣德前古未有"。但朱棣并不只是满足于群臣的颂扬，而是借此机会强调这样做的根据和这样做的深刻意义。他说："远方慕中国礼仪，故遣子入学。必足于衣食然后乐我。"

永乐十一年（1413）五月，有琉球国子生模都等人奏请回国省亲。朱棣览奏以后对礼部说："远人来学，诚美事。思亲而归亦人情。宜赐以荣之！"遂赐与彩币、衣服及钱钞。

朱棣为什么如此关照这些国外留学生？原因有两点。一是这些外籍学生，都是各国王室、贵族、官僚们的子弟。待这些人学成回国之后，必然要分别掌握国家的一定权力。对这些人施以恩惠，培养感情，将来必然成为各国仰慕中华，向心中华的社会基础。其意义是相当深远的。二是激励他们更好地学习中华民族的礼仪文化，扩大明朝对外影响和吸引力，更好地树立明成祖宽厚、仁德、博大的英主形象。前述朱棣所说的“必足于衣食然后乐我”，也正好道明了问题的实质。

扩建会同馆。洪武初年，曾改南京公馆为会同馆。永乐三年（1405）八月，由于“四夷朝贡之使充盈馆舍”接待不暇，除了已经将原馆扩建之外，朱棣又谕令将乌蛮驿的所有房舍全部划归会同馆，供使臣住宿。由于朱棣将在永乐七年春季赴北京巡狩，各国来访使臣将去北京谒见他。于是，在永乐六年八月，又谕令在北京也设会同馆。但是由于时间紧迫，新造房屋已经来不及，于是命“改顺天府燕台驿为之”。置大使、副大使各一员。不断扩建、增建会同馆，说明朝贡使者急骤增加，反映了朝贡外交政策的成功。

恢复市舶提举司。朱元璋于吴元年（1367）曾置市舶提举司，专掌海外诸番国朝贡、市易之事。后来由于严格实行闭关锁国政策，分别于洪武三年（1370）和洪武七年将太仓、黄渡和福建（泉州）、浙江（明州）、广东（广州）诸市舶司罢掉。永乐元年八月，鉴于“海外番国朝贡之使，附带货物前来交易者，须有官主之，遂令吏部依洪武初制，于浙江、福建、广东设市舶提举司。”由于贡使商人年年骤增，且需住宿、存货，又于永乐三年九月，谕令上述市舶提举司再各设驿馆供各国使臣、商人住宿和存放货物。各个馆驿的名字，都是朱棣亲自所起，均有深刻的政治含义。福建的曰“来远”，浙江的曰“安远”，广东的曰“怀远”。

遣使迎送，丰盛宴劳。永乐四年三月。谕令福建、浙江、广东各市舶提举司：“凡外国贡使往来，皆宴劳之。”永乐十三年（1415）八月，时有苏门答腊、古里、阿枝、麻林等国使臣来朝。朱棣除了亲自赐宴以外，还谕旨礼部说：“先王怀柔远人，厚往薄来。今海外诸番使者将归，可遣官预往福建，俟其至，宴饯之。”最后特别强调：“戒其勿苟简也。”朱棣虽然这样重视，但还是发生了怠慢使臣的事情。永乐九年九月的某一天，朱棣大宴朝臣及四夷贡使。事先他特别谕令礼部尚书赵羾，将宴会坐次绘成图示上奏给他，“俾不失序”。但不知何因，赵羾没有奉命，朱棣大为不悦。后来朝鲜使臣归国，照例应当给以赏赐，赵羾又未上达。凡此怠慢之举，使朱棣极为震怒。他说：“是将使朕失远人之心乎？！”立将赵羾逮问下狱。

随着各国使臣数量的骤增，翻译工作更为急需。为此，朱棣谕令国子监的部分学生转入四夷馆专门“习译夷字”。有个监生名叫梁弘，可能是想参加会试走科举之途，将来好做大官。因此，竟然不奉命。结果，引起朱棣震怒。一怒之下，将其发配到安南充军。

由于朱棣诚心实意地实行“厚往薄来，怀柔远人”的外交政策，全方位地进行鼓励、吸引，结果，吸引了众多国家前来朝贡通好。开创了有明以来最广泛、最昌盛的外交局面。这种表现，与他对待不附己的建文遗臣的态度简直是天壤之别判若两人。为什么对待外国使臣如此热情周到？主要是想在这些人面前树立圣明英主的高大形象，吸引更多的国家前来朝贡。使大明成为万国仰慕的中华帝国，以此洗刷他的篡弑恶名，提高他的国际威望。

在“厚往薄来，怀柔远人”政策的吸引下，各国使臣，甚至包括国王、世子、王族和以进贡名誉市易的商人，也都争先恐后前来朝贡。真可谓是“诸番使臣充斥于廷”不绝于道。当时到中国前来朝贡的国家总数不下几十个。

渤泥国，地处印度尼西亚的加里曼丹岛上。宋太宗时，开始与中国通好。朱元璋建明之后，于洪武三年（1370）八月，遣御使张敬之、福建行省都事沈秩出使其国。经过张敬之、沈秩“晓以大义”耐心劝说，终于使该国国王哈谟沙向明朝称臣通好。

永乐三年（1405）十一月，渤泥国王麻那惹加那乃遣使生阿烈伯诚、通事沙扮等人，前来奉表、贡方物。他们来到以后，除了受到礼部隆重宴请之外，还得到十分丰厚的赏赐。在中国逗留期间，他们对中国的文化、礼仪极为羡慕。

永乐四年（1406）一月，在他们辞归之前，生阿烈伯诚向朱棣上奏说：“远夷之人，仰慕中华衣冠、礼仪。乞赐冠带回国。”朱棣览奏之后

渤泥国遗址

大悦，立即谕令礼部赐给生阿烈伯诚镀金银带，赐沙扮银带。

生阿烈伯诚等人回国之后，立即将他们在中国所受到的隆重接待和慷慨赏赐以及所见所闻全数奏报给了他们的国王。国王麻那惹加那乃听了以后大为心动极感兴趣。决心亲自来中国一睹伟大中华帝国的繁荣景象。

大约在永乐六年（1408）五六月间，该国国王开始起航。随同他来朝贡的，除了王妃、弟、妹之外，还有左右陪臣军卒数百人。他们渡过南中国海，穿越台湾海峡，又在中国内地奔波数十天之后，终于在永乐六年八月二十日来到南京。

一个统驭一方的海外国王，居然能够穿过惊涛骇浪，不畏险阻亲自来中国朝贡，这对于一个急于打开外交局面，想在世界范围内树立圣帝英主形象的朱棣来说，无疑是一种莫大的荣耀。因此，朱棣对于麻那惹加那乃的来朝十分重视。在国王到达福建泉州之前，“上念其远涉海道”，遣中官杜兴等“前往宴劳之”。继而又谕令，待来到中国境内之后“仍命所过诸郡设宴”负责迎送。

八月，国王到达南京的当天，朱棣即举行十分隆重的接待仪式。除了亲自出面接见，并于奉天门设宴举行迎宾礼之外，还给以极为丰厚的赏赐。而国王亦对朱棣表现极为恭顺和虔诚。除了向朱棣奉金镂表文、进方物之外，还十分感谢朱棣对他的恩惠："陛下膺天宝命，统一华夷。臣国远在海岛，荷蒙大恩赐以封爵。"接下又诚惶诚恐地说道，由于皇帝陛下的恩泽，致使他们国家雨旸时顺，夏屡丰稔，民无灾厉。山川之间珍宝毕露，草木鸟兽悉皆畜育。朱棣听了这些虔诚恭顺的话以后，不仅十分得意，更感到"厚往薄来"政策的无比正确。

十分遗憾的是，没过多久，国王却身染重病。朱棣虽然屡下谕旨令太医院多方医治抢救，但终未得愈。于永乐六年（1408）十月初一日卒于南京会同馆，时年28岁。明成祖得悉之后，十分痛惜。谕令辍朝三日，遣官致祭。按照国王生前"托葬中华"的遗嘱，葬于南京安德门之外石子岗。除了树碑、建神道、像生之外，又在墓侧建祠。

永乐六年十一月，朱棣又赐国王麻那惹加那乃谥号曰"恭顺"。命其子遐旺袭渤泥国王。当时遐旺年仅四岁，尚不谙事。由其叔父施里难那喏向朱棣代奏三事：

一是为了表示对天朝的忠顺，拟将每年向爪哇进贡的四十斤片脑转贡中国；

二是陈请天朝派遣使臣护送遐旺等人回国，并请该使臣在该国辅政一年；

三是确定朝贡之期及每次朝贡之人数。

朱棣对这些奏请一一应允。命中官张谦、行人田航护送回国并在该国辅政。至于朝贡之期，定以三年为期，朝贡人数自行决定，多寡不限。除此之外，还应国王生前之请，封其国中之山为"长宁镇国之山"，并亲制碑文，树碑于该山之巅。

永乐十八年（1420）八月，遐旺继先父之志，偕其母亲、妻子、陪臣等数百人再次来朝。八月辛酉（二十五日），到达福建。朱棣得奏之后，即令侍郎高谦，行人柳昌往泉州宴劳之。九月初，遐旺一行到达南京。朱棣先令礼部宴请。第二天他亲自接见并赐宴于奉天门。对其母、妻则赐宴于三公府，赏赐极为丰厚。自此以后，直至洪熙元年（1425）朝贡始终如期不断。宣德以后，虽然朝贡渐稀，但商人往来却从未终止过。在此其间，有不少华人流寓其国，成为目前该国华侨的先祖。

满剌加，地处今马来西亚马六甲州。其人相传为唐朝人的后裔。明朝以前，服属暹罗，因此不曾称国。永乐初年，满剌加的酋长名叫拜里迷苏剌。

永乐元年（1403）十月，朱棣遣内官尹庆出使该地。因对其赏赐甚丰，又"宣示盛德及招徕之意"，拜里迷苏剌大喜，遂遣使随尹庆入朝贡方物。永乐三年九月，使臣到达南京。朱棣大喜，遂封拜里迷苏剌为满剌加国王.赐诰印、彩币、袭衣、黄盖。复令尹庆再次出使其国宣布诏谕。临行之前，其国的使臣奏请："王慕义，愿同中国列郡，岁效职贡，请封其山为一国之镇。"朱棣嘉纳，遂亲制碑文并附诗文赞其事。

永乐六年九月，郑和出使该国，进一步密切了两国之间的关系。因为拜里迷苏剌十分仰慕天朝的恩德盛世，他于永乐九年七月率其妻子、陪臣共540余人亲自来朝贡。明成祖对此十分重视，在他们来到福建泉州之前，已经遣中官海童，礼部侍郎黄裳到泉州先去等候。国王到达南京之后，朱棣亦亲自接见，赏赐十分丰厚。

渤泥和满剌加两位国王的先后到来，进一步助长了明成祖要做世界性圣帝英王的伟大气魄。为了吸引更多的国家前来朝贡，避免群臣志骄怠慢，影响他的外交政策。他于永乐九年七月丙申，御奉天门戒谕群臣说："朕初即位，恒虑德不及远。今四方夷狄皆归中心，更自警惕。盖虑志得则骄，骄则患生。朕与卿等，虽隐微之际，皆当慎之。古人有言'不见是图'。"

永乐九年九月，拜里迷苏剌一行回国时，对他们赏赐更为丰厚。事过三年，拜里迷苏剌病故。其子、孙两代国王，又于永乐十二年，十七年和二十二年三次率妻子、陪臣前来朝贡。总之，自永乐时期起，直至嘉靖年间，在该国被佛郎机国灭亡之前，两国之间始终保持着良好的关系。

苏禄国，地处菲律宾苏禄群岛。当时岛上由三个国王分治。即东王巴都葛叭哈剌，西王麻哈剌吐葛剌丁和峒王之妻叭都葛巴剌卜。三个国王未来中国之前，其王号均是自封自任的。

永乐十五年八月，三位国王共同率其家属及陪臣共304人，泛海来到南京朝贡。向中国奉金镂表，并献珍珠、宝石、玳瑁等方物。朱棣谕礼部“待之如满剌加国王礼”。八月，朱棣正式封巴都葛叭哈剌为苏禄国东王，麻哈剌吐葛麻丁为苏禄国西王，叭都葛巴剌卜为苏禄国峒王，并赐印诰、袭衣、冠带、鞍马、仪仗等物。随从头目也都各赐有差。

永乐十五年八月庚戌，三王辞归，再次受到重赏。不幸的是，当行至德州之时，东王卒于驿馆。朱棣闻讯之后，立即遣官致祭，命有司按王礼就地安葬。朱棣还亲制碑文勒石于墓道，赐谥曰“恭定”，留其妻等数十人守墓。原定守丧三年，但直到永乐二十一年七月，其妻叭都葛苏哩等人才回国。有不愿归者继续守墓，其后裔已繁衍数百人，目前仍然生活在原墓附近。

继前几位国王相继到中国朝贡之后，永乐十八年十月，古麻剌郎国王斡剌义亦敦奔也率妻子、陪臣前来朝贡。朱棣谕令待之如苏禄王礼。永乐十九年一月启程回国。当行至福建时，不幸因病卒于福州。朱棣得悉以后，立即遣礼部主事杨善瑜前去致祭。赐谥曰“康靖”，令有司“治坟以王礼”。命其子剌蕊袭王位。

终永乐之世，先后有四个海外国家的国王不畏艰难险阻，不远万里亲自前来中国朝贡通好，充分证明了明成祖推行“厚往薄来，怀柔远人”外交政策的巨大成功。但不幸的是，竟有三位国王死在中国，并托葬在中华的大地上。他们的死虽然是件憾事，但却为永乐时期的开放政策写下了光辉的一页，也是中外人民友好往来的历史见证。

其他国家的国王，虽然不曾亲自来中国，但所遣使臣前来朝贡却是如期不断。除了个别国家之外，大都对中国表现十分仰慕和友好。与中国接壤并历来对中国最服帖、最忠顺的朝鲜暂且不论，仅以琉球、爪哇等海外的一些国家为例，就最有其代表性。

永乐元年（1403）三月，琉球国山北王攀安知遣使善柱古耶前来中国进表贡方物。临别之前，善柱古耶向朱棣奉上攀安知的奏章。奏章中说：“乞赐冠、服以变国俗。”朱棣览奏以后，认为这是诚恳学习中国礼仪的忠顺表现，命礼部照请赏给。

明成祖永乐

永乐四年（1406）一月，琉球国山南王汪应祖，为了表示对朱棣的忠顺，特向他献阉者（即太监）数人。朱棣虽然需要大批太监直接或间接地为他服务。但他担心收下这些外籍阉人，会在国外玷污他的圣帝英主形象，影响他的外交政策。因此，装作十分仁慈的样子对礼部说：“彼亦人子，无罪而刑之，何忍？”命礼部遣回其人。但礼部却说：“还之，虑阻远人归化之心，请允纳。”只要谕令他们今后不要再献就是了。但朱棣比他们看得更远，坚决地说：“谕之以空言，不若示之以实事。今不遣还，彼欲媚朕，必有继踵而来者”，坚令礼部将人退还。

江西饶州有个名叫程复的人。洪武初年，就是琉球山南王承察度的左长史。辅佐该国国政达四十余年之久，政绩十分突出。永乐初年，中国人王茂又任中山王思绍的右长史，备受思绍的信任。永乐九年十月，中山王思绍遣使来朝贡方物。使臣顺便带来程复的奏章。说长史王茂辅翼有年，请升王茂为国相兼长史。借此，使臣又奏，程复年已八十有一，请命致仕还乡。朱棣听说自己的臣民在国外辅佐有方，又深得国外的欢迎，这与他的外交政策极为吻合。于是，谕令升程复为琉球国国相兼左长史，致仕还乡养老。升王茂为琉球国国相兼右长史，继续在彼国辅政。

中国人到外国辅政，一则说明外国对中国的无比仰慕和信赖。二则利用中国人在外国辅政之便，可以更好地传播中国的礼仪文化和治国之道。这进一步提高中国在世界的地位，扩大对外影响。

永乐十四年（1416），明朝的使船在海外遭飓风袭击。卫卒王周镇等人所乘的船只被风浪漂泊到斑卒儿国。船上人员被当地土人所羁。爪哇有个村主名叫珎班，闻之被羁之人乃是天朝的使臣，为了表示对天朝的忠顺，他出重金将王周镇等人赎出送至王宫。国王杨维西沙对此事极为重视，立即遣使臣惟叔等人借朝贡之机，将王周镇等人送回中国。朱棣对此深为感动，除赐敕优奖国王之外，还重赏村主珍班。自此以后，两国关系更加密切，“朝贡使者，大率每岁一至”。

朱棣篡弑夺国先天失道，出于政治上的原因，他毅然打开国门，开展朝贡外交。这种外交虽然是由官方控制，且在经济上收效甚微，但对传播中华民族的灿烂文化，加强各国之间的友好往来，调剂各国之间的睦邻友好关系，扩大中国在世界的影响，都起到了十分重要的作用。是继唐、宋以来我国在外交史上最为开放、最为辉煌的时期。

朱棣为使“四夷宾服”、“万国来朝”最后达到“君称天下”的政治目的。在外交上，他采取了“厚往薄来，怀柔远人”和“不服者则以武力慑之”的两手不同政策。征讨安南，就是为了“杀一儆百，震慑四夷”，“使不服者欲其畏罪”。

安南，古称交址。自汉初至唐末，均为中国属郡。唐初，曾设安南都尉府，“安南”之名由此而得。五代时期，由于中国内部不靖无暇顾及外部事务，致使安南发生动乱。动乱之初，政权为土人曲成美所据。继而又被丁部领所夺。宋朝初年，丁部领得到宋朝承认，封为交趾郡王。传位三世之后，政权被大臣黎桓篡夺。而黎氏三传之后，政权又落入了大臣李公蕴之手。李公蕴死后，由其孙李日燇主政。到了南宋淳熙年间（1174~1189年），正式封李日燇为安南王。“安南之为国，自此始”。李氏八传之后，因无子而绝嗣。由其女婿陈日矩继王位。陈日矩死后传位给其子陈日烜。陈日烜野心勃勃，后来竟私自僭称越皇帝。

元朝初年，元世祖平定云南之后，曾遣官召陈日烜入觐，令其称臣纳贡。因其傲慢不奉命，遂发兵征讨。元兵“十七战皆捷”，陈日炬弃城出走，逃遁入海。待元兵主力撤回之后，陈日烜立即还国整兵。几年以后，其“势复振”。陈日烜死后，由其子陈日燇主政。

陈日燇主政之后，他十分向往南宋淳熙年间封李日燇为安南王，双方友好往来的盛世。因此，他一上台就彻底改变了他父亲的外交政策，主张向中国纳贡称臣。为了表示对中国的恭顺，纪念南宋时期双方友好往来的历史，他也取名曰“日燇”。另一方面，他又向元政府如期朝觐纳贡，表现相当忠顺。因此，被元政府正式封为安南王，双方关系十分良好。陈日燇死后，由其子陈日煃继王位。

朱元璋建明之后，于洪武元年（1368年）十二月，命汉阳知府易济前往安南颁诏。陈日煃同他父亲一样，继续主张向中国纳贡称臣，立即派遣使者前来朝贡。洪武二年（1369年）六月，使臣到达南京，朱元璋甚喜，遂遣使往封陈日煃为安南王。但是在明朝使臣尚未到达安南国都之前，陈

陈叔明

日煃却已先亡。因其无子，于洪武三年（1370年）又改封其侄陈日熞为安南王。

洪武四年（1371年）春，陈日熞因“荒淫不治”被其兄陈叔明逼死。陈叔明虽然得志，但因怕明朝怪罪，仍然不敢公开称王自立。而在此时，朱元璋正专心于内治，虽然对陈叔明进行了切责，但未予深究，只令其暂理国事。因此，王位暂时空缺。洪武七年（1374年），陈叔明自称年老，乞命由他的弟弟陈日煓摄政。朱元璋允其所请。洪武十年，陈日煓因侵略占城败殁，由其弟陈日炜代立。虽然如此，实际国柄仍由陈叔明长期掌握。陈叔明死后，大权落入国相黎季犛（陈叔明的女婿）的手中。

建文元年（1399），黎季犛又杀掉陈日焜，私立陈日焜之子陈顒为王。之后，再杀掉陈顒立其子陈窦。而此时的陈窦还在襁褓之中。建文二年，黎氏索性放开手脚肆元忌惮，不仅将这个幼儿杀死，且大肆追杀陈氏家族，妄图将陈氏彻底灭绝。待他自认为将陈姓杀绝之后，遂于同年二月自立为皇帝，国号大虞，纪元天圣。为了标榜正统，他伪称是舜裔胡公满之后，并将自己的名字黎季犛改称为胡一元（恢复原姓），其子黎苍改称为胡奃。建文二年冬，黎季犛将“帝位”传给黎苍，自己称太上皇。上述这些屡屡篡弑和僭称皇帝之举，因明朝内部正在发生“靖难”之乱，建文皇帝对此若明若暗无力顾及。

朱棣称帝之后，遣官以即位诏告其国。永乐元年（1403）四月，胡奃

（黎苍）遣使来中国奉表朝贡，但他不敢言实情，采取欺骗手段向明成祖陈奏。大意是：陈日焜早已丧亡，宗嗣继绝，恳请朱棣封他为安南王。

事下礼部集议，部臣对此多有疑问。于是命行人杨渤前往安南调查了解真伪。因为胡歪（黎苍）在国内对舆论控制极严，事先早已做了部署，统一了口径，因而杨渤被蒙蔽，所得情况与胡歪所奏“完全一致”。永乐元年闰十一月，杨渤回朝复命。

在杨渤回朝之前，为了进一步欺骗明成祖，胡歪又以国内陪臣耆老的名义，再向朱棣上表陈奏。所奏内容，自然与胡歪自己的奏章口径完全一致。表文写好之后，派使臣随杨渤一同来朝上奏。

此时，在朱棣的案头上虽然有胡歪的表文，并有安南国内陪臣、耆老的联名奏章和杨渤的密奏，可以称的上是“众说一词”口径完全一致，但仍然欺骗不了生性多疑的朱棣。不过朱棣看到胡歪对自己表现还算忠顺，满足了自尊自大的心理要求，因而也就未再深究，遂封胡歪为安南国王。

自五代以后，安南内部一方面内乱迭起，弑主篡位事件屡屡发生。另一方面，又不断向外扩充势力，向南侵略占城，向北侵犯中国，四邻关系搞得十分紧张。

元朝末年，乘中国内乱之机，安南向北侵犯广西思明路所属的禄州、西平州、水平寨诸地。以后又占夺了温丘、如嶅、庆远、渊、脱等五县，已经超过元朝时所标定的国界（铜柱）200余里。朱元璋建明之后，于洪武二十九年（1396）曾命黎季犛将侵夺的土地归还给西南土司。但黎氏傲慢不奉命，而朱元璋也不想为此兴兵，只是“姑俟之”而已。

朱棣称帝之后，收复上述失地问题又重新提起。朱棣坚令胡歪归还，而胡歪也同他的老子一样，拒不奉命。事过不久，占城国王向朱棣奏诉，说安南若干年以来，不断侵犯占城的国土，恳请“天朝”令安南归还。朱棣立即敕谕胡歪，令罢兵修好，归还土地。但胡歪却阳奉阴违，侵犯如故。不仅如此，还竟敢以宗主国的身份私授占城印章，逼占城向他称臣纳贡，想使占城成为他的属国。更为恶劣的是，还经常在海上劫夺明朝赏给占城的赐物。这些不轨行径，使朱棣极为震怒。

朱棣正要再次遣官前去安南对胡歪进行切责之时，有个安南人突然来到南京“诣阙告难”。

这个人名叫裴伯耆，原是陈氏王朝的旧臣，官居五品，是一名武将。他的母亲为陈氏近族之女，他的祖父曾任执政大夫，世世忠于陈氏。黎季犛篡位时，裴氏家族均被弑戮。此时，裴伯耆正在东海围剿海寇，得以幸免。当他听到国内发生变故之后，立即率领部分亲信逃入深山密林之中。经过千辛万苦几经辗转，最后潜入中国境内。后来又巧扮成商人，混入商队之中，于永乐二年（1404）四月抵达思明府。因为思明府所辖的禄州、西平州和永平寨长期被安南侵占不予归还，双方积怨很深。当土司知府意外得到裴伯耆这个特殊身份的安南人以后，认为是奇货可居，可以利用他来刺激朝廷出兵收复失地。于是立即遣人将裴伯耆精心护送至南京，朱棣亲自接见了裴伯耆。

裴伯耆向朱棣详细陈述了黎季犛父子篡弑夺位和杀戮陈氏宗族的具体情况。最后向朱棣表示：“臣不才，敢效申包胥之忠，哀鸣阙下，惟皇帝垂察。”申包胥是春秋时期楚国的贵族。楚昭王十年（前506），吴国采用伍子胥的计策攻破了楚国的防线，楚国危在旦夕。申包胥为了挽救灭国之灾，他挺身而出，亲自跑到秦国求助援兵。秦王初时不肯，于是他在秦国宫门前连续哭了七昼夜，终于感动了秦王，遂决定出兵援楚。裴伯耆引用申包胥的历史典故，目的是想激朱棣向安南发兵恢复陈氏王朝。但是，一方面，由于明太祖在世时，曾将安南列为不征之国，朱棣不愿为此而承担破坏祖制的罪名；另一方面，此时朱棣的注意力主要在北方，他不想两面出兵而消耗国力。居于以上思想，朱棣未明确表态，只是谕令礼部关照裴伯耆的生活，让他暂住下来。

大约经过了十几天，也就是永乐二年八月底，更为吃惊的事情又突然出现了。老挝宣慰使刀线歹遣使送来一个人。这个人名叫陈天平，自称是前国王陈日[illegible]的弟弟。在黎季犛大肆杀戮陈氏宗族之前，陈天平早已被放逐在外，因而侥幸得免。其他一些幸存的陈氏旧臣，激于忠义，一致推陈天平为主。招兵买马，企图举兵复仇。但尚未得手，即被黎季犛所败，只得一人逃匿深山，靠山果野菜维持生计。经过万死一生，最后逃入老挝。因为老挝国力单薄无力出兵，只得将陈天平送入“天朝”。

陈天平谒见朱棣之后，除了哭诉黎季犛篡弑夺位杀戮陈氏宗族的情况之外，还例举了南侵占城北占思明，横征暴敛，迫害忠良等一系列罪行。为了激怒朱棣，他特别强调："究其本心，实欲抗衡上国。"最后，恳请朱棣"用章天讨"向安南发兵。朱棣虽然对陈天平表示同情，但是，一则他不认识陈天平，很难辨别真伪。二则如上所述，此时他还不愿意向南用兵。于是，只令礼部给予居第，从厚供给衣食。

永乐二年（1404）十二月，胡奃（黎苍）遣使来朝恭贺正旦节。朱棣为了证实陈天平的真伪，令礼部将陈天平出示在安南使臣面前。陈天平的突然出现，如同从天而降，使安南使臣惊愕万分，无言以对。只得连连叩头，有的还伤感地落了泪。

朱棣听了侍臣的回奏，证明陈天平确实是陈氏家人之后，感到黎氏狡诈残忍，蒙蔽君上。于是对侍臣说："奃父子悖逆，神鬼所不容！而国中臣民共为欺蔽，一国皆罪人，朕乌能容？"

朱棣虽然这样说，但并没有因此而马上兴兵。只是在永乐三年一月，遣御史李琦，行人王枢，赍敕前去安南责问"胡奃篡夺陈氏之故"。

永乐三年六月，安南使臣阮景真受胡奃派遣随同李琦、王枢来朝上表谢罪。表文当中虽然不承认篡位改元杀戮陈氏宗族等罪恶，但其态度却表现得十分恭顺。表文当中特别陈请将陈天平迎回，尊他为国王。同时，还保证归还所侵占思明府的土地态度诚惶诚恐，言辞娓娓动听。

朱棣不想把事情弄大，遂命行人聂聪前去安南赍敕往谕胡奃："果诚心应朕，尽革前非，迎天平还，以君事之，朕当建尔上公，封以太郡，传之子孙永世无穷。"最后还保证说："朕之期言，上通于天，伫俟来事以颁显命。"这就是说，朱棣虽然了解了胡奃"习于变诈"已经篡弑夺位的事实，但念他对己忠顺，能够改过，因此对他仍然存有一定幻想。为了把事情安排妥帖防止胡奃父子从中作梗，朱棣没有食言，真地封他为"上公"。朱棣对自己的威望和敕谕一贯十分自信，相信聂聪一到，马上就会产生效力。

胡奃接到朱棣的敕谕以后，认为欺诈得手，遂于永乐三年十二月，借使臣来朝贺正旦节之机，再次向朱棣上奏道，如果陈天平能够回国，"臣亦当率国人逆于境上”。朱棣览奏以后十分得意，认为他的敕谕“确实”产生了威力，于是打消了对胡奆的疑虑，轻率地决定送陈天平回安南。

永乐四年正月初七，陈天平启程回国。朱棣对他从厚加赉，戒谕他要宽仁待下，勤政治国。与此同时，朱棣下敕封胡奆为顺化郡公“尽食所属州县”。为了保证陈天平的安全，在他未行之前，朱棣敕令广西总兵官征南将军韩观：以左副将军黄中，右副将军吕毅，大理寺少卿薛岩，率兵五千人护送陈天平回国。

从上述朱棣对陈天平和胡奆的安排来看，做得比较公正体情。“亦以至诚为本……推心待人，无间远迩。”此时，朱棣确实想通过怀柔政策了其安南之事。但由于朱棣过分相信自己敕谕的威力，对胡奆的狡诈估计不足，因而发生了大出所料的事情。

永乐四年三月，陈天平在黄中、吕毅等五千人的护送下来到安南北部的安丘。此时，胡奆已遣使臣黄晦卿在此地恭迎。见了黄中、陈天平之后，黄晦卿表现得“礼甚恭”并置牛酒犒劳。黄中见胡奆本人未亲自恭迎，十分不快。于是，责问黄晦卿。而黄谎称说，安敢不至，只因身有微疾，已经约好在嘉林奉迎。黄中不应，令黄晦卿立即返回叫胡奆亲自前来恭迎。为了预防万一，黄中遣骑哨四处侦察以防不测。

如果黄中耐心等待胡奆亲自前来恭迎，然后胁迫他一起前行，可能在路上暂时还不会发生意外情况。但是，一方面派出去的侦骑没有发现任何异常情况；另一方面，胡奆事先已经做了布置，他选了不少当地老少，“沿途提壶送浆不绝于道”，装得十分热情恭顺。黄中被表面现象所迷惑，认为平安无事，未等胡奆前来迎接就率众越过隘留、鸡陵二关向芹站前进。

由隘留、鸡陵二关至芹站，山高林密，道路险峻。不巧，又适逢倾盆大雨，泥泞满路，行军十分困难。将到芹站，已经人乏马疲溃不成军。雨雾之中，突然四面战鼓齐鸣，伏兵骤起，杀声震天，似有千军万马从天而降之势。但敌军不与明军正面交战，而是只派少数精骑直杀阵中，待明军尚未反应过来已将陈天平劫虏而去，随即将陈杀害。

慌乱之中，黄中整军仓促迎战，待追至河边，木桥早被拆断。面对湍急河水，黄中无可奈何。而对面却叫嚣说：“远夷不敢抗大国、犯王师。

缘陈天平实疏远小人，非陈氏亲属，而敢肆其巧伪，以惑圣听，劳师旅死有余辜。今幸而杀之以谢天子，吾王即当上表待罪。”接下又敦促黄中退师：“天兵远临，小国贫乏，不足以久淹者。”黄中虽然怒不可遏，但却无计可施，只得乖乖退兵。

在陈天平被劫杀以后，担任辅行陈天平的原大理寺卿薛岩，因以前有罪被谪到南方。此次幸得重用，但却未能完成重任，担心回朝受处，恐惶之下自杀而死。行人聂聪亦死于劫杀之中。

永乐四年四月，朱棣接到了黄忠等人的奏书。览奏以后惊愕万分怒不可遏。此时他才意识到，他的“至诚为本”、“推心待人”的一片诚心，竟被一个小小的胡㚟给捉弄了。这对于一个高傲自负，自我意识极强，自称“天下主”的朱棣来说，是决不会容忍的。于是，对成国公朱能说：“蕞尔小丑，罪恶滔天，犹敢潜伏奸谋，肆毒如此！朕推诚容纳，乃为所欺，此而不诛，兵则奚用！”朱能等人听后也极力主张出兵征讨：“逆贼罪大，天地不容！臣等请仗天威，一举殄灭之！”朱棣一听他的主张得到左右武臣们的坚决支持，于是决意向安南发兵进行征讨。

此时，如果有人站出来进行谏止，从国家的战略大局出发，暂遏怒火，采取降敕切责，或陈兵境上引而不发或断决关系、却其纳贡等措施，也不会出现疲军耗时，劳民伤财，陷入战争泥潭不能自拔的被动局面。可惜的是，对于一个高傲自负，穷兵黩武，想做天下主的朱棣来说，这种设想是根本不可能的。

永乐四年七月十六日，朱棣宣告于正式发兵。

七月初四日，他任命成国公朱能佩征夷将军印，充总兵官；西平侯沐晟佩征夷副将军印，为左副将军；新城侯张辅为右副将军，丰城侯李彬为左参将，云阳伯陈旭为右参将；都指挥同知程宽、指挥佥事朱贵等为神机将军；都指挥同知毛八丹、朱广，指挥佥事王恕等为游击将军；指挥同知鲁鳞、都指挥佥事王玉、指挥使高鹏，为横海将军。都指挥佥事吕毅、都指挥使朱英、都指挥同知江浩、都指挥佥事方政为鹰扬将军；都督佥事朱荣、都指挥同知金铭、都指挥佥事吴旺、指挥同知刘塔出等为骠骑将军。另处，由兵部尚书刘俊参赞军务。八十万大军从广西、云南两路出发征讨安南。从人选和阵容来看，真是名将云集，兵种齐全，人数众多，势不可当。

任命之后，朱棣特别向全军将士下了一道敕谕，除了历数黎氏累累罪恶和出兵的理由之外，又特别强调了以下几点。即：打击的对象主要是黎氏父子及其同党，其胁从无辜者不问；擒获黎氏父子之后继续查找陈氏后人，如有，立其为主，然后回师，决不在安南久留；戒谕将士遵守军纪，“毋养乱，毋玩寇，毋毁庐墓，毋害稼穑，毋恣取货财，毋惊人妻女，毋杀戮降附。有一于此，虽有功不宥。”接下又戒谕统兵诸将说：“毋冒险肆行，毋贪利轻进。其爱抚士卒，坚利兵甲。本之以敬慎，载之以智勇。”嘱咐得十分周全。

此时西平侯沐晟尚在云南，朱棣命丰城侯李彬将征夷副将军印及敕谕送往云南，又让沐晟待朱能率兵行至广西边境时与朱能同时进兵。

七月十六日，朱能等将士从南京如期出师。但到了十月初二日大军行至龙州时，总兵官朱能却突然因患急病而亡故。未曾交战先折主帅，自然会影响全军士气。在这紧要关头，右副将军新城侯张辅，一边陈奏，一边自动担起统率全军的重任，指挥大军继续前进。十月初八日即进入安南境内。

十月二十日，朱棣接到了朱能病故的讣告。第二天便正式敕谕，任命张辅佩征夷将军印，充总兵官。在敕谕中，他特别引用当年常玉春北征卒于柳河，偏将李文忠自动以偏代正，不误军时继续统军猛扫残敌，最后取得胜利的故事来激励张辅勇担重任出师告捷。

张辅是朱棣起兵时最得

张辅

力的勇将张玉之子。“靖难”之中，张辅即随父南征北战，多立战功。东昌战役中，张玉战殁，由张辅袭其职。永乐三年（1405）进封为新城侯。此时年仅31岁。他“雄毅方严，治军整肃，屹如山岳”。

张辅接到朱棣的敕谕之后，按照朱棣授予的方略，精心治军，随机应变，与从云南出征的沐晟、李彬相呼应，以排山倒海之势压向安南。

黎氏父子杀害陈天平之后，断定明廷必将发大兵进行征讨，因而事先做了精心部署。其方略是：纵深设三道防线逐次进抵御。利用一切有利条件，尽量消耗明军的战斗力。待明军涣散之后，一举歼灭之。

第一道防线：利用山岳、隘口、栈道、江河等复杂地形，部署小股部队进行阻击、袭扰，最大限度地滞缓明军前进。

第二道防线：利用富良江（红河）等天堑，阻止明军南进。将宣江、洮江、沱江和富良江的北岸，全部打上树栅。同时，又在多邦隘口等处增筑土城，东西“树栅相连九百余里”。强迫江北二百万民众昼夜坚守。

第三道防线：在沿海港口，滩涂皆钉上木桩，打上捍木，尽取国中船只列于桩内，不使明军从海上登陆。与此同时，又加固东都（河内）城防，列象阵于城栅内。必要时放出象群冲击明军大队。三道防线“水陆兵号七百万”，“欲持久以劳官军”。

明军的进军方略是：张辅从广西、凭祥，沐晟从云南蒙自分别出兵，两路出击，合围包抄；散发传单涣散民心；集中重兵攻其要害。

在这个方略的指导下，张辅率军进入安南北部之后，一方面散发传单，榜列黎氏父子20大罪。或四处张贴，或顺江漂放，目的是想以“天朝”的威力涣散、瓦解敌军的斗志并争取安南民心。另一方面，率军疾驰南进。在连破城垒阁和隘留、鸡陵二关之后，不做停留偷取芹站，直抵富良江北岸。稍事整休之后，再自芹站分出一军，西行抢占新福县。到达新福县之后，立即遣骠骑将军朱荣西驰接迎沐晟向东疾进，约定在多邦城会师。

沐晟自云南蒙自出师，他们越险山、渡恶水，经过数次激战，向东疾进直取白鹤。

张辅占领新福县不久，即移营至三带州的招市江口。然后造舟架桥向多邦进发。十二月，沐晟自白鹤挥师进至洮江北岸，兵临多邦城南。而张辅也按约占领多邦城北面的沙滩，从而形成了对多邦城的合围态势。

多邦城是安南北部的战略要冲，依山面水，易守难攻。在明军到来之前，黎氏父子在此早已做了精心的布防：城外四周高筑土墙。土墙之外再挖双重深濠，濠内注满河水，水下密布竹刺。重濠之外再密布陷阱。城上更是火器齐备，“守备具严，贼兵如蚁”。在洮江岸边又密树桩栅，高不可攀。多邦城的内外，真可谓是森严壁垒，固若金汤。

面对如此情况，张辅全无惧色，他鼓励全军将士说：“贼所恃者此城。大丈夫报国立功在此一举，先登者赏不次。”经过集议，决定在深夜四鼓攻城，规定以燃火和吹铜角为号。

在张辅的鼓励和重赏之下，凭着人多势众，攻城信号刚一发出，全军将士迅速越过重濠冲到土城之下。然后附云梯争相登上垛口。此时“火炬齐明，铜角竞响”，杀声震天，敌军闻之丧胆。惊慌之中，敌人矢不得发，只顾跳城鼠窜，明军顺利登上四城。但在进入城内之后，却发生了激烈的巷战。不仅如此，敌军还放出象阵冲向明军。面对如此情况，明军一方面将战马头上蒙上早已准备好的画狮面具，以恐吓象群。另一方面，又大量施放各种火器。待象群受到恐吓或中火器之后，便惊散逃奔。

象群溃散，敌军立时失去了冲击和护身的屏障。于是，敌军大乱各自鼠窜逃命。趁此时机，明军奋勇冲击，一直将敌军追至伞园山下。继而，张辅又及时移师攻克东都。而李彬亦直捣西都（清化）。西部守敌料不能敌，便将宫殿、仓廒点燃之后，逃遁入海。要塞失守，国都陷落，敌军无心再战，只得望风南逃。

永乐五年（1407）一月，明军长驱直入乘胜前进，在渡过盘滩江、鲁江之后，在木丸江再次大败敌军。三月，再战于富良江，黎氏父子仅以数舟逃遁。五月，明军分别追敌至闷海口和奇罗海口。五月初二日，首先将黎季犛（胡一元）及其第二子黎澄擒获。第二天，在当地百姓的指引下，安南人武如卿等人于永盎海口的望高山，又将黎苍（胡奃）、“太子”黎芮、梁王黎激和侍从将相数十人擒获。至此. 经过七个多月的激战，明军大获全胜，安南事平。

对于安南事后的处置，如果像当初对待锡兰山国，选用耶巴乃那当国王的办法进行处理，即在安南国内挑选一个较有威望又忠于明朝的人封为国王，让安南人自己管理自己，然后在这个基础上，再实行“厚往薄来，怀柔远人”的外交政策，两国的关系肯定要好一些。但是朱棣一方面过于相信“天朝”获胜的威力，另一方面，又他错误地认为，安南“国中臣民共为欺蔽，一国皆罪人”，对安南人已无任何好感。在这种思想的指导下，他不顾将来的后果如何，竟听从了部分群臣将安南纳入中国版图，改安南为交址布政使司，使之成为明朝一个行省的建言。这样一来，就将已经独立几百年的安南给彻底灭亡了。这对于每一个正常的安南国人来说，从感情上无论如何是接受不了的。一旦有了机会，他们必然会起而反抗。另一方面，朝廷派去的官吏和太监，又以胜利者自居，他们专横跋扈威福任情，残酷地压榨安南人民。他们的这些不法行径，等于给安南人民上了一堂反明复越的政治宣传课。事过不久，果然就发生了此起彼伏的反明浪潮。从此以后，使明朝陷入了无休止的战争泥潭之中，背上了沉重的战争包袱。

就在永乐六年（1408）六月，也就是张辅、沐晟班师回国不到两个月的时间，就发生了简定等人聚众为乱的事件。

简定原是陈氏王朝的故官。明军讨伐黎氏父子时，出于对黎氏父子的义愤，他主动投向明军。在战斗中，勇敢善战，多立战功，很受张辅的器重。张辅准备将他送入南京，然后再派遣回来重用。可能是出于亡国的义愤，或是对明朝官吏不法行径的不满，或是本人怀有政治野心，在北上进京途中，竟私自潜逃，与阮帅等人合谋叛乱。不久，推简定为王，僭定年号为兴庆，国曰大越。他们在乂安、化州的深山之中，招党徒、造兵器候机而动。就在张辅、沐晟刚刚撤军不久，他们就攻劫盘滩和碱子关，扼住三江府南北往来的要道。同时，又劫掠交州境内。简定刚一举起反明旗帜，随后即有慈廉、威蛮、上洪、天堂、应平、石室诸州县起而响应。对此之乱，明朝守将顾此失彼，无力镇压，只得奏诉朝廷。无奈，朱棣只得再遣沐晟为征夷将军，统云南、贵州、四川共四万人，由云南出发，对安南进行第二次征讨。

永乐六年十二月，沐晟统四万军队与简定战于生厥江，结果，遭到惨败。参赞军务的兵部尚书刘俊突围不成自缢而死。都督佥事交阯布政司使吕毅，交阯布政司参政刘昱亦死于此役之中。

沐晟惨败无功，朱棣怒上加怒，只得再遣张辅三次进征。张辅于永乐七年二月，率20万大军进入安南。五月，张辅报称：叛贼简定被推尊为太上皇，另立与陈日煃不同宗但却同姓的陈季扩为大越皇帝，年号重光。

安南人历来十分怀念陈日煃王朝时期的圣政美绩，而陈季扩又自称是陈氏后裔。待他一号召反明，附近州县民众便揭竿而起，纷纷响应。他们窃据江河，控制要道，势力相兰强大。经过张辅、沐晟近一年的苦战，总算将简定等要犯擒获，初步稳定了安南北部的形势。但陈季扩等人却逃遁得脱，潜藏深山，势力依然很强大。

张辅于永乐八年二月回国参加北征鞑靼的战事。朱棣只得再任沐晟为总兵官，云阳伯陈旭副之，继续平定安南。永乐八年五月，沐晟分兵追剿陈季扩、邓景异等叛寇。结果，都督佥事江浩遭到惨败。都指挥使孙全与敌战于争江，中炮而亡。这就是说，只要明军主力撤走，叛乱便即时而起。而留守的官军，只能穷于应付，陷入被动挨打的境地，再也无力控制安南的局面。

永乐八年十二月，陈季扩认为沐晟对他无可奈何，便采取以退为进的策略，主动遣胡彦臣到南京上表请降。他这样做的目的有两个：一是想以此麻痹官军，二是想让朱棣封他为安南王。

此时，如果朱棣能够从大局出发，因势利导，暂时满足陈季扩的欲望，封他为安南王，并就此机会来个体面撤军，便可以甩掉这个耗财累民的战争包袱。可惜的是，朱棣高傲自负，生来就养成了不服输、不后退，必须压倒一切的性格和气概，因而只是轻率地任命陈季扩为交阯布政使、陈原樽为参政。这就是说，安南并未复国，仍然还是明朝的一个行省。而陈季扩的目的是想当大越皇帝，根本不把这个小小的布政使放在眼里，因而拒不就任劫掠如故。沐晟无力镇压，朱棣只得再遣张辅率24000人四次进征安南。

张辅从永乐九年一月出征，至永乐十三年二月回京师。连续激战四年有余，费了九牛二虎之力，总算擒获了陈季扩，暂时平定了安南局势。据此，朱棣吸取了前几次“撤兵即乱”的教训，为巩固局势防止再乱，于永乐十三年四月再任张辅为总兵官，五进安南准备长期镇守。

永乐十四年十一月，朱棣命张辅回京再次参加北征。十五年二月，命丰城侯李彬充任总兵官，接替张辅镇守安南。但李彬上任不到一个月，就发生了阮真等人的叛乱。继而又有黎核、潘强、陈可伦、阮昭、陈恼、阮拟、范伯高、武万、陈已律等人相继为乱。这些叛乱虽然被李彬讨平，但从永乐十五年十月开始，至永乐二十年一月之间，又有杨进、黎利、江广、车三农、潘僚、陈顺庆、陈直诚等近百起大规模的叛乱。真是举国而起四处皆叛，搞得李彬“东征西剿，’目不暇给”疲惫不堪，于永乐二十年一月，病死在安南任上。他死后，由荣昌伯陈智代镇。

在这些叛乱之中，尤以清化府俄乐县土官巡检黎利势力最强。他自称平定王，以其弟黎石为相国。与其党段莽、范柳、范晏四处劫掠。明军虽然数次征剿，但直至朱棣驾崩为止，也未能将黎利擒获。除此之外，还有杨恭、阮多、范玉（僧人）亦相继称王。他们各霸一方，攻掠城邑，袭杀明军，搞的明军心惊胆颤，只求自存，不敢出战。

明军从永乐四年十月出境进入安南，虽然初战告捷大获全胜。但在后来的十几年中，虽然屡屡增兵遣将，投入了大量的人力、物力和财力，不但叛乱未平，反而更炽，甚至蔓延到安南全国。为此，朱棣也焦躁起来。早在永乐十八年闰一月，就曾敕谕丰城侯李彬说：“朕命尔抚绥一方，盖欲军士各按其所，而致纷纷，将何逭责？今调云南、四川官军益尔，宜尽心殚虑，早灭此贼。若玩时愒日，致贼益滋，在于国典，必亦难恕！”朱棣虽然对李彬严加切责，但李彬仍是无能为力，根本无法改变被动局面。五月，朱棣再次切责李彬说：“叛寇潘僚、黎利、车三农、文历等，迄今未获！兵何时息？民何时得安？宜昼夜尽力广为方略，早灭此贼，以不负朕之委托！”朱棣虽然屡屡下谕切责，李彬也确实想方设法十分用力，但侵人国土，亡人国家，掠人财宝，这种非正义的侵略战争，从长远观点看，就是再派十个李彬前去镇守，最后也必然要遭到失败。

征讨安南，虽然是为了顺利推行朝贡外交，对“不服者”所采取的一种惩戒行动，但却给国内人民造成了巨大的经济负担，是外交政策的重大失误。

明军第一次南征，如以20万人计算，仅就军粮一项，按每人每天一斤半米计算，九个月内（从永乐四年十月至五年六月）约计消耗军粮85050000斤。第一次征讨撤军之后，留驻在安南的军队数字虽然不详，但在永乐二十年八月，荣昌伯陈智有个详明的上奏：“交阯大小官军月粮及诸司官俸月支稻谷57700石，岁支692400石有奇。”照这个数字估计，17年当中，累计需要用粮11770800石。假如一半取自安南国中，其余一半也得由国内小民承担。除此之外，军人伤亡，马匹倒失，武器消耗，更是无计其数。

自洪武年间开始，对明朝的最大威胁主要来自北方。朱棣用兵的重点亦在北漠。但自从他轻率地南征之后，碍于脸面，他却无法从安南撤兵甩掉这个沉重的战争包袱。无疑，这是永乐朝的弊政之一。

永乐之后，因国力渐衰，北方多事，再加上将官腐败，因而安南的“贼”势更加滋蔓。宣德二年（1427），明宣宗朱瞻基决心甩掉这个包袱，当即立断，下令全部撤军。撤军时，“凡得还者止八万六千人，为贼所杀及拘者，不可胜计”。宣德五年，只得被迫承认黎利，命他暂理国事。而黎利根本不把这个敕谕放在眼里，他私自称帝。纪元顺天、建东、西二都，分十三道，“各设承政司、宪察司、总兵使司”。同时，还“置百官、设学校，以经义、诗赋二科取士”。明政府对他无可奈何，竟使他僭位达六年之久。死后私谥太祖。

正统元年闰七月，明英宗朱祁镇面对既成事实，正式封黎利之子——黎鳞为安南国王。从此，安南终于名正言顺地获得了独立，而明朝也彻底甩掉了战争包袱。

就在朱棣发兵安南的前一年，即永乐三年，又开始了另一件对后世影响甚大的事，这就是郑和下西洋。明朝人对海洋的概念，是以今婆罗洲为界，婆罗洲以西称西洋，婆罗洲以东为东洋。西洋的范围向西包括印度洋，到达非洲东海岸。郑和曾七下西洋，其中六次在永乐年间，一次在宣德年间。

自明初以来，中国东南海上局势很是动乱，不仅有安南的四出扩张侵掠，而且还残存着许多反明势力，有元朝的余孽，有方国珍、张士诚的余党，还有沿海一带反抗明朝统治的豪强武装。他们不仅不遵守明廷的通海禁令，而且私自交通外国，往往为寇。广东人陈祖义等因犯事逃到旧港（今苏门答腊岛巨港），招慕流亡，控制了这一通往西洋的交通孔道，许多海外贡使被拦劫，使明朝向海外的发展受到了限制。同时，南洋一些地方对明朝的情况不甚了解，或抱有敌对态度。靖难之役后，建文帝下落不明，是否会在海上纠集力量与朱棣对抗，也是未知之数。为了解决这些问题，为了显示明朝在海上的存在，早在永乐元年朱棣便派了宦官马彬出使爪哇诸国。到了永乐三年，郑和的航海活动便开始了。

王景弘

这年六月，郑和和王景弘等率士卒27800余人，指挥着大型船队自苏州刘家河出海远航。这只船队，共有大小船只208艘，艘，最大的船长至44丈，广至18丈。稍小些的长37丈，广15丈。随行人员有官校、旗军、勇士、通事、民稍、买办、书手，此外还有阴阳官、教谕、舍人、医官、医士和负责罗针的火长、番火长、司舵以及军匠、民匠、行人。船上除装载大量的礼品和商品外，还备有充足的粮食、淡水、盐、酱、茶、油、烛、柴等等。郑和的船队来到爪哇，正值爪哇东王与西王相攻杀。东王战败被杀，属地为西王吞并。郑和船队经过东王治所，官军登岸贸易，竟有170

人被西王都马板兵杀害。郑和为了自卫，刚要兴兵致讨，西王闻讯赶忙遣使到明廷谢罪。由于都马板遣使表示谢罪悔过，朱棣决定“止兵不进”。但170人死于无辜，都马板必须输黄金6万两偿命赎罪。如不然，“问罪之师，终不可已”，爪哇表面悔过，实际并不服罪，郑和于第二次下西洋时再至爪哇，都马板才派使臣献黄金万两谢罪。礼部臣以爪哇偿金尚欠5万两，请治爪哇使者之罪。朱棣说：“朕于远人，欲其畏罪而已，岂利其金耶？今既能知过，所负金悉免之”。后来爪哇“比年一贡，或间岁一贡，或一岁数贡”，与明朝关系一直较好。

郑和的使团又曾到渤泥国（今加里曼丹北部及文莱苏丹国），封前渤泥国王马合漠沙世子麻那惹加那乃为渤泥国王，给印符诰命。永乐六年八月，麻那惹加那乃率其妃及弟妹男女并陪臣来中国朝见。朱棣派中官杜兴等前往福建宴劳慰问，迎接进京。朱棣对麻那惹加那乃远道前来十分高兴，设宴款待，“嘉劳再三”。麻那惹加那乃称颂“天子功德加于我者，与天地同其长矣”。因而“远方臣妾，不敢自外，逾历山海，躬诣阙下，以伸其悃。”朱棣对渤泥国王的至诚也很受感动，说：“王之至诚，贯于金石，达于神明。”

渤泥国王的来朝，是郑和出使而取得的最令朱棣满意的结果。不幸的是后来他回国前病死在中国。朱棣为其辍朝三日，以示哀悼，并以王礼安葬于南京南城外。

永乐七年（1409），郑和第三次远航。这次远航，受到了占城国王的欢迎，因为明朝制止了安南对占城的侵略。在郑和第二次远航时，曾经到过锡兰山，向佛寺布施香礼，并立碑于锡兰山。此碑经过500多年，1911年发现，现存于科隆坡博物馆。当时锡兰山国王为阿烈苦奈儿，是个暴君，对明朝及邻国不友好，“屡邀劫其往来使臣，诸番皆苦之。”郑和第二次出使时没有能解决这一问题。这一次，郑和带了朱棣的诏书，告诫锡兰山国王要“祇顺天道，恪守联言，循理安分，勿得违越，不可欺寡，不可凌弱。”同时照例给予赏赐。阿烈苦奈儿非但不听，反而要谋害使者，劫夺钱粮船只，结果失败被俘，被解送南京。朱棣念其为远人，不久释放。永乐十年，朱棣派使节往锡兰山颁给诰印，封阿烈苦奈儿的亲属耶巴乃那为王，并送还阿烈苦奈儿。这一举措使得海道清宁，更多的贡使络绎不绝地来到中国。郑和这次出使，还诏封了满剌加的国王，使满剌加摆脱了长期受暹罗控制的地位。在郑和船队回还时，满剌加国王随船来到中国致谢，朱棣亲自在奉天门设宴款待，并给予厚赐。在郑和的斡旋下，暹罗终于与满剌加和睦相处。

郑和奉命出使，先后到达30余国，宣扬了国威，提高了明朝的政治外交地位，加强了明朝与西南各国之间的友好往来，促进了彼此间的文化经济交流，朱棣在国内的威望也因之提高，地位更加巩固。郑和的航程最远到达非洲东海岸、红海海口，是当时世界航海史上的一个壮举。

郑和下西洋是为许多人所乐道的盛事，不仅充分肯定了它在航海史上的地位，而且在政治上也越捧越高。郑和成了友好使者，朱棣成了发展中外贸易和友好事业的明君！他们完全忘了朱棣是一个封建专制主义的帝王。不能设想，一个认为"覆载之下皆朕赤子"的皇帝能够允许那些"蛮夷小邦"平等地和他谈友谊。他们无视《明史》上明白写着的"耀兵异域，且示中国富强"这样的话，而企图用自己的头脑去替朱棣思考。他们把朱棣大大现代化了。从本质上说，郑和下西洋是封建主义皇权至上的产物，而不是明初社会经济发展要求的结果；郑和下西洋所进行的对外贸易，是以封建主义手工业生产为基础的封建国家的垄断商业；郑和下西洋助长了中国封建统治者的虚骄心理。

朱棣以藩王夺取皇位，于封建礼法难于容纳，国内的不满情绪他是深深知道的。他一方面声称不念旧恶，同时又残酷地屠杀政治反对派，正说明了他的心理状态。朱棣即位，朱允炆下落不明，对他来说，这比所有反对派的个人都具有更大的危险性，因而成为朱棣的隐患。永乐元年（1403）二月初八日，朱棣对派赴朝鲜的使臣曾有一道谕旨："建文手里有逃散的人，也多有逃去别处的。有些走在你那里，你对他每说知道，回去对国王说，一介介都送将来"。因此，说郑和下西洋的目的之一是寻找朱允炆，安抚或镇压那些逃居海外的建文帝遗臣们的反抗活动，是可以理解。对此，我们不必深究。但是，如果说郑和七下西洋皆同此心，就不能服人了。朱棣作为藩王，有能力推翻一个在位的合法皇帝，当他自己成为皇帝之后，掌握了最高权力，控制了全国的军事、经济力量，对付一个流亡皇帝是绰绰有余的，特别是在朱棣的地位已经巩固之后，更是如此，朱棣完全没有必要为寻找建文帝的下落接二连三地派这样大规模的船队进行远航。

宝船的意思十分明确，它是“西洋取宝船”的简称，这说明郑和下西洋的目的之一是取宝。一些论者故意避此不谈，他们认为朝廷到外国取宝有损中国人的面子，因而宝船差不多变成“宝贵的船”了。然而，封建君臣对于取宝毫不隐讳，他们认为这是天朝盛事。天顺时司礼监太监福安曾慨叹说：“永乐宣德间，屡下西洋，收卖黄金珍珠宝石诸物。今停止三十余年，府藏虚竭”。他们非常留恋大量宝物自西洋源源而来的情况。

明朝初年，中国经济发展水平远较郑和航海经过的地方为高。他所带的物品是无与伦比的。尽管朱棣一再声称与夷狄交往是“厚往薄来”，到处给人以大量赏赐，但郑和的船队仍然可以换取众多的财物。《明史》说郑和“所取无名宝物不可胜计”，这些宝物都是些什么呢？无非是香料、珠宝、珍禽、异兽，所谓“明月之珠，鸦鹘之石，沉南速龙之香，麟狮孔翠之奇，楼脑薇露之珍，珊瑚瑶琨之美”。显然，这些奢侈品无补于国内经济的发展，只能供给统治阶层享用。

与官方的大规模船队寻宝相反，朱棣对民间实行了严格的海禁政策，不准人民出海贸易。朱棣即位诏书中就有这样的话：“沿海军民人等，近年以来，往往私自下番，交通外国，今后不许。所司一遵洪武事例禁治”。永乐五年，有人上言“北京军饷河运不能给，须兼海运。今海船少，岁运不过五十万石，且未设官专领，事不归一，请于太仓设海道都漕运使司，择文武大臣中公勤廉干者充使，行移如布政司，提调各卫所海船，并出海官军”。然而，朱棣“令再议”。不仅如此，朱棣还多次命令将海运船改造，以防军民私自出海。《明太宗实录》记载：永乐二年，“时福建濒塘海居民私载海船，交通外国，因而为寇，郡县以闻，遂下令禁民间海船，原有海船者悉改为平头船，所在有司防其出入”。此后，同年八月，恢复了在洪武七年罢废的市舶提举司，但民间的出海贸易仍然是禁止的。市舶提举司的职掌是：“海外诸番朝贡市易之事，辨其使人表文勘合之真伪，禁通番，徵私货，平交易，闲其出入而慎馆縠之”。他所允许的仅是有限度的“番使”登岸贸易。明朝允许民间出海赴东西二洋做买卖，是在隆庆改元以后。所以，那种在朱棣治下，似乎出现了一种自由海外贸易的盛况的看法是没有根据的。

一些论者对《明史》所说的郑和下西洋要“耀兵异域”颇多隐讳，或偶述及之又为其辩解。所以如此，无非是要证明朱棣要与外国讲友谊，证明他们之间所进行的是和平、友好、平等的交往。其实，这是一个将古代历史人物的功过让今人来承担责任的不必要的思想包袱。实际上，一个封建帝王是不懂得什么平等的，对他来说，一切都应该臣服，所谓“君主华夷”，所谓“天之所覆，地之所载，皆朕赤子”。这种观念，莫说明朝和明朝以前是如此，甚至到了清朝中西交流日渐频繁之时仍然没有大的改变。清乾隆帝在承德避暑山庄接见英国使节马嘎尔尼仍然在争执单腿下跪还是双腿下跪，而且，乾隆帝仍把对外贸易称为是对“外夷”的“加恩体恤”。

明朝的史册上说，郑和出使，“将士卒二万七千八百余人，多带金币”。既云友好使者，何用27800之军为？这绝不仅仅是为了防卫。明朝是当时世界的泱泱大国，郑和所历之地用他们的话说多是“蛮夷小邦”，可以想见，这样庞大军队对这些小邦意味着什么？当然，郑和不纯用武，而首先是“宣天子诏”，“给赐金币”，如果“不服”，则“以武慑之”。郑和明显用武的例子有三次。一次是捉拿了旧港的酋长陈祖义。当然，陈祖义是私逃海外的华人，又“剽劫商旅”，郑和用武不为无因。这里，不妨先来读读明廷“部臣”通过暹逻转给旧港前身三佛齐的移牒：

> 自有天地以来，即有君臣上下之分……我圣天子一以仁义待诸蕃。何诸番敢背大恩，失君臣之礼！倘天子震怒，遣一偏将，将十万之师，恭行天罚，易如覆手。尔诸蕃何不思之甚。我圣天子曾曰：“安南、占城、真腊、暹逻、大琉球皆修臣职，惟三佛齐梗我声教。彼以蕞尔之国，敢倔强不服，自取灭亡”。

这哪里像什么和平友好的语言！它强调的是“君臣上下之分”，是“君臣之礼”，如果失分、越礼，那么便要“恭行天罚”了。这些“蕞尔之国”是随时可以被灭亡的。郑和不仅率领有军队，而且还有更强大的武力作为后盾。他捉拿陈祖义，也是对各国的威慑。陈祖义解京伏诛，“诸夷闻之震慑，曰‘真天威也。吾曹安意内向矣’”。可以看到诸夷内向的背后有武力的作用。

另一次，是将锡兰山的国王亚烈苦奈儿及其家属捉拿至京。据说，锡兰山仅梁时与中国通，其后与中国绝少来往。郑和使其地，几等于强使其与中国来往，其国王“欲害和”，这是出于对远方来的武装舰队的不理解。至于“诱和至国中，索金币”，也是有以招之，所谓漫藏海盗，又何况是在人家的土地上。当然，这个“蕞尔小邦”是不堪久负声教文物盛名的大国舰队一击的。这时，明朝已经破了安南，郡县其地，再加上抓了锡兰山的国王，“诸邦益震砻，来者日多”。许多地区是慑于威力才臣服的，而臣服天下正是朱棣的目的，“耀兵”则是手段之一。

还有一次，是在苏门答腊“生擒伪王”苏干剌，郑和至苏门答腊封其酋长为国王。其先，王之父死于与邻国花面王的战事。某渔翁因率众杀了花面王，为苏门答腊王妻报了仇，而据有了王位，称为老王。王子宰奴里阿必丁年长，杀了老王夺回王位，从此与老王之弟苏干剌累年争战不息。郑和支持宰奴里阿必丁，将苏干剌擒归，实际是参与了苏门答腊政权纠纷，充当了“国际宪兵”的角色。在明朝人看来，明朝的皇帝是天子，四夷的君主只能是国王，国王下天子一等，须奉天子为主。

总之，郑和的出使活动是为树立或巩固大明天子的权威，是始终伴随着武力或以武力为后盾的。用郑和的话说，就是“及临外邦，其蛮王之梗化不恭者，生擒之；其寇兵之肆暴掠者，殄灭之。海道由是安宁，番人赖之安乐”。郑和的出使，为朱棣争得了封建大国的荣誉，明人说：“天之所覆，地之所载，莫不贡献臣服，三世五世，不是过矣”。这正是朱棣要夸耀于国人的。因而，他们也称赞郑和“为天子光”。

史称，“成祖欲远方万国无不臣服”，不耀兵是不可能达到目的的。清初史学家查继佐说：“自成祖之大度雄风，为之敷被，太祖时未及矣。祖训‘勿勤远’，而郑和之遣以兵从，幸而不蹶。不然辱国何”。也多亏了郑和的兵，才能不辱国。不辱国的标志，则是四夷宾服。

朱棣是十分看重四夷来归的。永乐十三年十一月，麻林国及诸番国进献麒麟、天马、神鹿等物，朱棣在奉天门接受，文武群臣都稽首祝贺，说道："陛下圣德远大，被及远夷，故致此祥瑞。朱棣说："岂朕德所致，此皆皇考深仁厚泽所被及，亦卿等勤劳赞辅，故远人毕来……远人来归，未足恃也"。这话好像是说"此地无银三百两"。朱棣实十分希望人们把远夷的贡献看作是他的圣德所致，恃此以提高自己威望，巩固统治，并借以满足他的虚骄之心。

郑和下西洋表现了中国人民的聪明才智，也表现出了中国人民与大自然搏斗的勇敢大无畏的精神。但它同时也是一出悲剧。它再次说明，在专制主义的社会中这种聪明才智只有为帝王所用时才能发挥出来，偶尔闪现它的光辉，否则，它将被埋没，被扼杀。你看，郑和下西洋停止以后，那雄伟的海船，那精湛的航海技术都到哪里去了？和人民相伴随的只有落后，只有贫穷。一切又走上缓慢发展、自生自灭的轨道。

当然，在批评封建统治者利用郑和下西洋达到"君主华夷"目的的时候，一定要把它与中外各国人民之间的友好交往分开，在批评统治者要耀兵异域时，要将它与中外各国人民之间的和平愿望分开，在批评朱棣的虚骄自大时，要将它与郑和所表现的卓越才能分开，这样才不会从一个极端走向另一个极端。

第七章　雄主崩逝功过明

的确，帝王也有家，但他们的家庭是极为特殊。他们没有庶人柴米油盐的烦恼，却也少了人间的那几分温情。权力争斗，伴随着血腥屠杀，可以说帝王很少有正常的家庭生活。

朱棣在做藩王时，朱元璋便为他册封了王妃，那便是开国功臣中山王徐达的长女。徐氏自幼贞静，好读书，朱元璋听说她贤淑，便对徐达说："我与你是布衣之交，古君臣相契者，率为婚姻。卿有令女，其以朕子朱棣配焉。"不知徐达是感到莫大荣光，还是感到君命不可违，总之，马上顿首谢恩了。正式册封王妃，是在洪武九年（1367），这时朱棣17岁。

靖难之役中，朱棣颇得力于这位王妃。朱棣带兵去攻打大宁，李景隆乘机围攻北平。当时世子朱高炽留守北平，形势很危急，多亏了王妃徐氏的谋划。城中兵少，徐妃便激劝将校士民的妻子参战，组成一批女兵，披上铠甲，登城拒守，终于坚持到朱棣回师。

朱棣做了皇帝后，王妃册为皇后。她规劝朱棣与民休息，又劝他对新旧官员不要有不同对待。在靖难之役中，徐氏的弟弟徐增寿常把建文帝朝中的情报送给燕王，因而被建文帝所杀。朱棣要为他追赠官爵，徐氏反对。后来，朱棣还是将徐增寿封为定国公，并让其子袭封，徐氏说这不是我的意愿，而不向朱棣道谢。徐氏还曾将那些朱棣所倚重的大臣的夫人们召进宫来，让她们以民生为念，做好内助。徐氏还采辑《女宪》、《女诫》，编成了《内训》20篇。又编了《劝善书》，颁行天下，以化育人心。

永乐五年（1407），徐氏病逝，临终她还劝朱棣要爱惜百姓，广求贤才，恩礼宗室，不要骄宠外戚。对于她的死，朱棣十分伤心，为她在灵谷寺、天禧寺举行了大斋，听群臣前来致祭。徐氏被谥为仁孝文皇后。后来朱棣在北京天寿山为自己营建了陵墓长陵，首先将徐氏安葬其中。从此，朱棣不再册立皇后。

朱棣还有两个心爱的妃子，一个是昭献贵妃王氏，一个是恭献贤妃权氏。王氏有贤德，侍奉徐皇后很恭谨，为朱棣所倚重。朱棣晚年性情暴躁，臣属动辄得罪，不论太子诸王公主还是大臣，都得到过王氏的调护。徐氏死后，宫中一切大事实际都由王氏掌管。

权氏是朝鲜人，姿质浓粹，善吹玉箫，甚受朱棣宠爱。永乐八年（1410），权氏随朱棣北征，在还师时死于山东临城。

说到权妃，这中间还有一段长长的故事。

从元朝起，朝廷每年要让高丽进献美女。明朝相沿不改。洪武时，后宫中就有不少高丽嫔妃。朱棣本人就是高丽人碽妃所生。到了永乐时期，仍然不断下诏派人到朝鲜选秀女入宫。

永乐六年，朱棣派内使黄俨等人到朝鲜去，赏给朝鲜王廷花银1000两、纻丝50匹、素线罗50匹、熟绢100匹，因为朝鲜曾向明廷献马3000匹。临行时，朱棣对黄俨说："你去朝鲜和国王说，有生得好的女子，选拣几名将来。"于是，朝鲜王廷下令禁止婚姻嫁娶，广采童女，以备进献。但最初所选，黄俨以为无美色，甚为不满，并对当事者加以挫辱。朝鲜王廷只得分遣各道巡察司再选，同时通告各地："前者，不用心推刷，多有漏报者。更于大小守令、品官、乡吏、日守两班、乡校、生徒、百姓各户，如有姿色，一皆采择。如有隐匿或有针灸、断发、帖药多方规避者，论如律。"对于各地所选的女子，黄俨等都要亲自过目。这一年被选中者共五名：工曹典书权执中之女，18岁；仁宁府左司尹任添年之女，17岁；恭安府判官李文命之女，17岁；护军吕贵真之女，16岁；中军副司正崔得霏之女，14岁。她们连同从者使女12名、火者12名，一同被送往北京。上路之日，被选淑女的父母亲戚哭声载道。朝鲜人在描写这些女子被选入京时写道："九重思窈窕，万里选娉婷……辞亲语难决，忍泪拭还零。惆怅相离处，群山入梦青。"

这五位淑女入宫后，权氏被册立为贤妃，任氏为顺妃，李氏为昭仪，吕氏为婕妤，崔氏为美人。她们的父兄也都授予了官职，如权妃的哥哥被授予光禄卿之职，但这些官是食禄不任事的。不过，他们的俸禄要由朝鲜王廷代发，因为他们离北京实在太远了。同时被册立的还有贵妃张氏，是追封何间忠武王之女，昭容王氏，是苏州人。

五女之中，永乐皇帝最宠爱权妃。权氏资质浓粹，又善于吹箫。朱棣见到她，问她有何所长。她拿出随身携带的玉箫吹奏，窈渺多远音，朱棣大为高兴，立刻把她选拔在众妃之上。宁王朱权曾写宫词描绘道：

忽闻天外玉箫声，花下听来独自行。
三十六宫秋一色，不知何处月偏明。
魷鱼窗冷夜迢迢，海峤云飞月色遥。
宫漏已沉参倒影，美人犹自学吹箫。

宫中的女官王司彩（职掌储藏缎匹），朱棣曾命她与权妃同辇而行，她很熟悉权妃。她也写宫词歌咏道：

琼花移入大明宫，旖旋浓香韵晚风。
赢得君王留步辇，玉箫嘹亮月明中。

但是，这位权妃享年不永。永乐十年（1412），朱棣率军出塞北征蒙古回还，权妃死在山东临城的回途中。朱棣极为伤心，将她葬在峄县，命令当地百姓出役看守坟茔，他打算将来把她迁葬在徐皇后陵中。因为思念权妃，朱棣对她的哥哥更加厚待。在给他授予诰命时，朱棣不禁含泪伤叹，悲痛得说不出话来。

权妃为什么突然死去，起初无人猜疑。一次，吕美人和权贵妃两家的奴婢在吵骂中却透露了不寻常的消息。权贵妃入宫时，皇后徐氏已死。朱棣让她接替皇后，掌管六宫的事。吕美人对此十分不满，曾面责权妃说："有子孙的皇后也死了。你管得几个月，这般无礼！"于是，吕美人串通宦官金得、金良，从一个银匠家里借来砒霜，研成末子，放进胡桃茶中送给权妃吃了，权妃因而毙命。朱棣得知此情，大怒，将内官、银匠一并处死。吕美人罹刑最惨，朱棣命用烙铁烙她一个月，最后将她杀死。吕美人在宫的从人也一起被杀，牵连被株杀者达数百人。朱棣还逼迫朝鲜王廷将吕美人的母亲抓来杀了。但这实在是一个冤狱，直到永乐晚年才大白于天下。

原来，权贵妃、吕美人等被选入宫后，又有商人之女吕氏被选入宫。吕氏因与吕美人同姓，欲相结好。但吕美人不乐意，吕氏因而怀恨在心。后来权贵妃猝死，吕氏便乘机诬告吕美人毒死了权妃，以致造成上述的惨案。

后来，吕氏和宫人鱼氏行为不检点，与宦官私通。朱棣虽有察觉，但却因宠爱吕、鱼二人而未做处置。二人知道隐秘泄漏，惧罪自缢。这一下事情就闹大了。朱棣认为坏事都因吕氏所起，便把吕氏的侍婢都拘来审讯。这些侍婢不胜拷掠，便违心认罪，说是要谋杀朱棣。既然问出了大逆之罪。一场刑杀的大祸就不可避免了，连坐被杀的竟达2800人。行刑之日，朱棣亲临刑场监督，要眼看着将她们一一剐死。有的宫人临刑时当面大骂朱棣说："你自家阳衰，所以人家才和宦官私通，这有什么罪？"朱棣为了惩戒后人，让画工把吕氏与小宦官相抱的情况画下来。但是，他对鱼氏的思念却难以割断，命人将鱼氏葬在寿陵的旁边。

这案初发时，朝鲜人嫔妃任氏、郑氏便自缢而死。黄氏、李氏被鞫处斩。黄氏死前牵连了很多人。李氏说："反正都是死，干么要牵连别人！要死我自己死！"终于不诬一人。这时朝鲜诸女大都被诛杀，只有崔氏在南京而幸免。朱棣曾命南京的宫女北上，崔氏因病未成行。惨杀开始时，韩氏被幽闭在空室，好几天不给饮食。守门宦官可怜她，有时在门口放些吃的，因而没有饿死。但她的从婢却全部被杀了。韩氏的乳母金黑也被囚于狱中，事后才得赦免。

就在朱棣滥杀的时候，四月初八庚子日夜晚，雷雨交加，奉天、华盖、谨身三大殿被雷击中起火。大火冲天，力救不及。经十余年耗尽民财才修建成的壮丽宫殿，就这样化为灰烬，很多人丧身火海。宫人们却庆幸火灾的发生，以为天降的大火可能会使皇帝的虐杀稍稍收敛。在当时的人们看来，天变是对人事的惩戒。人事有错误，天才震怒降灾。

第二天，朱棣下了一道诏书，对上天的惩戒表示自责：

> 朕躬膺天命，祇绍鸿图，爰仿古制，肇建两京，乃永乐十九年四月初八日奉天等三殿灾，朕心惶惧，莫知所措。意者於敬天事神之礼有所怠欤？或法祖有戾而政务有乖欤？或小人在位贤人隐遁而善恶不分欤？或刑狱冤滥及无辜而曲直不辨欤？或谗慝交作谄谀并进而忠言不入欤？或横征暴敛剥削掊尅而殃及田里欤？

或赏罚不当财妄费而国用无度欤？或租税太重徭役不均而民生不遂欤？或军旅未息征调无方而馈饷空乏欤？或工作过度徵需繁数而民力凋弊软？或奸人附势群吏弄法抑有司闒茸罢软贪残恣纵而致是欤？下厉于民，上违于天，朕之冥昧，未究所由，尔文武群臣受朕委任，休戚是同，朕所行果有不当，宜条陈无隐，庶图悛改，以回天意。

朱棣认错反省的态度，似乎极为诚恳。到了十三日，朱棣再次下诏，宣布将“见有不便于民及诸不急之务者，悉皆停止，用苏困弊，仰答天心”。然而，后宫的杀戮并未被列入他的反省范围之内，朱棣“恣行诛戮，无异平日”，并没有停止对宫人的诛戮。先后因二吕之案被杀的竟有三千多人。

朱棣如此狂杀滥诛，除了他生性残忍之外，还有其他原因。朱棣晚年宠爱贵妃王氏。据说王氏有贤德，侍奉皇帝皇后恭谨如一，在宫闱之内肃雍有礼，和蔼仁厚，掌理庶务有条不紊，甚为朱棣所重。朱棣晚年有病，常常发脾气，王贵妃常常从中调护，以免宫人们受到谴责。自皇太子、亲王公主以下都很信赖王氏。朱棣甚至有立王氏为皇后之意。王氏的死，使朱棣痛悼不止，更加重了他的丧心风病。自此以后，朱棣处事更多错谬，用刑也更加残酷了。

朱棣晚年的生活荒淫，毫无收敛。他在临死前的几个月还要求朝鲜进献美女，这时朱棣已经是65岁的老人了。

然而，这些可怜的淑女，不论是何处选来，也不论受宠与否，最后在宫中也难免一死。原来，明朝初年仍然保持着为皇帝殉葬的制度”，朱棣死时，被殉葬的宫人有30余人。即使最受庞爱的韩氏和在吕氏惨案中幸免于难的崔氏亦在其列。殉死那天，要赏她们一顿酒宴，随后，把她们领入大堂，这时大堂上已经安置好了许多小木床。只听得哭声震天，宫人们一个个被强迫站在木床上，把头伸进吊好的绳套中。站在一旁的宦官将床一撤，宫人们便升天了。韩氏死时，呼喊着自己的乳母说：“娘，我去了！娘，我去了！”喊声未绝，床已撤去。虽然殉葬者的家属被称为朝天女户，受到优恤，殉葬者也会得到好听的谥号，并被葬入皇陵．但这又怎能补偿她们被断送的青春和被虐杀的生命！

朱棣即位不久，曾自我标榜说："人心诚不可有好乐，一有好乐泥而不返，则欲必胜理。若心能静虚，事来则应，事去则如明镜止水，自然纯是天理。朕每朝退默坐，未尝不思管束此心为切要，又思为人君，但于宫室车马服食玩好无所增加，则天下自然无事。"朱棣虽然称不上是个荒淫无度的皇帝，但也绝不是真的清心寡欲，朱棣刚一即位，便下令"求民间识字妇女入内职"。永乐元年，又命礼部访求在京官员军民之家女子年15~20容止端正、性情闲淑者备王妃之选。他曾命女官蔡氏到杭州选识字妇女入宫，闹得民间骚动。当时有人作诗说："已云玉闰归马足，更妆金屋贮娥眉。""临别亲邻莫惆怅，从来生女作门楣。"到了晚年，朱棣颇有放纵之处。上述选秀女之事已可说明问题。另外，朱棣平时吃饭要有宫女伴唱，晚年朝参也要有宫女陪伴，这在整个明朝都是很特殊的。

明仁宗昭皇帝

朱棣一共有四个儿子，长子朱高炽便是后来的仁宗皇帝。朱高炽虽为长子，又仁贤，却不为朱棣喜欢。他很胖，因而很笨，走路要人搀扶，还不免失足，当然难以带兵出去打仗了。朱棣最喜欢老二朱高煦。朱高煦被封为汉王，他从小不肯读书，为人凶悍，靖难之役中屡立战功，几次救朱棣转危为安。朱棣想立他为太子，却遭到大臣们的反对。大学士解缙的死，黄淮的下狱，就与他们跟朱高炽的关系有牵连。幸亏朱高炽有位聪明灵俐的儿子朱瞻基，很为朱棣所爱，朱高炽的太子地位才得以保住。朱棣死后一年多，朱高煦便起兵造反，想夺取皇位，这时是朱瞻基在位，亲自率兵东征，兵临城下，高煦不战而屈。朱棣的三子朱高燧，封为赵王。四子朱高爔，未封而殇。

朱棣的母亲是谁？自明朝以来便众说纷纭。按宗法制说，谁与朱元璋最亲，谁便有资格做皇帝。于是，朱棣反复宣称自己“乃父皇太祖高皇帝亲子，母后孝慈高皇后亲生，皇太子亲弟，忝居众王之上”。这一招确实在他夺取皇位中起了大作用。但人们还渐发现各种官私记载与朱棣所说大不相同，这些记载之间又互不相同。有的说朱棣与周王朱橚是高皇后所生，而太子及秦王、晋王等都是庶出。有的说朱棣是达妃所生，太子与秦王、晋王则是高皇后所生。有的则说朱棣的生母是碽妃。还有说朱棣是元顺帝妃洪吉喇氏所生的，或说是顺帝妃瓮氏所生的，或是说元顺帝的高丽妃所生的。

成祖既然说他是皇帝亲子，皇后亲生，他于即位后便无法改口了，应有的礼仪封典也只能给高皇后了。朱棣的生母究竟是谁？《太常寺记》认为是碽妃，而懿文太子、秦王、晋王，皆李妃所生。这不仅从看守孝陵的阉人口中得到旁证，而且明朝就有人为此专门进入寝殿探寻究竟。果如《太常寺记》所记：在享殿中，太祖朱元璋与皇后马氏座位南向，左淑妃李氏等座东向西，惟碽妃座西向东。明人尚左，这说明碽妃除高皇后外地位高于其他妃嫔。原来这是个不可张扬的秘密。朱棣为了自己皇位坐得稳一点，不敢公开承认自己的生母，只好把碽妃偷偷供奉在这里。明人有诗写道：“成祖重所生，嫔德莫敢齐。一见异千闻，《实录》安可稽？”关于碽妃，有的野史说她是高丽人。燕王出生后，马皇后养为己子，便将碽妃赐死了，据说是用铁裙之刑致死的，是否确实，已不得而知了。

永乐二十二年（1424），朱棣带兵出塞进行他的最后一次北征，但师抵漠北，不见敌人踪影，原来阿鲁台早已带着部属远逃了。一天，他对身边的杨荣、金幼孜说：“昨夜三更我做了个梦，有个像画中神人模样的告诉我：‘上帝好生’。难道上天有意保护他们这些蒙古人吗？”行军途中，朱棣见往年用兵时死于塞外的白骨委弃路旁，不禁心怀恻然，命人收拾道中遗骸，亲写祭文，加以悼念。大军继进，仍不见敌，这时军中已经乏粮了。杨荣请求将皇帝供用之余都给予军士，又让军士互相接济借贷，等回到关内官府加倍偿还。但北征军仍久久不见敌踪。朱棣这时不能不感到后顾之忧，也感到疲乏了。他说："北地早寒，一旦有风雪之变，归途尚远，不可不虑。"于是决定就此回师。

七月十七日庚寅，大军行至榆木川，朱棣竟然积劳病倒，骤然去世，时年65岁。一代雄主就这样退出了历史舞台。

这时六师在外，京师无主，朱棣左右商定绝对不泄露朱棣逝世的消息。内臣马云与大学士杨荣、金幼孜商议，将军中的锡器收集起来熔成一椟（棺），将朱棣收殓了，然后将锡匠杀死。这样人不知鬼不觉，将椟放在龙辇上，每天早晚照常上膳。大军继续朝京师进发，同时派人密报太子。

太子朱高炽不久即位，这便是仁宗。朱棣被安葬在天寿山长陵，与徐氏合葬，尊谥称"启天弘道高明广运圣武神功纯仁孝文皇帝"，庙号太宗。嘉靖年间，嘉靖皇帝闹大礼，要尊本生父母，于是修改朱棣谥号为"启天宏道高明肇运圣武神功纯仁至孝文皇帝"，庙号则称成祖了。

明成祖朱棣是一个很了不起的皇帝，不用说在明史上，就是在整个中国历史上，也应该占有重要的一席。然而，他果真是个圣主贤君吗？这是个颇费思索的问题。如果要从官书的记载中找一些材料证明他的贤明，那是很容易的，比如他关心民生，勤于政事，永乐元年他曾说：

> 朕即位未久，曾恐民有失所，每宫中秉烛夜坐，披阅州郡民籍，静思熟记，何郡近罹饥荒，当加优恤，何处地迫边鄙，当置守备，旦则出与群臣计议行之。近河南数处蝗旱，朕用不宁，故遣使省视，不绝于道。如得斯民小康，朕之愿也。

比如他安不忘危，勤读不怠。永乐九年二月癸卯，朱棣在右顺门披览奏章，御案上镇纸金狮欹侧将坠，给事中耿通赶紧移置案中。朱棣就此做了一番说教：

> 一器之微，置于危处则危，置于安处则安。天下，大器也，独可置于危乎？尤须安之。天下虽安，不可忘危，故小事必谨。

小不谨而积之，将至大患，小过必改，小不改而积之。将至大坏。皆致危之道也。

他还曾说过：

朕德谅薄，托於万姓之上，惧弗克负荷，夙夜祗事，不敢暇豫……夫戒谨者，治之所兴，宴安者，乱之所自。

不论出于什么目的，朱棣确实是个勤奋的皇帝。永乐初，他每天“四鼓以兴，衣冠静坐”，“思四方之事，缓急之宜”。上午有早朝，下午有晚朝。外朝处事完毕，还要处理宫中之事。“闲暇则取经史览阅，未曾敢自暇逸”，“诚虑天下之大，庶务之殷，岂可须臾怠情！一怠惰即百废弛矣。”有人建议他务简默，他回答说：“人君固贵简默，然天下之大，民之休戚，事之利害，必广询博闻然后得之。”几乎可以这样说，他总是事必亲闻。他曾指责通政司“四方奏疏非重务者，悉不以闻”他说：“朕主天下，欲周知民情，虽细微事不敢忽。盖上下交则泰，不交则否。自古昏君其不知民事者多至亡国……凡书奏关民休戚者，虽小事必闻，朕于听受不厌倦也。”他曾令人将中外官员的姓名书写在武英殿南廊，间暇观之，以熟悉政情。

又比如，比起后世皇帝，朱棣还算节俭。他曾说：“内府所贮，皆天财，待赏有功，虽朕不敢妄费。”永乐十二年，一次百官奏事毕，朱棣退朝坐在右顺门，所服里衣袖敝垢，纳而复出。侍臣有人称赞他的贤德。他说：“朕虽日十易新衣未尝无，但自念当惜福。故每澣濯更进。”这一点颇受朱元璋的影响。他说：“昔皇妣躬补缉故衣，皇考见而喜日，皇后富贵勤俭如此，正可为子孙法。故朕常守先训不忘”。

其他，如朱棣说：“治贵得大体”，不必拘泥细故小事，“君臣贵相与以诚，谀佞非治世之风”，“国之兴废，在德，不专在数”，“一人苟有德可传，何必百万之寿”，“一物之异常有之”，算不得祥瑞，“海宇清明，生民乐业此国家之瑞”，以及认为“虽生知之圣，亦资学问”等等。

以上所举，虽不为无据，但若仅以此称朱棣为圣明，尚不能令人心服。众所周知，官书之溢美，史臣之阿谀，是不遗余力的。

另一方面，朱棣急于建立功业，虽欲留圣主贤君之令名，实欲洗以篡

权夺位的乱臣贼子之耻。看他五出漠北，迁都北京、开设贵州、修《永乐大典》，郡县交阯，派郑和下西洋，派陈诚出使西域，无不赫赫煌煌，超迈前古。这些业绩是功是过，何成何败，自应给予应有之评价。而其摊子太大，步伐太急，二十余年间，驱天下百姓于无休止的征战徭役之中，虽号称功加汉唐，而当时百姓实未得其惠。欲“斯民小康”，其可得乎！又，其自许神圣，必难入人言，狠厉好杀，定广招民怨，至于其为钳制人口严施控制，恢复锦衣卫刑具，重用宦官，设立东厂，更是历来受人抨击。

然而，以史家之眼光看之，朱棣自有其历史地位。明人焦竑说：“高皇帝剪除凶残，鸿业未固，必须大圣人继起，乃能定之。汉唐宋统一天下，皆有太宗，乃克永世。王世贞说：“太祖之后而功者，孰不知成祖乎？”明人自有明人的立场，他们更看重朱姓皇朝的长治久安。对今人说来，即便是由于朱棣的功业而延长了明朝的国祚，也不是一定就要给他肯定评价的理由。皇帝姓朱还是姓李，并不重要。重要的是看他给人民带来什么，给历史留下什么。

放眼看去，中国历史上似有一带规律性的现象。每当一个新兴皇朝建立，完成了统一事业，它同时带有的缺陷又注定了它迅速垮台。继之而起者，必须把前代皇朝所开创的制度完善起来，把它的缺陷克服掉。这时，便出现了一兴盛的，较为持久的新皇朝。你看，秦经百战统一天下，而失于役繁政苛。汉起而代之，承秦制，以黄老无为之治得以安天下。隋继战乱而兴，而失于荒淫奢侈，唐承隋制以“去奢省费，轻徭薄赋，选用廉吏”，出现了“贞观之治”。后周虽经改革，已具统一气象，但因未能削除武臣擅权而失败。宋继之，剪除藩镇，强干弱枝，从而完成了相对的统一，建国达三百余年之久。朱元璋建立明朝，其制度可算完备，但用刑过繁，分封过侈而又文武失衡，朱允炆强行推进政治转轨，却引起了内乱。朱棣以藩王夺位，削弱诸藩势力，文武兼用，强化中央集权，使明祚延至二百余年。这样纵观下来，朱棣在历史上地位是不是比较清楚了呢？朱棣虽非开国之主，但也并非继体守成之君。对于明朝，他承袭了朱元璋开创的制度，并把它置于更巩固的基础之上，虽无开创之功，却走了关键性的一步。当然尽管政见不同，这一步朱允炆或其他什么人也要走，但朱允炆跌倒了。而朱棣则以此成为明朝历史上的关键人物，从而也以此，对于中国历史，成了一个重要人物。经过朱棣，完善了中国封建制度，奠定了明清两朝的政治格局。